A VINGANÇA DO PODER

Moisés Naím

A VINGANÇA DO PODER

Como os Autocratas Estão Reinventando a Política do
Século XXI com Estratégias para Enfraquecer
os Alicerces da Democracia

Tradução
Mário Molina

**Editora
Cultrix**
SÃO PAULO

Título do original: *The Revenge of Power.*

Copyright © 2022 Moisés Naím.

Copyright da edição brasileira © 2023 Editora Pensamento-Cultrix Ltda.

Publicado mediante acordo com ST. Martin's Press

1ª edição 2023.

Editor: Adilson Silva Ramachandra
Gerente editorial: Roseli de S. Ferraz
Preparação de originais: Marcela Vaz
Gerente de produção editorial: Indiara Faria Kayo
Editoração eletrônica: Join Bureau
Revisão: Claudete Agua de Melo

Dados Internacionais de Catalogação na Publicação (CIP)
(Câmara Brasileira do Livro, SP, Brasil)

Naím, Moisés
  A vingança do poder: como os autocratas estão reinventando a política do século XXI com estratégias para enfraquecer os alicerces da democracia / Moisés Naím; tradução Mário Molina. – São Paulo: Editora Cultrix, 2023.

  Título original: The end of power: from boardrooms to battlefields and churches to states, why being in charge isn't what it used to be
  Bibliografia.
  ISBN 978-65-5736-227-3

  1. Organização – Aspectos sociais 2. Poder (Ciência sociais) I. Título.

22-139953   CDD-303.3

Índices para catálogo sistemático:
1. Poder: Aspectos sociais 303.3
Inajara Pires de Souza – Bibliotecária – CRB PR-001652/O

Direitos de tradução para o Brasil adquiridos com exclusividade pela
EDITORA PENSAMENTO-CULTRIX LTDA., que se reserva a
propriedade literária desta tradução.
Rua Dr. Mário Vicente, 368 – 04270-000 – São Paulo, SP – Fone: (11) 2066-9000
http://www.editoracultrix.com.br
E-mail: atendimento@editoracultrix.com.br
Foi feito o depósito legal.

Para Nusia Feldman

SUMÁRIO

"Sabemos que ninguém jamais se apodera do poder com a intenção de abrir mão dele."

– George Orwell, *1984*

"Não sabemos o que está acontecendo conosco, e é precisamente isso que está acontecendo conosco."

– José Ortega y Gasset, *Man and Crisis*

INTRODUÇÃO: O PERIGO

Nos quatro cantos do mundo, as sociedades livres enfrentam um novo e implacável inimigo. É um adversário que não tem exército nem marinha; ele não vem de qualquer país que possamos apontar em um mapa. Está em toda parte e em parte alguma, porque não está *lá fora*, mas *aqui dentro*. Em vez de ameaçar as sociedades com uma destruição vinda do exterior, como um dia fizeram os nazistas e os soviéticos, esse inimigo as ameaça de dentro.

Um perigo que está em toda parte e em parte alguma é sempre esquivo, difícil de perceber, de identificar. Todos nós o sentimos, mas não é nada fácil nomeá-lo. Torrentes de tinta são derramadas descrevendo seus traços e componentes, mas *ele* continua esquivo.

Nossa primeira tarefa, então, é lhe dar um nome. Só depois vamos poder agarrá-lo, combatê-lo e derrotá-lo.

O que é esse novo inimigo que ameaça nossa liberdade, nossa prosperidade, até mesmo nossa sobrevivência como sociedades democráticas?

A resposta: é o poder, sob uma forma nova e maligna.

Cada época tem visto uma ou mais formas de malignidade política. O que estamos vendo hoje é uma variante revanchista que imita a democracia enquanto, indiferente a qualquer limite, continua a miná-la. É como se o poder político tivesse feito um balanço de todos os métodos que as sociedades livres inventaram ao longo dos séculos para domesticá-lo e tivesse decidido contra-atacar.

É por esse motivo que penso nisso como a *vingança* do poder.

Neste livro, olho para o surgimento dessa nova forma maligna de poder político, observando o modo como ela tem se desenvolvido ao redor do mundo. Documento como ela corrói, de modo furtivo, os fundamentos de uma sociedade livre. Mostro como surgiu das cinzas de uma forma mais antiga de poder, devastada pelas forças que marcaram seu fim. E afirmo que, onde quer que se desenvolva, na Bolívia ou na Carolina do Norte, na Grã-Bretanha ou nas Filipinas, ela se apoia em um núcleo compacto de estratégias para enfraquecer os alicerces da democracia e cimentar seu domínio maligno. Também esboço meios de luta para proteger a democracia e, em muitos casos, para salvá-la.

O conflito entre quem tem poder e quem não tem é, sem dúvida, um elemento permanente da experiência humana. Durante a vasta maior parte da história humana, os que detinham o poder procuraram ampliá-lo em benefício próprio, transmitindo-o aos filhos para fundar dinastias de sangue e privilégio, com pouco respeito por quem estava à sua volta. As ferramentas de poder – violência, dinheiro, tecnologia, ideologia, persuasão moral, espionagem e propaganda, para citar apenas algumas – eram o domínio de castas hereditárias, muito longe do alcance da maioria das pessoas. Contudo, a partir das Revoluções Americana e Francesa no fim do século XVIII, uma transformação sísmica empolgou as relações de poder, tornando o poder disputável e aplicando novas restrições àqueles que o manejavam. Essa forma de poder – de alcance limitado, responsável perante o povo e baseada em um espírito de competição dentro da lei – esteve no centro da grande expansão em termos de prosperidade e segurança a que o mundo assistiu após o fim da Segunda Guerra Mundial.

Porém, na virada do século XXI, transformações inquietantes começaram a abalar tal acordo pós-guerra. Em um livro anterior, *The End of Power* (*O Fim do Poder*), examinei o modo como o poder estava decaindo em toda uma gama de instituições humanas. Tecnologia, demografia, urbanização, informação, mudança econômica e política, globalização e mentalidades alteradas conspiravam para fragmentar e diluir o poder, tornando mais fácil conquistá-lo, mais difícil usá-lo e mais fácil perdê-lo.

Era inevitável uma reação violenta. Aqueles determinados a ganhar e exercer poder ilimitado implantam táticas antigas e novas para proteger seu poder das forças que o enfraquecem e o restringem. Esses novos comportamentos são projetados para estancar a decadência do poder, para permitir que o poder seja reconstituído, concentrado e de novo exercido sem limites – mas com tecnologias, táticas, organizações e atitudes do século XXI.

Dito de outra maneira, as forças centrífugas que enfraquecem o poder mobilizaram um novo conjunto de forças centrípetas que tendem a concentrá-lo. O confronto entre esses dois conjuntos de forças é uma das características definidoras de nosso tempo. E o resultado desse confronto não está de modo algum predeterminado.

As apostas não poderiam ser mais altas e nada está garantido. O que está em jogo não é apenas se a democracia vai prosperar no século XXI, mas se pelo menos vai sobreviver como sistema dominante de governo, configuração padrão da aldeia global. A sobrevivência da liberdade não está garantida.

Podem as democracias sobreviver aos ataques de aspirantes a autocratas dispostos a destruir os pesos e contrapesos que limitam seu poder? Como? Por que razão o poder está se concentrando em certos lugares enquanto em outros está se fragmentando e deteriorando? E a grande pergunta: qual é o futuro da liberdade?

O poder raramente é cedido de modo voluntário. Aqueles que o detêm naturalmente tentam conter e contrariar as tentativas de seus rivais de enfraquecê-los ou substituí-los. Os recém-chegados que os atacam são com frequência inovadores que, além de usar novas ferramentas, seguem um manual de instruções bem diferente. Suas inovações políticas têm alterado de forma profunda o modo como o poder é conquistado e retido no século XXI.

Este livro identifica e examina essas inovações, mostrando suas possibilidades, sua lógica interna e suas contradições – identificando assim as principais batalhas que os democratas precisarão vencer para impedi-las de destruir a liberdade em nosso tempo.

Um tipo limitado, contingente, de poder não bastará para satisfazer aspirantes a autocratas que aprenderam a tirar proveito de tendências como a migração, a insegurança econômica da classe média, as políticas de identidade, os medos a que a globalização dá origem, o poder das mídias sociais e o advento da inteligência artificial. Em todo tipo de geografia e nas mais diversas circunstâncias, eles têm nos mostrado que querem o poder sem restrições que o limitem, e o querem para sempre.

Esses aspirantes a autocratas se veem diante de um novo conjunto de opções e têm novos conjuntos de ferramentas que podem usar para reivindicar um poder ilimitado. Muitas dessas ferramentas ainda não existiam poucos anos atrás. Outras são tão velhas quanto o tempo, mas, combinadas de maneira nova com tecnologias emergentes e novas tendências sociais, tornam-se mais poderosas do que foram em qualquer momento do passado.

É por isso que, em anos recentes, temos visto o sucesso de uma nova geração de aspirantes ao poder: líderes não convencionais que testemunharam a decadência do poder tradicional e perceberam que uma abordagem radicalmente nova poderia abrir oportunidades até agora inexploradas. Eles têm surgido nos quatro cantos do mundo, dos países mais ricos aos mais pobres, dos mais sofisticados em termos institucionais aos mais atrasados. Temos em mente aqui Donald Trump, é claro, mas também Hugo Chávez, da Venezuela, Viktor Orbán, da Hungria, Rodrigo Duterte, das Filipinas, Narendra Modi, da Índia, Jair Bolsonaro, do Brasil, Recep Tayyip Erdoğan, da Turquia, Nayib Bukele, de El Salvador, e muitos outros. Este livro disseca suas abordagens porque não se pode derrotar o que não se consegue compreender.

Esses novos autocratas foram pioneiros das novas técnicas para conquistar poder ilimitado e conservá-lo pelo maior tempo possível. O objetivo supremo – nem sempre atingível, mas sempre inspirador de uma dura batalha – é o poder vitalício. Quaisquer tendências que enfraqueçam seu poder são vistas como ameaças vitais, coisas a serem contidas. Seu êxito está incentivando outros a tentar imitá-los pelo mundo afora. Eles têm usufruído de muitas vitórias paralelamente a alguns notáveis fracassos. E, ao que parece, a cada duas semanas, mais gente como eles aparece. Tais líderes – e esse *estilo* de liderança – estão na linha de frente de *A Vingança do Poder*.

Esses líderes estão se adaptando ao novo cenário, improvisando novas táticas e fazendo uma reengenharia das antigas para aumentar sua capacidade de impor sua vontade. Apesar das enormes diferenças nacionais, culturais, institucionais e ideológicas entre os países onde surgem, suas cartilhas parecem revelar uma estranha semelhança. Jair Bolsonaro, presidente do Brasil, e o do México, Andrés Manuel López Obrador, por exemplo, não poderiam ser mais diferentes em termos ideológicos, nem mais parecidos no estilo de liderança. O minúsculo empobrecido fim de mundo centro-americano de El Salvador e a superpotência maciça e sofisticada que são os Estados Unidos não poderiam ser mais diferentes como países, mas Nayib Bukele e Donald Trump governaram a partir de uma cartilha de sinistra semelhança.

Que fórmula é essa? Quais são seus componentes? E como isso opera no mundo real? São essas as questões centrais deste livro. A meu ver, a fórmula pode ser resumida em três palavras: populismo, polarização e pós-verdade.

Nós as chamamos de 3Ps. E aqueles que as implantam são os autocratas 3P.

O que é um autocrata 3P?

Autocratas 3P são líderes políticos que chegam ao poder por meio de uma eleição razoavelmente democrática e, em seguida, decidem desmantelar as restrições ao poder executivo por meio do populismo, da polarização e da pós-verdade. À medida que consolidam seu poder, ocultam os planos autocráticos atrás de muros de sigilo, ofuscação burocrática, subterfúgio pseudolegal, manipulação da opinião pública e repressão de críticos e adversários. Quando a máscara cai, já é tarde demais.

O autoritarismo é um *continuum*. Um extremo está em regimes totalitários como o da Coreia do Norte, onde o poder está totalmente concentrado nas mãos de um ditador dinástico que o exerce de maneira aberta e brutal. Do outro lado, estão os líderes democraticamente eleitos com tendências autoritárias. Os autocratas do século XXI começam com esse objetivo mais brando e trabalham para manter as aparências democráticas enquanto, de maneira furtiva, minam a democracia.

Como eles fazem isso? Por meio do populismo, da polarização e da pós-verdade.

Muito tem sido escrito sobre cada um desses 3Ps. Aqui vamos integrá-los, trazendo-os para uma estrutura que está no centro de como os autocratas do século XXI conquistam, exercem e mantêm o poder.

As especificidades variam de lugar para lugar e de líder para líder — o poder é sempre contextual —, mas os fundamentos da abordagem são reconhecíveis onde quer que ela seja desenvolvida. Abrange geografias e circunstâncias, pois desestabiliza antigas instituições e abre oportunidades para os recém-chegados. Isoladamente, nenhum dos 3Ps é capaz de explicar as mutações do poder em nossa época. Mas empregados em conjunto podem contra-atacar as forças que tendem a fragmentar e diluir o poder.

Dos 3Ps, o populismo pode ser o discutido com maior persistência e, com maior frequência, o menos compreendido. Por terminar num "ismo", é muitas vezes confundido com uma ideologia, uma contrapartida ao socialismo e ao liberalismo na competição por uma filosofia coerente de governo. Não é tal coisa. Na realidade, o populismo é mais bem compreendido como *uma estratégia para ganhar e exercer poder*. Seu atrativo é a versatilidade: o populismo como estratégia pode funcionar em uma variedade bem ampla de contextos e ser aplicado de modo compatível com praticamente qualquer ideologia de governo ou com nenhuma ideologia.

Assim, como Cas Mudde e Cristóbal Rovira Kaltwasser mostraram, os populistas retratam um reino político perfeitamente cindido em dois: a elite corrupta e gananciosa *versus* o nobre e puro – mas traído e ofendido – *Volk*, o povo. Todos os problemas do povo derivam das decisões – muitas vezes conspiratórias, sempre corruptas – de uma elite venal. Líderes populistas se retratam encarnando a vontade do povo e defendendo sua causa contra a elite corrupta. A eficácia dessa estrutura é verdade comprovável e adaptável de maneira quase ilimitada, já que, em última análise, *qualquer* posição pode ser apresentada como defesa do povo puro e *qualquer* voz contrária pode ser desqualificada como promotora dos objetivos de uma elite corrupta.[1]

Nos últimos anos, houve uma explosão de estudos sobre retrocessos democráticos. Estudiosos como Tim Snyder[2], Yascha Mounk[3], Daron Acemoglu[4], Anne Appelbaum[5], Enrique Krauze[6] e Larry Diamond[7] todos observaram que emergem padrões semelhantes quando estudamos o modo como os populistas organizam suas disputas pelo poder. Entre eles estão:

- **Catastrofismo**. Os populistas são fortemente pessimistas sobre a situação atual, a situação em que se encontram. O mundo ao seu redor é corrupto, disfuncional e falido. Os estábulos de Augias* devem ser limpos para permitir um novo começo. Não há nada de redentor em um passado dominado pela elite antipovo.
- **A criminalização de rivais políticos**. Os adversários políticos não são compatriotas com opiniões diferentes, mas infratores da lei cujo lugar é na prisão. Os populistas são propensos a transferir o confronto com seus rivais políticos da arena eleitoral para os tribunais, onde é provável que tenham juízes amigos prontos a colocar na cadeia membros incômodos (ou populares demais) da oposição. "Prendam-nos" é seu coro. Corrupção, rebelião, traição, terrorismo, abuso sexual ou conspirações para derrubar o governo costumam ser usados como desculpas para encarcerar opositores.
- **Uso de ameaças externas**. Além da ameaça interna, há a ameaça externa. É uma prática antiga: o líder populista afirma que a nação está ameaçada por um inimigo estrangeiro. Essa emergência nacional exige unidade e requer nada menos que o apoio incondicional do povo ao governo. Nessas circunstâncias, opor-se ao governo é semelhante à traição. Os inimigos estrangeiros podem

---

* Na mitologia grega, os estábulos do rei Augias não eram limpos há muitos anos e Hércules os limpou em um único dia. (N. do T.)

ser nações, imigrantes que roubam empregos ou empresas estrangeiras abusivas que exploram a pátria.

- **Militarização e paramilitarização.** Os populistas têm uma longa história de glorificação de imagens militares e de recorrer a grupos militares e paramilitares para intimidar seus próprios dissidentes.
- **Fragilidade das fronteiras nacionais.** As fronteiras nacionais são retratadas como "abertas demais", "porosas" e, portanto, precisando com urgência ser fortalecidas para deter a invasão de "imigrantes que roubam empregos".
- **Desacreditando especialistas.** Especialistas e cientistas são, por definição, parte da elite intelectual e, portanto, cúmplices das maldades praticadas contra o povo nobre, que o líder populista representa. Os especialistas também obtêm dados e evidências que revelam realidades inconvenientes para o populista no poder. O populismo habita um mundo de crença e intuição, não de fatos e ciência.
- **Atacando a mídia.** A mídia (hostil) é tão inimiga quanto os especialistas. Ela também possui dados e, muitas vezes, revela a corrupção e incompetência do governo. Também se mostra propensa a expor ações que o governo teria preferido manter em segredo.
- **Minando freios e contrapesos.** Quaisquer instituições que atuem como barreiras ou freios à vontade irrestrita do populista tornam-se objeto de desconfiança e são, às vezes, abertamente atacadas e boicotadas.
- **Estilo messiânico.** A resposta para todos esses problemas comuns se encontra no indivíduo forte que lidera a causa populista. A personificação do populismo é com frequência o indivíduo carismático liderando a luta contra as elites que oprimem o povo.

Uma vez estabelecido um quadro populista, o palco está montado para a segunda estratégia usada para ganhar e manter o poder: a polarização. Demonizar de modo implacável os oponentes e levantar tanto questões de longa data quanto recentes questões polêmicas que dividem a nação são as estratégias de divisão que, infelizmente, muitas vezes, produzem grandes resultados. É uma abordagem que os marxistas costumavam chamar de "aguçar as contradições" – e sua eficácia é inquestionável.

As diferenças colocam não apenas adversários políticos uns contra os outros, mas também familiares, amigos, colegas e vizinhos. Tais divisões podem ter muitas fontes: ideologia, raça, religião, rivalidades regionais, queixas históricas, desigualdade econômica, injustiça social, idioma e muitas outras.

A polarização elimina a possibilidade de um meio-termo, levando cada pessoa e organização a ficar de um lado ou de outro. Em nossa época, ela opera por meio da dinâmica do *fã-clube*: um padrão de identificação com raízes na cultura de celebridades da indústria da música e do esporte, em que os seguidores passam a se identificar de modo intenso com seus astros favoritos e sentem uma animosidade visceral com relação aos astros rivais.

Outra fonte importante de polarização é a identidade. Como Francis Fukuyama adequadamente caracterizou, "a [identidade] tem em foco a exigência natural das pessoas pelo reconhecimento de sua dignidade e fornece uma linguagem para expressar os ressentimentos que surgem quando tal reconhecimento não está disponível".[8] Os políticos sempre usaram a identidade como um calço para motivar, mobilizar pessoas e recrutar seguidores. Nos últimos anos, esse recrutamento tem sido facilitado e amplificado por uma explosão da polarização política.

Em um ambiente político polarizado, o fã-clube e a identidade não deixam espaço para apoio limitado, construção de pontes entre partidos ou tréguas temporárias entre os lados. À medida que a polarização avança, os rivais políticos passam a ser tratados como inimigos. Os lados em disputa não procuram mais se acomodar na busca de arranjos de governo com o mínimo de viabilidade. Em vez disso, passam a negar a legitimidade básica do direito que tem o outro lado de ao menos disputar o poder, dispensando a típica norma democrática que vê a alternância num cargo como um pilar normal, natural e saudável da coexistência democrática.

Populismo e polarização são instintos antigos na esfera política: exemplos poderiam ser citados desde a antiguidade. O aspecto mais peculiarmente contemporâneo da vingança do poder é seu ingrediente final: a pós-verdade. Aqui nos deparamos com um fenômeno efetivamente novo – não porque os políticos jamais costumassem mentir, o que sem dúvida faziam, mas porque o conceito de pós-verdade é muito mais profundo do que apenas mentir. Em sua abordagem atual da pós-verdade, os líderes vão muito além de contar lorotas e negar a existência de uma realidade independente verificável. A pós-verdade não diz respeito no fundamental a fazer com que mentiras sejam aceitas como verdades, mas a turvar as águas até o ponto em que, antes de mais nada, torne-se difícil perceber a diferença entre verdade e falsidade.

O termo "pós-verdade" foi usado pela primeira vez em um artigo de 1992 de Steve Tesich, roteirista de cinema e romancista.[9] Em 2016, os dicionários Oxford o batizaram como "a palavra do ano", explicando que haviam detectado um aumento na frequência de seu uso "no contexto do referendo da UE no Reino Unido e na eleição presidencial nos Estados Unidos. O termo ficou associado a determinado substantivo na expressão *política da pós-verdade*".[10] Esse conceito tenta captar o que, segundo Sean Illing, é "o desaparecimento de padrões objetivos compartilhados para a verdade"[11] e o que Barbara A. Biesecker descreve como "deslizamento tortuoso entre fatos ou fatos alternativos, conhecimento, opinião, crença e verdade".[12]

Populismo, polarização e pós-verdade são mecanismos de alto nível, abstrações que precisam ser derrubadas de suas alturas olímpicas para se tornarem práticas utilizáveis de busca e retenção de poder. Implantados com habilidade por um praticante sedento de poder, podem embaralhar as defesas que as sociedades desenvolveram para proteger a democracia da invasão de um poder irresponsável.

Juntos têm a capacidade de deter a tendência de decadência do poder, mas a um preço terrível, pois os 3Ps esboçam uma receita para perseguir e reter um poder que é basicamente antidemocrático, sem o controle dos princípios constitucionais ou restrição institucional.

Autocracia Refeita

Como chegamos a isso? Para entender as raízes deste momento, precisamos olhar para trás, para o momento imediatamente anterior. O fim da Guerra Fria viu a consolidação de um novo consenso sobre a natureza da legitimidade política. Segundo a nova visão, o poder de um governante é legítimo se essa pessoa atende aos requisitos de um governo democrático. Isso significa, antes de mais nada, ser escolhido numa eleição livre e justa, mas também respeitar o Estado de direito e os direitos das minorias, aceitando os devidos freios e contrapesos institucionais de tribunais e parlamentos que não estejam atrelados de modo indevido ao executivo, sabendo tolerar uma mídia livre e independente, e respeitando o direito dos votantes de mudar de governo por meio de eleições periódicas. Onde existem limites formais de mandato, significa respeitá-los e, onde não existem, significa resistir à tentação de tentar permanecer para sempre no poder. Essa é a declaração de princípios de alto nível que se costuma mencionar como "consenso liberal", usando a palavra "liberal" não no sentido americano contemporâneo de centro-esquerda, mas no sentido histórico de "centrado na liberdade".

É importante entender que não há nada de natural nesse consenso. De fato, como fonte de legitimidade do governo, o consenso liberal é quase um recém-chegado. Durante a maior parte dos dez mil anos desde que o primeiro governo permanente se desenvolveu na antiga Mesopotâmia, o direito que o governante tinha de governar derivava de sua conexão com alguma divindade. Em torno de mil anos atrás, como David Stasavage mostrou, alguns reis na Europa começaram a aceitar algumas checagens em seu poder e a governar em cooperação com assembleias ou conselhos dos nobres de mais alto escalão que havia em seus domínios.[13] Mais recentemente, as aspirações revolucionárias da classe trabalhadora, as prerrogativas hereditárias dos monarcas e as conexões ancestrais dos povos nativos com suas terras foram apresentadas como bases alternativas para a legitimidade de um governante.

Não é mais assim. Desde o colapso da União Soviética, a legitimidade democrática tem sido o único jogo disponível. Foi essa a mudança seminal que Francis Fukuyama memoravelmente apelidou de "fim da história"[14] – não, é claro, porque a história tivesse acabado em termos literais, mas porque a competição entre diferentes sistemas para definir que um governo era legítimo havia acabado. Após a Guerra Fria, as pessoas certamente ainda tentariam se estabelecer no poder com base na religião, na hereditariedade, classe ou etnia –, mas essas tentativas não seriam mais reconhecidas como totalmente legítimas e aceitáveis pelos atores mais importantes da comunidade internacional.

Contudo, se as democracias liberais, com todos os irritantes limites que aplicam ao poder executivo, não podem ser abertamente desafiadas de fora, como os aspirantes a autocratas podem estabelecer regras? A solução deles: minar as democracias de modo furtivo, por dentro.

A estrutura 3P é um sistema para tomar, exercer e manter poder ilimitado em um mundo que não reconhece esse tipo de poder como legítimo. Ela resolve o problema fingindo fidelidade ao consenso liberal, enquanto vai corroendo-o por dentro.

Essa nova tecnologia para aspirantes a autocratas desenvolveu-se no século XXI, porque só recentemente ela se tornou necessária. No século XX, os ditadores não precisavam esconder seu domínio da esfera política: se conseguiam acumular poder, podiam exercê-lo de maneira aberta, pela força das armas ou prometendo fidelidade a uma das superpotências dominantes, que por sua vez protegeria o aliado de inimigos externos. Uma propaganda maciça era usada com frequência para cimentar o poder de um ditador, mas raramente tinha por objetivo disfarçar sua autoridade. Acontecia justamente o oposto – em geral, havia pouca necessidade de fantasiar algo como nação democrática ou alguém como líder liberal. Naquele tempo, os autocratas tinham opções além do consentimento do governado quando se tratava de estabelecer a legitimidade de sua ordem. Quem estava à direita podia apelar à "ordem e progresso" e aqueles da esquerda podiam carregar o manto da ditadura do proletariado. Não importa a justificativa que escolhessem, tinham pouco incentivo para fazê-la passar como democracia liberal – embora alguns países, como a Alemanha Oriental e a Coreia do Norte, procurassem cooptar a palavra "democracia" e colocá-la a serviço de objetivos marxistas.

Algum legado das ditaduras da velha escola que chegaram ao poder antes do "fim da história" continua por aí – de fato mais que alguns. Mantiveram o controle sobre países como China, Síria, Bielorrússia e Cuba, exemplos que confirmam que tais regimes permanecem viáveis em todo o mundo. Mas para aspirantes a autocratas que entraram no cenário mundial após o fim da Guerra Fria, o caminho antigo não era uma trilha viável. Precisavam de uma nova solução.

Num mundo em que pessoas, bens e ideias estão em movimento constante e o velho instinto de ceder aos superiores ou à tradição está em declínio, qualquer tentativa de reivindicar autoridade absoluta está nadando contra a maré histórica. No século XXI, marcado por uma explosão em termos de liberdade pessoal, mobilidade e acesso à informação, os apelos diretos à força são menos tolerados que no passado. É por isso que os autocratas 3P de hoje, quando começam a estabelecer seu poder, tentam se passar por algo que não são: democratas nos moldes ocidentais.

Esse é o círculo que só o populismo, a polarização e a pós-verdade podem nivelar. A estrutura 3P permite que novos autocratas se retratem como se encarnassem a verdadeira vontade das pessoas, negada pelas elites corruptas que exercem poder sobre elas e tirada de vista por uma mídia corrupta. Permite que reivindiquem o manto da verdadeira voz do povo, mesmo enquanto desmantelam as instituições que permitem que as verdadeiras vozes do povo sejam ouvidas.

É assim que os autocratas 3Ps estabelecem sua legitimidade num ambiente em que um poder inatacável permanece tabu. A estrutura 3P permite que esses novos atores imitem de maneira hipócrita as formas do consenso liberal, parecendo dar suporte à sua legitimidade enquanto minam, de modo furtivo, a velha ordem. Ao longo deste livro, examinaremos os mecanismos que permitem que isso aconteça. Por ora, talvez o modo mais simples de atravessar a neblina seja entender que, na busca pelo poder absoluto, os aspirantes a autocratas de hoje são dissimulados de uma maneira que seus predecessores do século XX raramente precisaram ser.

De fato, enganar está no centro do caminho 3P para o poder. E se a hipocrisia, como disse um dia o memorialista francês La Rochefoucauld, é o tributo que o vício presta à virtude, o poder 3P é um feliz tributário das democracias que ele corrói.[15]

É típico do século XXI que novos regimes autocráticos não ascendam derrubando democracias pela força, mas se fazendo passar por democracias. Assim, como Erica Frantz, da Michigan State University, coloca em seu livro de 2018, *Authoritarianism: What Everyone Needs to Know*, as autocracias de hoje costumam surgir comendo a democracia por dentro, da mesma maneira como as larvas de algumas vespas comerão suas aranhas hospedeiras por dentro.[16]

A tendência corre pelos continentes, passando de países tão pobres quanto a Bolívia a países tão ricos quanto os Estados Unidos. Mesmo um fac-símile surrado da democracia pode ser crucial para sustentar a viabilidade do poder mantido pelas estratégias 3P. Como disse Larry Diamond, da Universidade de Stanford, "hoje ainda há ressonância suficiente do princípio da democracia para que líderes como [o ditador egípcio Abdel Fattah] el-Sisi e [o russo Vladimir] Putin sintam a necessidade de mostrar que venceram em uma eleição à primeira vista competitiva, que são a escolha do povo".[17] Estão presos à fraseologia do consenso liberal – e então se voltam para o ato furtivo, minando de modo sorrateiro os sistemas que os levaram ao poder.

Há duas décadas, os praticantes do 3P têm sido pioneiros nessa nova versão do autoritarismo, uma abordagem que está ciente de seu caráter indefensável. Na falta de uma explicação alternativa que possam usar para sustentar sua legitimidade, eles se esforçam de maneira considerável para dissimular, tentando se colocar como exemplos de um sistema que estão determinados a desmantelar.

O ato *furtivo*, então, é uma das táticas centrais usadas pelos autocratas para concentrar poder num ambiente que tem como tendência natural a dispersão. O caráter furtivo torna-se o complemento necessário à estrutura 3P, um imperativo tático necessário para atingir objetivos chocantes demais para serem admitidos. Tanto que, em muitos casos, ocultar as operações reais do poder torna-se uma estratégia central para acumulá-lo e mantê-lo. É útil pensar nesses casos como *furtivocracias*.

Claro, nem todos os políticos que usaram as estratégias 3Ps para ganhar e manter o poder eram furtivocratas manobrando no escuro. Alguns, como Rodrigo Duterte, nas Filipinas, e Viktor Orbán, na Hungria, foram explícitos de uma maneira transparente sobre sua propensão ao poder autocrático. Mas a maioria dos que procuram suplantar democracias estabelecidas com regimes autoritários encontra, nos 3Ps, uma solução astuta para o problema de introduzir a autocracia entre uma população acostumada à democracia e uma comunidade internacional que a exige. De fato, mesmo os líderes mais descaradamente ditatoriais se veem compelidos vez por outra a erigir pelo menos uma fina fachada de legitimidade democrática – dão testemunho disso as "eleições" que Putin se sente obrigado a simular a cada poucos anos para sustentar seu governo.

O "como" do poder 3P – como ele surge, como opera, como corrompe tanto instituições formais quanto normas informais, e como leva em certos casos a uma antipolítica e, em outros, a estados mafiosos – constitui a maior parte deste livro.

Há, no entanto, pouco sentido em mergulhar fundo neste "como" sem uma sólida compreensão do *porquê*. O poder 3P é uma reação à fragmentação e degradação de formas tradicionais de poder. É o modo como aqueles determinados a exercer um poder sem limites se adaptam a um mundo em que o poder dos titulares está sob constante desafio e em que mandatos prolongados são raros.

Essa adaptação não é uma questão técnica nem é uma mudança evolutiva moralmente neutra. O poder 3P é uma forma maligna de poder, incompatível com os valores democráticos que estão no centro de qualquer sociedade livre. Ele se esconde até que não precise mais se esconder. Então ataca. E, no momento em que esse tipo de poder deixa de lado o manto do que é furtivo, com frequência já é tarde demais.

Nas páginas a seguir, examinaremos em detalhe cada uma de suas táticas e vamos mergulhar sob a superfície para decodificar como elas operam e como podem ser desafiadas. O desafio que a autocracia 3P representa para as sociedades livres e democráticas é existencial. Aqui simplesmente não há espaço para complacência.

PARTE I

A ERA DO POPULISMO, DA POLARIZAÇÃO E DA PÓS-VERDADE

1 A GUERRA GLOBAL SOBRE FREIOS E CONTRAPESOS

Varsóvia, Polônia, dezembro de 2019:

Após uma série de embaraçosas derrotas do governo nos tribunais inferiores, uma nova lei autoriza o supremo tribunal do país, dominado por gente indicada pelo partido no poder, a destituir juízes de tribunais inferiores considerados "envolvidos em atividades políticas". Tais atividades incluem questionar a independência política do órgão que administraria as penas.[1]

Nova Délhi, Índia, junho de 2017:

Alegando sonegação fiscal, o Bureau de Investigações Criminais da Índia invade a casa do fundador do canal de notícias NDTV, conhecido por uma cobertura fortemente crítica ao governo, no momento mesmo em que a estação denuncia o "assédio combinado à NDTV e a seus patrocinadores", que pretendia silenciá-la.[2]

La Paz, Bolívia, novembro de 2017:

O mais alto tribunal do país decide que o direito de se candidatar é um direito humano universal, aplicável a todos os cidadãos. O direito é tão universal que se aplica até mesmo ao presidente em exercício, que está chegando ao fim de seu limite de dois mandatos – e que nomeou os membros desse tribunal.[3]

Washington, DC, abril de 2019:
A Casa Branca anuncia que lutará contra todas as intimações do Congresso e o presidente Trump instrui todos os funcionários do poder executivo a se recusarem a cooperar com as exigências do Congresso por informações ou testemunhos.[4]

Por si só, cada exemplo parece relativamente sem importância. Ao cruzar com eles em uma manchete de jornal, podemos ficar tentados a pular o artigo. Nenhum, isoladamente, parece ser motivo de alarme. Nem, a princípio, é inteiramente óbvio o que todos têm em comum. Nada parece unir os conservadores do *America First* [Primeiro a América] em Washington, com os chauvinistas hindus em Nova Délhi, nem os paleonacionalistas em Varsóvia com os socialistas indigenistas em La Paz.

No entanto, um fio silencioso passa por eles. Cada um mostra um líder se distanciando, de modo furtivo, de salvaguardas estratégicas que protegem a democracia, que limitam as opções dos líderes e garantem uma competição justa pelo poder. É a vingança do poder em ação.

Polônia, Índia, Bolívia, Estados Unidos — países grandes e pequenos, ricos e pobres, orientais e ocidentais. É difícil imaginar locais ou líderes mais diferentes. E, no entanto, todos esses líderes inflamaram um conjunto semelhante de estratégias para fortalecer seu controle do poder sem chamar muita atenção para si mesmos. Os movimentos são expressos em juridiquês, mas todos carregam uma intenção política que é clara para qualquer um. Às vezes, atacam os poderes de supervisão da área legislativa; outras vezes, o papel de vigilância da imprensa, a independência dos tribunais ou as principais aferições de ultrapassagem de limites pelo poder executivo.

Nem sempre são bem-sucedidos: o aspirante a autocrata dos Estados Unidos foi expulso do cargo, assim como o da Bolívia. Mas os socialistas da Bolívia encontraram um caminho de volta ao poder e a principal liderança populista-nacionalista da América está planejando seu próprio retorno. O que os une é a compreensão de que, para consolidar o poder, precisam desmantelar os freios e contrapesos existentes, sejam limites de mandato, independência do ministério público, seja uma imprensa livre e crítica ou a independência dos tribunais. Seu objetivo? Desfazer qualquer mecanismo que permaneça no caminho de suas aptidões para governar sem limites.

Em democracias ricas, desenvolvidas, as pessoas estavam há muito acostumadas a cultivar um sentimento confortável, um tanto arrogante, de que o que acontece com a política nos países mais pobres nada tem a ver com elas. Mas após Trump e o Brexit, essa confiança está em frangalhos. O fato é que as táticas que funcionaram lá também *podem* funcionar aqui.

Este capítulo mostra como, no mundo inteiro, os praticantes de 3P se decidiram por um conjunto comum de abordagens e estratégias, construindo um conhecimento compartilhado sobre como reconstituir o poder absoluto num momento que lhe é hostil. Embora muitas vezes praticada por autointitulados antiglobalistas, a vingança do poder é em si mesma um assunto completamente globalizado.

Neste capítulo, vamos esboçar alguns dos traços comuns que os autocratas 3P empregam em cenários extremamente diferentes. Veremos como estratégias do mesmo tipo surgem de modo repetido em lugares e culturas tão díspares quanto Itália e Bolívia, Índia e Hungria, as Montanhas Great Smoky da Carolina do Norte e as selvas tórridas de Mindanao, nas Filipinas. Se rasparmos a superfície, veremos temas e fios condutores comuns na política de lugares tão diferentes usados sempre para o mesmo fim: convencer um mundo hostil ao poder absoluto a abrir espaço para a autocracia.

A primeira tarefa no programa dos líderes que aspiram a exercer poder político sem controle é dobrar as instituições do Estado à sua vontade. Isso não é tarefa fácil: nas democracias de hoje, as instituições são projetadas para não se dobrarem prontamente à vontade de uma só pessoa. Superar essa resistência sem apelar para as tomadas de poder de estilo antigo, com tanques nas ruas, exige certa destreza, bem como o domínio de um conjunto comum de técnicas 3P. Este capítulo examina essas técnicas e rastreia sua disseminação pelo mundo.

Quem Guardará os Guardiões?

O problema fundamental na concepção de um governo que de fato responda às pessoas governadas por ele é tão antigo que acabou ficando mais conhecido na sua forma latina: *Quis custodiet ipsos custodes?* Quem guardará os guardiões?

Um governo precisa de poder para operar, mas esse poder precisa ser limitado de alguma maneira para que não saia de controle e domine toda a sociedade. Alguém precisa guardar os guardiões, ficar de olho naqueles investidos de autoridade para garantir que não abusem, e que de fato não possam abusar dela.

As sociedades modernas fazem isso por meio de um projeto institucional inteligente construído no consenso liberal: um sistema interligado de órgãos governamentais, cada um protegendo os outros, cada um garantindo que nenhum deles possa sequestrar o poder e usá-lo para fins privados em vez de públicos.

Na tradição americana, esse sistema é em geral chamado de "freios e contrapesos". É uma ideia antiga, mas boa. Deve, na verdade, ser classificada como uma das exportações globais de maior sucesso dos Estados Unidos.

É sabido como os fundadores dos Estados Unidos, tendo sofrido com o crescimento incontrolável do poder do monarca britânico, ficaram empenhados em garantir que a mesma tendência não dominasse sua própria área executiva. O sistema de freios e contrapesos que incorporaram à Constituição dos EUA, elaborada ao longo de quatro meses em 1787, tornou-se o modelo para aqueles que, em todo o globo, criavam suas constituições. Hoje, a influência dos fundadores da América ressoa muito além dos Estados Unidos. Em todo o mundo, salvaguardas como limites de mandato, supervisão do Congresso, revisão judicial, liberdade de imprensa, aplicação apolítica da lei, independência judiciária e parlamentar, eleições frequentes e um exército subordinado ao governo civil estão descritas na lei.

Hoje, autocratas em ascensão à espera de poder absoluto precisam, mais que qualquer outra coisa, de um sistema confiável para contornar esses controles sobre seu poder. A disseminação mundial do sistema de freios e contrapesos significa que o esforço para torná-los sem sentido também é agora um fenômeno mundial. Onde quer que os limites da autoridade executiva tenham sido atingidos, métodos furtivos para anulá-los entraram em cena.

Freios e contrapesos essenciais são aplicados por meio do domínio da lei. Assim, para exercer o controle autocrático livre dessas restrições, a primeira ordem do dia é encontrar um modo confiável de subverter o Estado de Direito. Isso não pode ser feito abertamente. A primeira regra do 3P é: mantenha sempre os ornamentos mais aparentes da legalidade e da ordem constitucional. O déspota descarado num uniforme com dragonas fechando tribunais e berrando ordens aos subordinados é uma relíquia do século XX, que vai desaparecendo no espelho retrovisor da história. O que os autocratas do século XX fizeram à força, seus colegas do século XXI fazem de maneira furtiva. Enquanto seus predecessores do século XX se propuseram a destruir o Estado de Direito pela força bruta, os autocratas do século XXI passaram a miná-lo por meio do poder corrosivo da imitação hipócrita.

Sustentar a aparência de legalidade, por mais desgastada que esteja, não é um aspecto superficial desse esforço; muitas vezes, é seu ponto crucial. As aparências têm de ser mantidas se o sistema de freios e contrapesos que está no centro do consenso democrático liberal vai ser desmontado. Mas como?

Pseudodireito: Corroendo o Estado de Direito por dentro

Uma estratégia-chave para alcançar esse objetivo é o pseudodireito: um fac-símile corrupto do Estado de Direito que é, de fato, seu inimigo mortal.

O pseudodireito é para o direito real o que a pseudociência é para a ciência real. Assim como a pseudociência se apropria das formas externas da ciência para pervertê-la, o pseudodireito usa a aparência e certos procedimentos do Estado de Direito para tornar a lei sem sentido.

Pensemos nos esforços da indústria do petróleo para subverter a ciência climática. Durante décadas, gigantescas companhias petrolíferas fizeram gastos enormes para comissionar "estudos" acadêmicos que invariavelmente julgavam exagerada a ameaça da poluição por carbono. Os artigos que esses pesquisadores produziram pareciam e se faziam passar como artigos científicos reais — eram imitações conscientes da ciência. Mas escritores como Steve Coll[5] e David Michaels[6] documentaram de maneira ampla que esses artigos não eram ciência, eram pseudociência, projetados para lançar dúvidas sobre o problema real. Dinâmicas semelhantes ocorreram em apoio ao tabaco, às bebidas açucaradas e a favor da prescrição em massa de opioides: a ciência lixo, vestida para parecer a coisa real, é usada repetidamente para justificar o injustificável.

É fácil ver por que interesses poderosos seguem confiantes esse caminho. Seria inútil atacar a ciência como tal, porque a ciência é universalmente aceita como o modo de chegarmos ao conhecimento legítimo sobre o mundo natural. É por isso que os interesses especiais que buscam semear dúvidas sobre a ciência tradicional costumam optar por imitá-la, em vez de negá-la. O objetivo final, é claro, é evitar, atrasar ou diluir quaisquer regulamentações governamentais que possam prejudicar os lucros.

Em vez de atacar a ciência de frente, os lobistas investem décadas e somas imensas de recursos para subvertê-la, financiando especialistas para produzir relatórios que têm a aparência e o ar de ciência, mas não o são, com o objetivo de criar uma aparência de controvérsia onde realmente não há nenhuma controvérsia. O movimento básico é sempre o mesmo: apropriar-se dos ornamentos externos da ciência para obscurecer as descobertas dos verdadeiros cientistas.

O pseudodireito segue o mesmo padrão. Adota as formalidades da lei em uma tentativa de minar sua essência.

Como o pseudodireito se parece na prática? O pseudodireito se parece com Donald Trump, em 2017, mostrando uma ordem executiva reunida às pressas proibindo a entrada nos Estados Unidos de pessoas vindas de vários países de maioria muçulmana e reivindicando-a como uma medida de segurança nacional. O pseudodireito se parece com a presidente argentina Cristina Fernández de Kirchner, em 2009, que aplicou uma proibição da exportação de carne argentina por motivos de "segurança alimentar", o que todos puderam ver como uma minúscula folha de figueira para esconder a tentativa de punir seus críticos na indústria de carne bovina. Também se parece com a câmara disciplinar do tribunal constitucional polonês aplicando sanções a juízes que decidiram contra os interesses do governo após audiências superficiais com magistrados politicamente dóceis que seguiram os protocolos usuais dos processos judiciais.

Isso é semelhante ao que Javier Corrales, do Amherst College, chama de "legalismo autocrático". Corrales observa que essa prática tem assumido uma forma de espantosa semelhança em países tão diferentes quanto os Estados Unidos e a Venezuela: "Presidentes de todo o mundo usam táticas diversas para conseguir um governo ilimitado, mas uma abordagem comum é corroer a imparcialidade da lei. O objetivo é sempre usar e abusar da lei para proteger a si mesmo e a seus aliados. Isso é legalismo autocrático".[7]

A parte traiçoeira é que, assim que os autocratas 3Ps começam a usar o pseudodireito para se consolidar no poder, seus oponentes com frequência acham difícil resistir ao desejo de usar suas próprias medidas pseudolegais para suprimi-los quando e se chegarem ao poder. Pseudodireito é também o tribunal constitucional tailandês, em maio de 2013, ordenando que a popular, mas autocrática, primeira-ministra e todo o seu gabinete renunciassem e cedessem o poder a uma junta militar. Pseudodireito é o Congresso do Brasil, no qual três em cada quatro deputados estavam sendo investigados por corrupção em 2016, mas ainda assim foi capaz de decretar o *impeachment* da presidente Dilma Rousseff. Pseudodireito foi Donald Trump, em 2018, ordenando que o chefe dos correios dos Estados Unidos aumentasse o custo do envio de pacotes, uma medida que boicotaria a rentabilidade da Amazon, empresa cujo proprietário, Jeff Bezos (que também era dono do *Washington Post*), era reconhecido por Trump como um adversário político.

A pseudolegalidade tem sido uma bênção para aspirantes a autocratas em todo o mundo. O governo nacionalista hindu do Partido Bharatiya

Janata (BJP), do primeiro-ministro indiano Narendra Modi, cimentou suas credenciais 3Ps com uma nova e incendiária "lei de cidadania" que impedia que milhões de muçulmanos que haviam emigrado, algumas décadas mais cedo, de países vizinhos (os odiados "eles" na narrativa sectária "nós contra eles"), mantivessem a cidadania indiana. Foi um clássico movimento de pseudodireito – usando um instrumento legal com o propósito específico de dividir a nação da maneira como o autocrata procura fazer. Mais ou menos na mesma época, Benjamin Netanyahu, de Israel, estava cimentando sua 3P feita de boa-fé com uma controvérsia fabricada notavelmente semelhante: uma nova "lei do Estado-Nação" que se recusava a comprometer Israel com a igualdade legal entre seus cidadãos ou mesmo com a democracia, refundando a Estado de um modo que excluía a plena participação de sua minoria árabe. O Direito, mais uma vez, torna-se apêndice de uma estratégia 3P: uma cunha política na forma de um estatuto.

Às vezes, a extensão da contorção pseudolegal pode parecer quase cômica. Em 2017, a Hungria aprovou uma nova lei relativa aos *campi* de filiais de universidades estrangeiras que foi escrita de tal modo que só poderia ser aplicada à Universidade da Europa Central (CEU), que é tecnicamente uma universidade registrada nos EUA, mas cujo *campus* principal operava na Hungria. Por que razão? O financista e filantropo húngaro-americano George Soros havia doado o dinheiro para abrir a universidade, que há muito fornecia sustento seguro para acadêmicos independentes, muitos não alinhados com o regime 3P em expansão de Viktor Orbán. Curiosamente, a lei foi escrita de modo tão restrito que, além de se aplicar apenas à CEU, também tornava impossível que ela fosse cumprida pela CEU. Depois de uma luta prolongada, o *campus* universitário foi obrigado a se transferir para 320 quilômetros a oeste de Viena. Para quem está de fora, o compromisso obsessivo dos autocratas 3Ps com o pseudodireito pode ser difícil de entender. Pode parecer que teria sido muito mais simples para Orbán meramente enviar alguns policiais para fechar a CEU sem essa complicada ladainha envolvendo a aprovação de novas pseudoleis cada vez mais absurdas. Como costuma acontecer com tanta frequência, a pátina legal destinada a obscurecer a operação era ridiculamente fina.

Esse é com frequência o *modus operandi* dos autocratas 3P. Uma pretensão de legalidade é em geral elaborada sobre o tipo de absurdo óbvio que nenhuma pessoa sensata poderia levar a sério. Em alguns casos, esses truques concentradores de poder ocorrem nas profundezas da burocracia governamental e são tão arcanos que, na prática, tornam-se invisíveis para o público.

Mas por que precisamos nos importar com isso? Por que nos envolvermos com um problema desses? Quem, exatamente, está sendo feito de bobo?

Essas são as perguntas erradas. O compromisso com o pseudodireito não pretende realmente enganar ninguém, pelo menos não no sentido de fazer com que aceitem uma falsidade como verdade. Na realidade, o pseudodireito deve ser visto como um instrumento da pós-verdade. Seu objetivo é turvar as águas, criar sombra suficiente em torno da legitimidade de um curso de ação para permitir que ele avance, atrair adversários para debates jurídicos insolúveis, acessíveis apenas à elite, criando espaço suficiente para dúvidas pela imposição de avançar, e desfigurando o próprio sistema jurídico, corrompendo-o, tornando-o tão sem sentido quanto a aplicação de um controle sobre o poder executivo.

Para entender verdadeiramente o poder 3P, devemos aprender a identificar o pseudodireito e compreender de modo correto o niilismo que está em sua essência. Isso pode ser complicado. Assim como os argumentos pseudocientíficos são muitas vezes embustes óbvios para cientistas treinados, mas superficialmente convincentes para leigos, o pseudodireito explora a tênue compreensão que o público tem dos princípios constitucionais. As refutações exasperadas que provoca das elites são uma característica, não uma falha. Ao irritar a "elite corrupta", o pseudodireito ajuda a alinhar a pós-verdade com o populismo e a polarização.

Argumentos pseudocientíficos são projetados não tanto para ganhar a discussão, mas para forçar um impasse intelectual: criar uma controvérsia que as pessoas comuns se sintam incompetentes para avaliar. Durante anos, a indústria do tabaco empregou a pseudociência para lançar dúvidas sobre o elo entre tabagismo e doenças pulmonares. O objetivo não era tanto convencer alguém de que fumar era seguro, mas gerar dúvidas e confusão suficientes para embaralhar e retardar os esforços de regular o tabagismo. "Ensinar a controvérsia" foi, afinal, o objetivo real da política dos mercenários pseudocientíficos que esperavam levar o criacionismo para as salas de aula americanas. A estratégia dos defensores religiosos do "*design* inteligente" era simplesmente argumentar que eles tinham uma teoria diferente da teoria dos cientistas convencionais e que era justo que ambos os pontos de vista tivessem o mesmo peso no currículo de ciências.[8]

Muitas vezes, a nova geração de aspirantes a autocratas, coloca o pseudodireito a serviço da pós-verdade. O objetivo de decisões absurdas e interpretações brutalmente capciosas da lei é criar confusão e lançar dúvidas sobre o que é e não é legal, um debate que os ajuda a levar seus planos à frente.

Os danos colaterais de tais projetos são consideráveis. Em seu último artigo antes de falecer, Paul Volcker, respeitado ex-presidente do Federal Reserve dos EUA, descreveu a abordagem dos novos autocratas como uma "força niilista" que "procura desacreditar os pilares de nossa democracia: direitos de voto e eleições justas, o Estado de Direito, a imprensa livre, a separação de poderes, a crença na ciência e o próprio conceito de verdade".[9]

Os Limites dos Tempos de Mandato

À medida que 2008 se aproximava, Vladimir Putin sabia que tinha um problema. Ele já estava a caminho de consolidar o controle autoritário sobre o Estado russo. Mas seu segundo mandato como presidente estava quase no final e, de acordo com a Constituição da Rússia de 1993, ele não teria permissão para concorrer a um terceiro. O que fazer?

Enigmas desse tipo, envolvendo limite de mandato, são um problema recorrente para os autocratas de hoje, tanto já estabelecidos quanto novos. Pelo menos 134 países têm algum tipo de limite formal ou de impedimento para mandatos consecutivos do poder executivo, de modo que aspirantes a autocratas provavelmente terão de lidar com esse problema. Manter o controle do poder executivo é, em todos os casos, a prioridade número um. Mas os meios para fazê-lo variam de acordo com as circunstâncias políticas e institucionais de cada país.

O projeto constitucional da Rússia ofereceu a Putin uma possibilidade atraente. Na estrutura organizacional do Kremlin, logo abaixo da presidência imensamente poderosa, estava o cargo de primeiro-ministro – no papel, um cargo sem dúvida inferior, mais próximo do papel de um chefe de gabinete da Casa Branca no sistema dos EUA. Ainda assim, isso deu a Putin uma abertura: com uma figura suficientemente flexível na presidência, o gabinete do primeiro-ministro seria um bom lugar para se esconder durante algum tempo. De qualquer modo, a constituição só limitava quantos mandatos consecutivos alguém poderia ocupar: não havia nada que impedisse o retorno de Putin à chefia de gabinete quatro anos depois, em 2012.

E foi exatamente o que ele fez. Numa grandiosa cerimônia do partido no poder, o Rússia Unida, Putin anunciou que trocaria de emprego com seu primeiro-ministro de longa data, Dmitry Medvedev, para o mandato de 2008-2012. Imediatamente depois disso, Putin e Medvedev trocariam de novo... mas não antes de aprovar uma reforma constitucional para estender o mandato do presidente de quatro para seis anos.

O arranjo Putin-Medvedev retratava um exemplo clássico de pseudolei: projetada, de modo flagrante, para derrubar um controle constitucional sobre a acumulação de poder sem exatamente violá-lo. Os limites de mandato são projetados para impedir que um governante acumule poder excessivo, tornando impossível sua permanência por muito tempo no poder. O arranjo Putin-Medvedev zombou da intenção de limitar os tempos de mandato. Mas num requintado modo pseudolegal, triturou o espírito da lei sem, em termos técnicos, chegar a rasgá-la. Ao longo dos anos, Putin continuaria a adiar seu limite de mandato conforme fosse necessário. Em março de 2020, fez com que a Duma, seu parlamento carimbador, aprovasse uma lei que lhe permitia concorrer por mais dois mandatos, até 2036-2037 anos depois que chegou pela primeira vez ao poder. A contagem de votos para essa mudança no plenário da Duma foi de 383 votos a favor, 0 contra. A proposta foi então para os eleitores: com uma participação de 65%, 78% dos votantes da Rússia concordaram com a proposta.[10]

As contorções institucionais que os autocratas no poder fazem para não largá-lo se tornaram comuns. Um estudo publicado em 2020 na *Columbia Law Review* por Mila Versteeg, Tim Horley, Anne Meng *et al* descobriu que, desde 2000, o desrespeito ao limite de mandato presidencial se tornou "extremamente comum". "Cerca de um terço de todos os presidentes que chegaram ao fim de seus mandatos fez uma séria tentativa de ultrapassar o prazo", conclui o estudo. "Dois terços daqueles que tentaram conseguiram." Como Versteeg e seus coautores demonstram, fazer emendas à constituição é o caminho mais comum, respondendo por dois terços das tentativas de prorrogação. Mas algumas constituições foram totalmente reescritas para estender os limites de mandato – uma estratégia encontrada em 8% das tentativas de prorrogação. Desafiar a legalidade dos limites de prazo perante os tribunais representa 15% dos casos, com destaque para a Bolívia. E nomear um substituto no estilo Medvedev completa o restante dos casos.[11]

A estratégia de emenda é especialmente popular na África. Desde 2015, líderes do Burundi, Benin, República Democrática do Congo e Ruanda mencionaram planos para descartar ou estender os limites de mandato em seus países. O presidente do Egito, Abdel Fattah el-Sisi, um ex-general, teve os limites teóricos de mandato eliminados no início de 2019. Quando o limite de idade de 75 anos previsto na constituição de Uganda para a presidência ameaçou as perspectivas de reeleição do presidente em exercício, Yoweri Museveni, de 73 anos, ele fez com que o parlamento de Uganda, cheio de seus apoiadores, alterasse-o.

Na América Latina, o presidente da Bolívia, Evo Morales, quebrou recordes de descaramento ao tentar contornar os limites de mandato. Primeiro, realizou um referendo constitucional, em 2016, para pedir aos eleitores que abolissem os limites de mandato. Quando 51,3% dos bolivianos rejeitaram a proposta de Morales nas urnas, ele recorreu aos tribunais, fazendo com que seu tribunal constitucional escolhido a dedo decidisse, em novembro de 2017, que a própria constituição era inconstitucional porque seus limites de mandato violavam o direito humano inato de o presidente de concorrer à eleição. Em 2019, parecia que Morales havia levado a sorte longe demais: sua reeleição, num processo repleto de irregularidades, provocou um golpe militar e Morales teve de fugir do país. Um ano depois, o candidato que ele apoiou venceu a eleição presidencial e Morales retornou de modo triunfal à Bolívia.

A jogada de Evo Morales foi um exemplo particularmente gritante, mas em absoluto não isolado. Na Venezuela, Hugo Chávez optou por continuar fazendo essa pergunta do referendo quantas vezes fossem necessárias para os eleitores darem a resposta certa. Depois de ter proposto uma ampla reforma constitucional levantando limites de mandato, que foi derrotada pelos eleitores em 2007, ele se recusou a aceitar um não como resposta, fazendo de novo a pergunta em uma votação de 2009 (quando os eleitores finalmente lhe deram a resposta que ele queria). Não havia nenhum impedimento legal específico em meramente propor a mesma questão de referendo repetidas vezes até os eleitores cederem – a tática podia não violar a lei, mas a tornava sem sentido.

Talvez um dos exemplos mais claros de um líder democraticamente eleito que se propôs a erradicar os limites de mandato logo após vencer uma eleição seja o do presidente do Sri Lanka, Gotabaya Rajapaksa. Em meados de 2020, seu partido, a Frente Popular, conquistou a maioria no parlamento, o que permitiu que o irmão do presidente, Mahinda, continuasse como primeiro-ministro. Os dois irmãos usaram uma supermaioria parlamentar para aprovar a Vigésima Emenda à Constituição do Sri Lanka. A emenda lhes dava o poder de revogar o limite de dois mandatos na presidência, concedia ao presidente imunidade geral contra processos judiciais enquanto estivesse no cargo e anulava a disposição que deixava as nomeações presidenciais sujeitas a supervisão parlamentar.

A Reversão: Quando Políticos Escolhem seus Eleitores

Quando lemos sobre tais comportamentos em países empobrecidos e distantes, corremos o risco de experimentar certo senso de imunidade, uma sensação de autossatisfação porque tal coisa jamais poderia acontecer em democracias consolidadas. Mas a era Trump teve, pelo menos, o efeito salutar de perfurar a arriscada complacência dos americanos com a perigosa disseminação do populismo.

A sensação de pânico quanto ao dano que Donald Trump e sua tropa auxiliar infligiram à república americana capta somente em parte o problema. Algumas das tendências mais perigosas em direção ao pseudodireito nos Estados Unidos precederam Trump por muito tempo.

Sem dúvida a contribuição mais ilustre dos Estados Unidos para o cânone do pseudodireito é o *gerrymandering* – a arte de traçar linhas distritais eleitorais para maximizar a representação de um partido sobre outro. Essa prática é tudo menos nova: afinal, tem o nome de Elbridge Gerry, um dos signatários da Declaração de Independência. Como governador de Massachusetts entre 1810 e 1812, Gerry montou um mapa distrital para o senado do seu estado que deu uma enorme vantagem eleitoral aos candidatos de seu próprio partido.[12] O *gerrymandering* sobreviveu até hoje e consiste em manipular as fronteiras de uma unidade territorial de modo que garanta que nosso partido tenha uma vantagem.*

Essa prática bizarra permite que os representantes escolham seus eleitores e não o contrário. É antidemocrática, primitiva e até agora intocável. Com uma história sórdida que remonta à fundação da república, a prática foi completamente transformada e profundamente radicalizada no século XXI pelo desenvolvimento de sofisticados softwares de mapeamento. Os *gerrymanders* históricos eram assuntos artesanais, preparados de maneira grosseira em salas cheias de fumaça por chefes e agentes políticos usando papel e caneta. Hoje a grandeza dos dados e os aplicativos de mapeamento permitem aos líderes um controle minucioso sobre o perfil demográfico dos distritos a que desejam servir. *Gerrymandering*, como conceito, pode não ser novo, mas *gerrymandering* assistido por

---

* "*Gerrymandering* provém de Elbridge Gerry, governador de Massachusetts e vice-presidente dos EUA. Em 1812, a legislatura de Massachusetts redesenhou os limites dos círculos eleitorais para favorecer os candidatos do partido republicano jeffersoniano. Os jornalistas que observavam o novo mapa eleitoral notaram que um dos novos círculos tinha a forma de uma salamandra [em inglês: *salamander*], o qual nomearam de *Gerry-mander*. O termo teve êxito e hoje continua a ser usado no jargão da ciência política."
(*Gerrymanderer*, Wikipédia. Disponível em: https://pt.wikipedia.org/wiki/Gerrymandering. Acesso em 24 de julho de 2022.) (N. do T.)

computador é muito mais poderoso que a variedade que nos foi legada e que se tornou uma das ferramentas mais poderosas do arsenal 3P.

Em um mapa eleitoral com *gerrymandering*, o partido que tem o poder de definir os limites de um distrito eleitoral ganhará muitos distritos por margens relativamente confortáveis e perderá um pequeno número de distritos por margens enormes. Isso é alcançado "amontoando e rachando" os apoiadores do partido oposto. Primeiro, o partido que controla o planejamento de redistritamento "amontoará" apoiadores do partido oponente (em geral, eleitores minoritários) em um pequeno punhado de distritos, onde eles terão enormes e permanentes supermaiorias. Isso garante que o partido da oposição "desperdice" muitos votos em um pequeno número de distritos que são especificamente projetados para nunca serem competitivos.

Então o *gerrymanderer* "racha" o restante dos eleitores da oposição espalhando-os de forma rala entre um número maior de distritos restantes, onde eles não têm chance realista de vitória. O racha, portanto, cria muitos distritos nos quais um partido ganha de modo consistente por margens confortáveis, mas não esmagadoras. Habilmente aplicada, a abordagem "amontoar e rachar" pode transformar uma minoria de eleitores em uma confortável maioria de assentos ganhos.

Essa é uma parte fundamental da razão pela qual os Estados Unidos têm distritos que são dois terços negros, como o Segundo Distrito Congressional do Mississippi, ou 80% latinos, como o Décimo Quinto Distrito do Texas. Quando as minorias de eleitores democratas são agrupadas em tais densidades, o restante do estado fica com distritos muito mais confiavelmente republicanos. O resultado é um pseudodireito pintado em tons brilhantes de vermelho, branco e azul.[*]

Por meio da aplicação agressiva de uma nova tecnologia de mapeamento, por exemplo, o *gerrymander* partidário da Carolina do Norte transformou a participação de 53% dos republicanos no voto popular para a Câmara dos Deputados de 2016 em 77% dos assentos do estado na

---

[*] Cores do Partido Republicano. (N. do T.)

Câmara dos Deputados dos EUA, com o GOP* ganhando 10 desses 13 assentos. Um estado com 22% de negros acabou com uma delegação do Congresso com menos de 8% de negros. Pior, nem mesmo um dos 13 distritos congressionais da Carolina do Norte foi decidido por menos de 12 pontos percentuais. Quando o *gerrymandering* é assim tão agressivo, é comum um estado chegar ao dia da eleição com resultados perfeitamente previsíveis de seus candidatos ao Congresso.

E a Carolina do Norte está longe de ser única em sua disposição de apoiar um extremo *gerrymander* partidário. Em 2016, a Pensilvânia, um estado "roxo" dividido de modo semelhante entre republicanos e democratas, acabou com uma delegação do Congresso composta por 72% de republicanos. No Wisconsin, em 2018, um estado em que os eleitores deram 53% de seu apoio aos candidatos democratas à assembleia estadual, os democratas acabaram ficando com apenas 36% dos assentos da assembleia.[13]

Esses desvios devem deixar claro que a democracia não está segura em parte alguma, sequer na nação que primeiro a introduziu no mundo moderno. Quando questões de poder real vêm à tona, o compromisso retórico dos políticos com a democracia acaba sendo algo insignificante.

"Quando partidos extremamente comprometidos acreditam com vigor em coisas que não podem alcançar de modo democrático", argumenta David Frum, "eles não desistem de suas crenças – desistem da democracia."[14] Frum desenvolveu essa argumentação em *Trumpocracy*, seu violento ataque verbal de 2018 contra o efeito corruptor do governo Trump.[15] Mas mesmo antes de Donald Trump ser eleito, a democracia americana havia revelado sinais preocupantes de sério retrocesso. Tal retrocesso se aprofundou de maneira enorme durante o período de Trump no poder, chegando a ponto de uma violenta insurreição irromper, sob a influência do presidente, nos próprios salões do Congresso em 6 de janeiro de 2021.

O *gerrymandering* não é de modo algum o único tipo de travessura 3P que floresce tanto nos países mais ricos quanto nos mais pobres. Uma ação ainda mais cheia de consequências envolve empilhar o judiciário de nomeados políticos confiáveis.

---

* Acrônimo do Partido Republicano: *Grand Old Party*. (N. do T.)

Trabalhando o Árbitro: Quando os Poderosos Escolhem seus Próprios Juízes

Entre os casos mais surpreendentes de autocracia 3P, estão aqueles da Europa Central e Oriental, onde uma nova geração de populistas de direita aplicou a estrutura 3P com rápido sucesso. Hungria, Polônia, República Tcheca e Bulgária viram o surgimento de governos que se chocam fortemente com os padrões europeus, criando repetidos confrontos entre os governos nacionais e as instituições da UE sediadas em Bruxelas. Hungria e Polônia, em particular, mostram as operações da autocracia 3P com clareza especial sob líderes que se moveram de maneira decidida para consolidar seu poder e protegê-lo de qualquer tipo de desafio. E para isso, torna-se crucial controlar os juízes.

Na Polônia, para dar um exemplo, o partido de extrema-direita Lei e Justiça (PiS) assumiu o poder em 2015 e agiu com rapidez para garantir que juízes intrometidos não pudessem causar um curto-circuito em seu programa de governo. O pseudodireito exige que tal tomada de poder seja justificada como defesa da democracia e o PiS seguiu com fidelidade o roteiro.

Ao longo da década de 2010, os líderes do PiS argumentaram que, após a queda do Muro de Berlim uma geração antes, a Polônia havia empreendido uma "transição incompleta para a democracia", com apoiadores secretos do antigo regime comunista, disfarçados de liberais, amontoados em cargos poderosos no judiciário. O estilo de raciocínio por trás dessa justificativa já deveria estar fazendo soar alarmes para aqueles sensíveis à estrutura 3P – uma alegação abrangente e não comprovada é posta no centro de um programa de reforma política que, por "coincidência", só pode ser cumprido se novos poderes substanciais forem colocados nas mãos do executivo. Era exatamente esse o programa do PiS para os tribunais da Polônia: um esforço agressivo para desalojar os juízes existentes e substituí-los por comparsas leais do PiS foi apresentado como um movimento para reforçar o Estado de Direito.

Os vizinhos europeus da Polônia não aceitavam nada disso e logo a Comissão Europeia se viu em uma longa e áspera batalha com Varsóvia em torno do compromisso com o Estado de Direito. Mas as críticas à

Europa foram incorporadas ao plano do PiS desde o início: colocarem-se como defensores da soberania polonesa e enfrentar a intromissão de intelectuais de esquerda do resto da Europa sempre tinha sido parte fundamental do populismo e da estratégia de polarização do PiS. Os berros de indignação que vinham de Bruxelas, Paris e Berlim eram uma característica prevista no traçado do plano, não um *bug*.

A adesão à União Europeia dificilmente tem sido um obstáculo efetivo para a disseminação dessas técnicas. Em 2017, o supremo tribunal polonês, controlado pelo PiS, criou uma câmara disciplinar que rapidamente começou a assediar e ameaçar juízes por uma variedade de atos percebidos como delitos. Desde 2016, pelo menos 60 juízes enfrentaram processos perante a câmara, com alguns ameaçados com sentenças de até três anos de prisão por proferir decisões desaprovadas pelo governo. Em certos casos, juízes foram punidos meramente por terem buscado pareceres da Corte de Justiça Europeia – hoje uma "ofensa" que pode resultar no corte de até 40% do salário de um juiz.

Esse tipo de agressividade contra o judiciário é outro tema recorrente em qualquer tentativa de consolidar uma nova "furtivocracia". Os tribunais podem dificultar a aplicação de qualquer parte do programa autoritário: garantir que fiquem do lado autocrata é, muito comumente, a segunda prioridade, perdendo apenas para o controle do gabinete executivo do país. É por isso que movimentos agressivos para inclinar os tribunais na direção política determinada por alguém estão entre os sinais mais consistentes de que a manobra furtiva está à espreita.

Nos Estados Unidos, a decisão do Senado controlado pelo GOP de manter uma cadeira vaga na Suprema Corte ao longo de 2016, por todo o último ano do governo Obama, tornou-se merecidamente conhecida como o canário na mina de carvão* da independência judiciária – um aviso precoce de que os fundamentos da ordem democrática liberal logo ficariam sob uma pressão sem precedentes. As justificativas sobre "dar aos eleitores a oportunidade de decidir quem nomearia a nova justiça" vinham

---

* Isto é, como sinal de alerta, capaz de avisar (como o canário na mina) dos gases perigosos que houvesse no ar. (N. do T.)

de antiga e espúria jurisprudência – francamente prejudicial ao Estado de Direito como um todo sem necessariamente violar qualquer lei específica.

A nomeação final, em 2017, de um ativista conservador, Neil Gorsuch, foi preocupante, mas sem dúvida não foi o aspecto mais preocupante do modo como o novo governo Trump iria se relacionar com a justiça. As nomeações da Suprema Corte são assuntos de alta visibilidade, que atraem intenso escrutínio público, mas nomeações menos visíveis, mais na base do totem judicial, muitas vezes têm a mesma importância para moldar o cenário legal.

Aqui as coisas eram piores. Logo após assumir o cargo em 2017, o presidente Trump agiu com rapidez para nomear e fazer com que o Congresso confirmasse um número sem precedentes de 12 juízes de apelação. Também nos tribunais inferiores, Trump agiu de maneira decisiva, nomeando outro número inédito de juízes que claramente não eram qualificados para seus cargos. Vários equivaliam a pouco mais do que agentes políticos do GOP cobertos com a toga. Um deles, Matthew Petersen, ganhou as manchetes quando veio à tona um vídeo gravado durante uma audiência em que ele não conseguia responder a perguntas de tipo básico sobre procedimentos legais, temas que se esperaria que qualquer estudante do primeiro ano de uma faculdade de direito fosse capaz de dominar. Ele havia sido indicado para o Tribunal Distrital dos EUA no distrito de Colúmbia.

A displicente rejeição de normas de comportamento há muito estabelecidas para quem está no poder também desempenhou um papel no modo como Trump abordou os tribunais. Durante décadas, os juízes federais foram nomeados seguindo um determinado processo que via "senadores do estado de origem" – senadores eleitos no estado em que o juiz serviria – desempenhar o papel de liderança. A tradição variava de estado para estado, mas em muitos casos se esperava que os senadores dos estados de origem se submetessem aos tribunais do estado ou a outras instituições locais, permitindo-lhes desempenhar um papel formal no processo de tomada de decisões. O governo Trump, sem pensar duas vezes, descartou essas normas e tradições que, juntas, haviam criado obstáculos à nomeação arbitrária de comparsas políticos.

Levando essa abordagem à mais extrema conclusão lógica, chegaremos à Turquia, sob o comando de outro dos mais implacáveis e eficientes líderes 3P do mundo: Recep Tayyip Erdoğan. Quando assumiu o cargo de primeiro-ministro, em 2003, Erdoğan viveu uma situação incomum: enquanto fazia campanha com a promessa de fazer avançar, de modo radical, o Estado turco, afastando-o de uma tradição secular e tomando o rumo de um estilo de nacionalismo e conservadorismo mais islâmico, ele teve de enfrentar um consolidado sistema militar e legal posto em prática na década de 1920 por Kemal Ataturk, fundador da Turquia moderna, precisamente para evitar qualquer afastamento do secularismo. As instituições desse sistema deram origem a uma ordem dominante obstinadamente secularista e popularmente conhecida como kemalismo. Obcecado por impor uma separação estrita entre mesquita e Estado, o kemalismo chegou a extremos que seriam controversos no Ocidente, como impedir as mulheres de usar véus islâmicos em universidades financiadas pelo Estado. Seria necessária uma ação extraordinariamente determinada para derrubar um *status quo* de décadas, mas Erdoğan conseguiu isso por meio de uma guerra de desgaste sustentada e paciente, seguida de um empurrão final de chocante agressividade.

Em 2010, o partido AKP de Erdoğan submeteu um referendo aos eleitores da Turquia que, entre outras coisas, fortalecia de maneira drástica seu controle sobre o judiciário. A proposta privou os juízes seniores em exercício de seu papel de longa data na verificação das nomeações de juízes juniores, ficando a maioria do AKP no parlamento com a palavra final sobre o conselho que fazia as nomeações judiciais. Esse conselho também estava – como era de se esperar – repleto, com novos assentos criados especificamente para serem preenchidos por partidários do AKP. Tais reformas prometiam afrouxar, de modo gradual, o domínio kemalista sobre o judiciário. Mas os acontecimentos logo acabariam com a paciência de Erdoğan com o gradualismo.

Em julho de 2016, alarmados com o enfoque islâmico e autoritário que Erdoğan parecia perseguir, comandantes militares tentaram derrubar seu governo pela força. O golpe fracassou e, em seu rastro, Erdoğan aproveitou a oportunidade: seguiu-se um expurgo generalizado tanto dos militares quanto do judiciário. No final de 2016, a American Bar Association

[Ordem dos Advogados dos Estados Unidos] alertou que, na Turquia, mais de quatro mil juízes, promotores e outros profissionais do direito de alto escalão haviam sido não apenas demitidos, mas presos. Eram mantidos em instalações miseráveis e superlotadas em meio a um amplo expurgo do Estado que, em seu auge, viu quase 200 mil suspeitos detidos. A Turquia simplesmente estava longe de dispor de celas suficientes para prender todas as pessoas pelas quais Erdoğan se sentia ameaçado e o estado de emergência possibilitado pelo golpe permitiu que ele se movesse contra todas elas de uma só vez, sem possibilidade de revisão judicial. Afinal, os juízes que normalmente fariam a revisão estavam, em geral, presos.

Onde os autocratas 3P tentam consolidar o poder, uma teoria da conspiração ampla e sombria, apoiada por poucas evidências, nunca é deixada muito para trás. Após seu sucesso em subjugar o kemalismo, Erdoğan voltou-se para um inimigo com raízes em seu próprio campo islâmico. Nesse caso, a figura central era Fethullah Gülen, um clérigo exilado vivendo nos Estados Unidos que, segundo Erdoğan, liderava uma vasta e secreta rede de conspiradores contra ele.[16] Como de hábito, a ausência de provas reais de uma conspiração reforçava de modo perverso a crença de Erdoğan na teoria; que provas não pudessem ser encontradas só confirmava a habilidade dos conspiradores.

A pressão de Erdoğan contra os gülenistas, supostamente escondidos em cada recanto e fenda do Estado turco, aderia ao pé da letra à constituição secular da Turquia, ao mesmo tempo que a esvaziava de significado prático. Com poderes de emergência usados para justificar a prisão arbitrária de centenas de milhares de pessoas sem esperança de serem colocadas perante um juiz, Erdoğan aboliu na prática o *habeas corpus*, embora nunca em teoria. Raramente o pseudodireito foi aplicado com um custo maior para os direitos humanos do que nos expurgos antigülenistas da Turquia. O resultado foi um sistema judicial totalmente expurgado de juízes com suficiente independência para atuar como reais elementos de controle do poder de Erdoğan.

As ações para controlar os tribunais não precisam ser tão exageradas quanto as da Turquia. Um mecanismo antigo e venerável é a lotação das cortes: basta expandir o número de assentos em uma corte para criar uma maioria de comparsas. Celebremente tentada – sem êxito – por Franklin D. Roosevelt, em 1937, a lotação da corte é uma ideia que seria adotada em décadas posteriores por outras pessoas, cujas credenciais democráticas eram muito menos dignas de crédito.

Em 2004, Hugo Chávez criou mais 12 cadeiras na suprema corte venezuelana, além das 20 já existentes. A medida não era especificamente proibida pela constituição venezuelana, mas o efeito prático foi o que se esperaria: o que havia sido um tribunal muito dividido passou a ter uma permanente maioria pró-governo. A prática sem dúvida deu fim ao judiciário como elemento de controle do poder do governo. Em 2014, uma equipe de juristas venezuelanos revisou 45.474 decisões proferidas pelo supremo tribunal entre 2004 e 2013 sem conseguir encontrar uma única decisão contra o governo.

O rebaixamento do supremo tribunal venezuelano continuou a avançar pelos anos seguintes. Em 2017, um jurista chamado Maikel Moreno foi nomeado presidente do Supremo Tribunal de Justiça, apesar dos rumores de que havia uma acusação de assassinato em sua ficha criminal. Uma investigação da Reuters sobre a suspeita descobriu que todos os registros do caso haviam convenientemente desaparecido.[17] Moreno foi indiciado pelo Departamento de Justiça dos EUA no início de 2020 por uma série de acusações de corrupção decorrentes de subornos que havia recebido de réus que tinham comparecido ao tribunal. Segundo a acusação, nos últimos anos, Moreno chegara a gastar um milhão de dólares em voos fretados particulares e muitas vezes isso em imóveis de luxo no sul da Flórida.

Mas em algumas situações a redução do efetivo judicial pode ter o mesmo efeito. Em 2016, na Carolina do Norte, quando a legislatura liderada pelos republicanos percebeu que vários juízes do tribunal de apelação nomeados pelo GOP atingiriam a idade de aposentadoria nos próximos anos e seus substitutos seriam nomeados pelo novo governador democrata, foi aprovada uma lei para reduzir o número de juízes no tribunal estadual de apelações de 15 para 12 – uma decisão que continuaria a proteger a maioria republicana com a mesma eficácia. Também nesse caso não havia na constituição da Carolina do Norte qualquer proibição específica da medida – mas seus efeitos políticos nunca foram postos exatamente em dúvida. Tortuosas interpretações pseudolegais se colocaram a serviço do poder bruto, mantendo, ao mesmo tempo, uma pátina muito fina de legalidade para torná-las plausíveis, mas espessas o bastante para envolver a controvérsia em uma névoa de partidarismo. Nesse caso, pseudodireito, manobra furtiva e pós-verdade operaram em conjunto a algumas horas de carro da capital da democracia mais antiga do mundo.

A decisão de descompactar o tribunal de apelações da Carolina do Norte veio só depois que a legislatura controlada pelo Partido Republicano viu o governador ser substituído por um democrata estreante. Como tal, representa um tipo particular de travessura que ilustra os perigos das sessões entre dois mandatos.

A Lógica da Preempção e os Perigos da
Lame-Duck Session

Em geral, os autocratas haveriam de preferir acabar com as eleições – e o fariam assim que fosse politicamente viável. Sendo os eleitores inconstantes, nem sempre é possível evitar uma derrota eleitoral. Mas na maioria dos lugares o poder não é transmitido imediatamente após uma eleição – só semanas ou meses mais tarde. Os legisladores ainda podem legislar e os executivos ainda podem tomar decisões executivas nas chamadas sessões mancas [ou *lame-duck sessions*, sessões do pato manco] desse período intermediário[*], mesmo que tenham sido derrotados nas eleições passadas.

Derrotas eleitorais de titulares que são aspirantes a autocratas muitas vezes provocam ataques ousados contra normas precedentes e democráticas. O caso da tentativa ousada de Donald Trump de reverter sua derrota eleitoral em fins de 2020 e inícios de 2021 é o caso recente mais notável. No entanto, está longe de ser o único. Peguemos a Venezuela. Como vimos, Hugo Chávez já havia se movido uma vez para arrumar sua suprema corte, em 2005. Uma década mais tarde, o regime venezuelano decidiu fazê-lo outra vez.

---

[*] No Brasil se diria "nas sessões decorativas desse período intermediário". (N. do T.)

Em uma eleição para o parlamento em 2015, o partido político de Nicolás Maduro ficou surpreso ao perder dois terços dos assentos na Assembleia Nacional unicameral. A Assembleia Nacional pró-Maduro, que deveria sair, agiu com rapidez para repovoar o supremo tribunal da Venezuela. Enquanto os juízes indicados em 2004 haviam sido, em sua maior parte, estudiosos que pareciam plausíveis em termos legais e eram ideologicamente simpáticos ao governo, os nomeados em 2015 mal pareciam advogados. Era um quem é quem dos mais radicais apoiadores de Maduro, incluindo um membro do parlamento filiado ao partido no poder que perdera sua candidatura à reeleição de 2015 e, durante a *lame-duck session*, votou em si mesmo para ter assento no tribunal. Em dois anos, essa equipe elegeu como chefe de seu Supremo Tribunal de Justiça um colega de escola da Primeira Dama.

Maduro parecia calcular que essa suprema corte, muito mais rigidamente controlada, estaria disposta a chegar aonde a suprema corte anterior não teria consentido. O controle do tribunal permitiu que o governo neutralizasse por completo a nova Assembleia Nacional, dominada pela oposição. A certa altura, em 2017, citando supostas irregularidades nas eleições para a assembleia legislativa, o novo tribunal decidiu que transferiria para si todos os poderes que a constituição atribuía à Assembleia Nacional. Em suma, a suprema corte que Maduro rapidamente empacotara declarou ser o parlamento da Venezuela. Sem dúvida se temos o controle necessário sobre um tribunal suficientemente descarado, ganhar eleições se torna inteiramente opcional.

Assim que esses truques se estabelecem na cultura política de um país, torna-se extremamente difícil extirpá-los. De modo perverso, os que se opõem aos novos poderes se veem às vezes tentados a adotar comportamentos furtivos como último e ansioso esforço para retardar o avanço de uma autocracia agressiva. Diante da perda de poder, a lógica da preempção* se instala – e aqueles ameaçados pela ascensão de uma autocracia 3P acabam às vezes adotando as técnicas dos próprios autocratas 3P.

---

* Isto é, do querer se antecipar ao oponente, substituindo os projetos existentes e tentando jogar as mesmas cartas que ele. (N. do T.)

O que torna o pseudodireito tão perigoso é o fato de ele ser uma doença contagiosa. Pensemos mais uma vez na Polônia. Quando o Partido Lei e Justiça venceu as eleições parlamentares de 2015, os liberais que haviam perdido entraram em pânico. Justificadamente preocupados com a perspectiva de iminentes nomeações judiciais do PiS, decidiram usar a *lame-duck session*, o período entre a eleição e a posse do novo governo, para se antecipar a eles. Querendo evitar que o PiS empilhasse o tribunal constitucional com seus partidários, o governo liberal apressou-se a empossar o maior número possível de novos juízes liberais A medida foi tomada de acordo com a lei – mas também foi, sem sombra de dúvida, calculada para restringir o novo governo do PiS e impedi-lo de realizar as reformas que havia prometido realizar se fosse eleito.

É claro que esse movimento preventivo apenas aprofundou a sensação da iminente maioria do PiS de ter sido prejudicada. E tinha sido: o PiS chegou ao poder com uma queixa legítima sobre a composição do tribunal constitucional polonês e com um argumento poderoso de que eram seus oponentes que minavam as normas democráticas.

Quando uma decisão política importante e difícil de reverter é tomada durante uma sessão *lame-duck* por um governo que acabou de ser despojado do poder, é justo apostar que as normas democráticas estão sob séria pressão. Na Polônia, essas decisões eram legais e foram tomadas pouco antes de o poder chegar a um autocrata 3P.

Mas os abusos da *lame-duck session* não precisam ser tão extremos para estabelecer um padrão perturbador de deriva autoritária. Em certos casos, os políticos só revelam toda a extensão de seu autoritarismo depois de serem voto vencido.

Como já vimos, a sessão *lame-duck* de 2016 da Carolina do Norte estabeleceu o ponto alto do padrão furtivo nos Estados Unidos. O governador republicano Pat McCrory ficou, segundo todos os relatos, chocado por uma estreita derrota para seu adversário democrata, Roy Cooper. Depois de inicialmente se recusar a aceitar a eleição do adversário, McCrory acabou percebendo que não teria escolha a não ser aceitar sua derrota. Ele então começou a trabalhar com a maioria republicana na assembleia estadual para aprovar, durante a sessão *lame-duck*, uma série de leis que retirariam os principais poderes do novo governador.

As novas leis forçaram Cooper a submeter suas escolhas de gabinete à aprovação da assembleia liderada pelos republicanos. A assembleia também removeu o poder do novo governador de nomear novos membros para o conselho de administração da Universidade da Carolina do Norte, tirou-lhe o poder de supervisionar as eleições e cortou em dois terços o número de nomeações que podia fazer para cargos no governo estadual. Seguiu-se uma longa batalha judicial, que Cooper, o novo governador, acabou perdendo em 2018 para a maioria republicana da suprema corte estadual.[18] Cooper de fato se tornou governador, mas o cargo que lhe foi entregue tinha uma fração dos poderes que teve sob seu antecessor. Não é exatamente uma usurpação de nível venezuelano, mas o instinto de subverter a democracia paralisando os líderes eleitos antes que eles possam assumir o cargo é extremamente parecido.

McCrory defendeu suas iniciativas como uma tentativa de salvaguardar as eleições da Carolina do Norte e melhorar a qualidade da educação no estado. A justificativa era o clássico pseudodireito: cuidava da aparência externa da legalidade, mas essa legalidade era do tipo papel fino, mal capaz de esconder sua intenção autoritária.

O Vazio da Democracia Iliberal

Às vezes, a autocracia 3P se espalha por imitação. O Partido Lei e Justiça da Polônia não chegou ao seu programa de reforma política e econômica por acaso. Jarosław Kaczyński, seu carismático líder, nunca escondeu sua admiração por Viktor Orbán, o nativista radical eleito primeiro-ministro na vizinha Hungria e, sem dúvida, o mais bem-sucedido dos autocratas 3P na Europa.

"Viktor Orbán demonstrou que na Europa as coisas são possíveis", disse Jarosław Kaczyński em 2016. "Você deu um exemplo e estamos aprendendo com o seu exemplo."[19]

Desde que chegou ao poder em 2010, o partido Fidesz de Orbán tem perseguido um dos programas de maior abrangência de autocracia 3P na memória recente. Na verdade, o Fidesz começou seu jogo com uma abordagem abrangente da furtivocracia: lotar os tribunais, expurgando furtivamente a burocracia e acabando com a independência da emissora estatal. Crucial foi a manipulação do sistema eleitoral da Hungria para praticamente garantir uma maioria permanente do Fidesz no parlamento. Com sua autoridade bem entrincheirada, o Fidesz entrou em ação em 2020, suspendendo efetivamente o parlamento e anunciando que Orbán governaria por decreto em resposta à pandemia da COVID-19. Ele não foi o único autocrata 3P no mundo que usou a necessidade de combater a pandemia como desculpa para concentrar o poder e restringir ainda mais as liberdades civis. O presidente ruandês, Paul Kagame, Yoweri Museveni, de Uganda, e líderes da Tanzânia, Índia, Turquia, África do Sul, Cingapura e outros locais presidiram expansões maciças da autoridade executiva sob a cobertura da COVID-19.

Durante uma acalorada discussão pública sobre os méritos e riscos de aliviar os *lockdowns* e conseguir movimentar de novo a economia, o presidente Donald Trump afirmou ter "poder absoluto" para decidir, ignorando assim os governadores dos estados. Ele foi rapidamente contestado por um exército de juristas, analistas políticos e legisladores. Nesse caso, as salvaguardas constitucionais prevaleceram, mas a tentação iliberal de ignorá-las também era inteiramente óbvia.[20]

Esses tipos de tomada de poder – a sede interminável de remover bloqueios ao poder executivo e desgastar as garantias estendidas às minorias – são às vezes descritos como "democracia iliberal". É assim, de qualquer modo, que Viktor Orbán os chama.[21] No entanto, um olhar mais atento ao histórico de Orbán mostra que isso é uma contradição em termos. A Hungria mostra com clareza como, sob o ataque de líderes iliberais, a própria democracia se torna uma miragem.

Orbán, por exemplo, passou anos em uma campanha de incrível amplitude para consolidar o domínio do Fidesz sobre o Estado. O *gerrymandering* foi apenas um aspecto disso; o Fidesz não consultou ninguém antes de reduzir pela metade o número de assentos parlamentares e redesenhar os limites do parlamento conforme princípios comprovados de "amontoar e rachar" – foi a Carolina do Norte no Danúbio. Mas isso também alterou as regras para tornar mais fácil para os húngaros étnicos fora da Hungria, os principais apoiadores do Fidesz, votarem.

Orbán, finalmente, inventou mecanismos de má distribuição eleitoral que fizeram o *gerrymandering* americano parecer inofensivo. Na Hungria, os distritos parlamentares não precisam ser iguais em população. E Orbán tem garantido que não sejam. Hoje, os distritos mais urbanos – que tendem a ficar à esquerda – chegam a ter 90 mil eleitores, enquanto as áreas rurais, que são o coração do Fidesz, podem não ter mais que 60 mil. Simplesmente são necessários mais húngaros para eleger um parlamentar da oposição do que um do Fidesz.

E o Fidesz foi mais longe: em um país em que a centro-esquerda há muito se divide em vários partidos concorrentes, o partido no poder acabou com a tradição de haver um segundo turno nas eleições parlamentares. A medida permite que o Fidesz ganhe assentos nas pluralidades do voto em lugares nos quais nunca poderia ter vencido uma eleição em dois turnos.

Os húngaros de mentalidade democrática poderiam ser tentados a contestar tal resultado nos tribunais, mas naturalmente os próprios tribunais estiveram entre os primeiros alvos do Fidesz. A essa altura, o mecanismo já parecerá familiar: uma nova lei, introduzida em 2012, baixou a idade obrigatória de aposentadoria para juízes de 70 para 62 anos, removendo a maioria dos juízes não alinhados com o Fidesz.

Mas a coisa não para aí. No sistema húngaro, os juízes seniores têm de concordar com a nomeação de novos juízes juniores. Limpar os altos escalões do judiciário, manipulando a idade de aposentadoria, abriu caminho para a nomeação de toda uma geração de novos comparsas do Fidesz para cargos judiciários, refazendo de modo radical o campo judiciário do país. Sim, é claro, os húngaros horrorizados com a injustiça do sistema eleitoral que Orbán desenvolveu estão sem dúvida no seu direito de entrar com uma ação, mas essa ação provavelmente será ouvida por um partidário do Fidesz. É a pseudolei administrada por pseudojuízes.

E é aqui que o vazio da ideia de "democracia iliberal" entra realmente em foco: sem freios e contrapesos liberais, não há mecanismo para garantir que as eleições permaneçam competitivas, livres e justas. Com o partido no poder manipulando as regras para colocar o polegar na balança de votos, e sem recurso institucional contra isso, a democracia iliberal equivale a uma espécie de absurdo. Onde a competição é manipulada, a democracia é vazia.

Para muitos dos autocratas 3P de hoje, a postura furtiva é apenas um passo intermediário: um compromisso confuso com as regras democráticas que eles desprezam e das quais pretendem se livrar assim que for politicamente seguro fazê-lo. Viktor Orbán manteve uma fina fachada de normalidade democrática até descobrir que não precisava mais dela. Assim como Nicolás Maduro, na Venezuela, e Vladimir Putin, na Rússia. O brasileiro Jair Bolsonaro é um caso semelhante, assim como Rodrigo Duterte, das Filipinas.

As normas democráticas são mantidas por um certo tempo, ao lado de um fluxo de críticas contra os males do liberalismo ocidental. E, no entanto, esses líderes sempre parecem achar muito mais fácil descrever aquilo a que eles se opõem (funcionários da UE intrometidos, intelectuais ocidentais, ONGs politizadas, o braço longo de George Soros, as feministas, a comunidade LGBTQIAPN+ e aqueles que defendem os direitos deles, e progressistas, secularistas, Davos, a comissão trilateral, os sionistas, os conspiradores, o Foro de São Paulo, e assim por diante) do que sua própria razão de ser.

Quando tenta apresentar uma defesa positiva da "democracia iliberal", Orbán recorre a frases vazias sobre competitividade nacional ou se entrega a elogios diretos às ditaduras. E quando – raramente – faz a tentativa de esboçar os princípios por trás de sua doutrina acaba recorrendo à mesma linguagem sobre liberdade que ele também afirma estar combatendo.

Em 26 de julho de 2014, por exemplo, Orbán fez o famoso discurso sobre "democracia iliberal" em um acampamento de verão para seus seguidores em Băile Tuşnad, na Romênia. O discurso – alardeado como a versão mais desenvolvida de sua filosofia de governo – é com frequência vago e defensivo. Mas estabelece os elementos-chave da democracia iliberal: "Os eleitores húngaros esperam que seus líderes descubram, forjem e elaborem uma nova forma de organização estatal que torne a comunidade de húngaros mais uma vez competitiva após a era do estado liberal e da democracia liberal, uma forma, é claro, que ainda respeitará os valores do cristianismo, da liberdade e dos direitos humanos".

Isso, à sua maneira, é bastante notável. Mesmo o inimigo mais direto do liberalismo da Europa acaba, quando as fichas estão no fim, reivindicando respeito pelos valores liberais fundamentais. Mesmo um movimento tão extremista quanto o Fidesz se vê encobrindo sua ideologia com uma miscelânea retórica que, embora incoerente, se baseia amplamente na linguagem da democracia liberal convencional. Em um discurso alardeado como denúncia da democracia liberal, Viktor Orbán acaba justificando sua guerra aos freios e contrapesos com a ideia de que seus afastamentos da ortodoxia são necessários para salvaguardar "o cristianismo, a liberdade e os direitos humanos".

Esse tipo de incoerência retórica não é surpreendente. Viver além do fim da história é viver em um mundo sem uma alternativa coerente à democracia liberal. É um mundo em que até mesmo os comprometidos com posições iliberais e antiliberais se veem defendendo valores liberais, justificando qualquer afastamento da ortodoxia liberal como meio de cumprir objetivos liberais.

A era da furtivocracia é a era dos antiliberais que propositalmente tornam difícil para um observador casual identificar seu iliberalismo. Despojados de qualquer outro sistema para explicar por que seu poder é legítimo, os aspirantes a autocratas de hoje devem necessariamente se esconder. Em última análise, eles não têm escolha.

Táticas tão insolentes quanto a tentativa de Evo Morales, na Bolívia, de inventar uma história sobre direitos humanos para permanecer no poder por tempo indefinido não são apenas produto do atraso político de uma área empobrecida da América do Sul. Nos países ricos e nos pobres, nas democracias incipientes e nas estabelecidas, o mesmo conjunto de táticas vêm se repetindo num esforço para acabar com os freios e contrapesos e superalimentar a supremacia política dos autocratas 3P. É uma tendência mundial: o poder absoluto sobrevive, de modo furtivo, imitando as instituições que corrompe. Às vezes se contenta em permanecer nesse espaço. Mas com frequência trata esse espaço como mera estação intermediária no caminho para a autocracia total.

2 A POLÍTICA DE FÃ-CLUBE

A vingança do poder repousa em um paradoxo. Por um lado, valoriza a dissimulação; o poder 3P tem fortes incentivos para esconder seus modos antidemocráticos e práticas de concentração de poder, em especial no início. Isso pode nos levar a imaginar seus líderes como figuras reclusas em palácios distantes, felizes em governar por trás de uma cortina. Nada, no entanto, poderia estar mais longe da verdade.

Na realidade, os autocratas 3P podem ter o cuidado de usar um pseudodireito ocultando os truques em que confiam para obter e manter o poder, mas isso não significa que saiam de vista. Longe disso. Para possibilitar a polarização, que é o segundo pilar da estrutura 3P, eles se tornam ubíquos: onipresentes e inevitáveis. Mais do que líderes para seus seguidores, tornam-se estrelas para seus fãs. E pergunte a qualquer verdadeiro aficionado por esporte: qual é a graça de apoiar seu time sem um time rival para odiar?

Os autocratas 3P operam uma surpreendente inversão do padrão de autocracia do século XX. Como imortalizado em romances como *O Outono do Patriarca*, de Gabriel García Márquez,[1] e *O Imperador*, de Ryszard Kapuściński,[2] o padrão tradicional exigia um autocrata empenhado em se tornar invisível enquanto a evidência de seu poder ilimitado era exibida de modo implacável.

O antigo padrão era o sistema preferido por Kim Jong Il – pai de Kim Jong Un, que sofria de um caso extremo de agorafobia e podia passar anos sem aparecer em público, enquanto controlava a vida dos norte-coreanos até em seus detalhes mais íntimos. Era também o estilo de Hosni Mubarak, governante do Egito de 1981 a 2011, que aparecia em público apenas em ocasiões formais e rigidamente controladas quando lia para as massas, num zumbido monótono, discursos inexpressivos, padronizados, mantendo ao mesmo tempo mão de ferro sobre o Estado egípcio.

A autocracia 3P inverte essa equação, tornando o autocrata extremamente visível, incontestável, familiar, enquanto obscurece com cuidado os mecanismos que ele usa para acumular e exercer o poder. Enquanto seus agentes obscurecem o poder real por trás de uma névoa de pseudodireito, o líder 3P está na frente e no centro, desenvolvendo um vínculo profundamente pessoal com seus seguidores que o protege das exigências formais e legais de responsabilidade. Longe de estar em contradição, dissimulação e espetáculo trabalham juntos para produzir a vingança do poder.

Mas não é só isso que a nova geração de autocratas revela sob a luz dos holofotes. Autocratas que remontam ao mítico *Ozymandias*, de Shelley ("Olhem para minhas Obras, oh, Poderosos, e se desesperem!"), sempre nutriram admiração por seus oponentes e enfatizaram as diferenças que tinham com eles.[3]

Hoje em dia, porém, essa postura é diferente porque o relacionamento dos autocratas 3P com seus seguidores foi transformado e, em muitos casos, saiu por completo do campo político. Seus seguidores os idolatram da mesma maneira que idolatram uma estrela do esporte ou um ícone da cultura *pop*; passaram a agir menos como seguidores políticos e mais como fãs. A cultura do fã-clube se espalhou por uma esfera política inadequada para ela.

O que estamos descrevendo aqui é uma nova encarnação de um fenômeno antigo. Líderes carismáticos que remontam a Júlio César e Carlos Magno construíram cultos de personalidade, como fizeram populistas mais recentes como Juan Perón, da Argentina, esquerdistas como Fidel Castro e fascistas como Benito Mussolini. O diferente agora é como os cultos políticos de hoje estão intimamente moldados pelos valores de entretenimento de nossa época.

Os fãs constroem sua identidade pessoal a partir de uma identificação primal com os astros que seguem. Mas também a constroem em oposição – e com ódio – "ao outro time". Nos esportes, isso é um grande divertimento. Na política, planta as perigosas sementes da polarização – o segundo elemento de nosso mundo 3P.

A polarização separa as sociedades. Sempre fez isso. Dentro da estrutura 3P, ela é mais aguda, mais global, mediada e difundida em termos digitais. Também é impulsionada pelo intenso ativismo de grupos sociais que, sentindo-o excluídos e prejudicados pela velha ordem, aproveitam a oportunidade para levar a luta aos que vivem no polo oposto. A polarização solidifica o domínio do autocrata 3P sobre seus seguidores. É uma política polarizada, em que se pode esperar que os apoiadores se enquadrem automaticamente, permitindo que um líder exerça o poder com muito menos grilhões do que antes. E, de modo crucial, a polarização pode ser aguçada de modo unilateral. Basta aguçar a retórica de um lado da divisão e confiar na reação do outro lado para fazer a metade do trabalho. É por isso que a polarização atua como força centrípeta tão poderosa, concentrando um poder que se dispersaria e decairia em sua ausência.

$50 por Menos de Duas Horas de Trabalho

O anúncio no Craigslist, o *site* de anúncios classificados, tinha poucos detalhes. "US$ 50 por menos de duas horas de trabalho", dizia.[4] Para muitos jovens atores lutando para fechar as contas na dispendiosa Nova York, deve ter sido tentador. Poucos poderiam ter imaginado que estavam indo para um *show* com destino aos livros de história.

Era a tarde de 16 de junho de 2015. As instruções eram sucintas: Aplauda com vontade nas linhas de aplauso. Nada mais.

É provável que todos tenham sentido um pouco de entusiasmo achando que podiam estar prestes a ver alguém famoso. Muito provavelmente acreditaram que estavam lá para participar de algum golpe publicitário: lançamento de um produto ou talvez uma nova e bem produzida campanha de marketing.

Não estavam exatamente errados. Na chegada, cada um recebeu uma camiseta e foi instruído a vesti-la. "Trump: Faça a América Grande de Novo!", diziam as camisetas. Enquanto Donald Trump seguia Melania naquela agora famosa escada rolante até o saguão da Trump Tower, com "Keep On Rockin' in the Free World", de Neil Young, tocando nos alto-falantes, é difícil imaginar que algum dos extras contratados para produzir as atmosferas tenha cultivado a sério o pensamento de que estavam aclamando o próximo presidente dos Estados Unidos.

Nos 47 minutos seguintes, Donald Trump deixaria o mundo pasmo com um discurso de lançamento de campanha diferente de tudo que o país tinha visto antes: "Quando foi a última vez que você viu um Chevrolet em Tóquio...? Quando ganhamos do México, na fronteira? Estão rindo de nós, da nossa estupidez, não são nossos amigos, acredite. Os EUA tornaram-se um depósito de lixo para os problemas de todos os outros".[5] Saltitando para frente e para trás entre grandiosos pronunciamentos políticos, com linhas de aplauso nas alusões a nós contra eles e anedotas autoengrandecedoras, o discurso lançou muitas das expressões que se tornariam o núcleo da retórica de Trump.

Pouco parecia importar para Trump que os aplausos eufóricos que estava ouvindo fossem comprados e pagos. Alimentou-se deles do mesmo modo. Ainda não sabia disso, mas o candidato Trump não precisaria continuar gastando dinheiro por muito tempo com o aluguel de multidões.

Meses após o evento, a Comissão Eleitoral Federal anunciou que, embora Trump não tivesse declarado a quantia de 12 mil dólares paga para os atores aclamá-lo naquele evento – declaração exigida pela lei eleitoral federal –, não ia multar a campanha de Trump, dada a quantia relativamente pequena envolvida.

É fácil esquecer como tudo isso parecia ridículo, vulgar. Especialistas políticos, jornalistas proeminentes e acadêmicos foram unânimes em tratar a candidatura de Trump como um espetáculo secundário, sem chance de sucesso. Tinham como certo que logo seria esquecido.

Zombando de sua ostentação grosseira de valer 8 bilhões de dólares, por exemplo, Alex Altman e Charlotte Alter, da revista *Time*, comentaram:

> Cerca de oito bilhões de razões explicam por que Trump não será presidente. Até pouco tempo ele era pró-aborto. Apoiava impostos maciços sobre os ultrarricos. Defendia o endurecimento das leis sobre armas. Apoiava o sistema de saúde de pagador único, uma política que os conservadores abominam ainda mais que o Obamacare. Seus índices de aprovação estão abaixo de 32 pontos em seu próprio partido, tornando Trump o candidato presidencial menos popular desde pelo menos 1980.[6]

Não é que eles pensassem que Trump estava errado. Foi pior que isso. Eles o achavam ridículo.

E não estavam sozinhos.

Os sofisticados sabiam a que lado da divisão política/entretenimento Donald J. Trump pertencia. Passaram toda a sua vida profissional entre pessoas para quem essa divisão era sacrossanta. A divisão organizava sua visão da política, mantinha seu mundo unido. Era uma barreira básica: o sentimento de que a separação entre política e *show business*, entre poder e espetáculo era sólida, confiável, *real*.

E, no entanto, por mais ridículo que possam ter achado Donald J. Trump, os especialistas simplesmente não conseguiam parar de falar sobre ele. Editores de notícias ávidos por cliques e globos oculares num ambiente de mídia cada vez mais competitivo não demoraram a perceber a vantagem comercial de dar cobertura completa a Trump. Logo tudo que Trump fazia ia atrair uma manchete, uma opinião quente, um *tweet* sarcástico. Fossem suas explosões racistas, seus pronunciamentos políticos ultrajantes ou suas alegações bizarras de enorme riqueza pessoal, Trump nunca deixava um público entediado.

Foi tarde demais que a elite começou a perceber o que, para Trump, deve ter sido o tempo todo óbvio: que sua zombaria era um de seus ativos eleitorais mais fortes. Que seus seguidores sentiam o desprezo da elite por

Trump como desprezo da elite por *eles*. Que quanto mais a elite o atacava, mais forte ele ficava.

Como Roderick Hart argumentou em *Trump and Us: What He Says and Why People Listen*, Trump utilizou os sentimentos do público ao longo de quatro eixos poderosos.[7] Sua imagem pública se conectou com os sentimentos que eles tinham de serem ignorados, de serem enganados, de se encontrarem sitiados, e o cansaço generalizado deles com a política também foi utilizado por ele. Repetidas vezes, empregou palavras que denotavam raiva para galvanizar sua base – o que tinha o benefício adicional de horrorizar seus oponentes, irritá-los e levá-los a participar da estratégia de polarização de que tão claramente ele precisava.

Trump não precisava teorizar nada disso. Donald Trump compreendia o poder do espetáculo. Sentia isso nos ossos. Mergulhado por quatro décadas na cultura das celebridades e na indústria do entretenimento, desenvolvera um incomparável sexto sentido para o que surgia para ser noticiado, para entrar numa resenha, para ser objeto de conversa, de cobertura.

Em seu mundo permeado de valores de entretenimento, os índices de audiência são tudo. Anos depois, em meio à pandemia da COVID-19, ele testaria a resistência de uma tal premissa ao se gabar, sem rodeios, dos índices que seus *briefings* de 2020 sobre o coronavírus haviam obtido durante um certo período. É uma atitude de quem *sabe* que não há publicidade ruim. Quando ele estreou no palco político nacional em 2015, os profissionais políticos olharam só de relance para aquele novato que achava que poderia transferir os métodos do mundo do entretenimento para a tão vasta diferença daquele domínio.

Estavam errados. Trump estava certo.

O que não percebemos foi que, enquanto se degradava em seu domínio tradicional, o poder estava encontrando novos meios de se reagrupar em outros lugares sob novas formas. Os aspirantes a autocratas estavam respondendo a um cenário alterado com estratégias alteradas.

Durante anos, celebridades que buscavam trocar sua fama por cargos políticos tinham como certo que teriam de passar por uma longa reinvenção. Seu novo papel exigiria que se afastassem de suas antigas personalidades públicas e dominassem as regras de uma nova atividade. Isso não era impossível, mas era complicado. Nos Estados Unidos, figuras que vão de Ronald Reagan e Arnold Schwarzenegger ao comediante Al Franken e ao lutador Jesse Ventura conseguiram. Franken, durante décadas um dos mais perspicazes caricaturistas políticos dos Estados Unidos, impôs a si mesmo uma regra estrita de não brincadeira quando se tornou senador. Schwarzenegger mergulhou nas minúcias das finanças públicas, notoriamente intratáveis, da Califórnia, quando se tornou governador do estado. Cada um fez um esforço consciente para se livrar de sua velha e frívola personalidade pública em favor de uma nova e sóbria imagem de pessoa séria da política pública. Foi o preço de entrada em suas novas carreiras.

Não para Donald Trump. Seu grande saque foi que ele poderia assumir diretamente um papel político sem antes se transformar num político "normal". Não só a moeda da celebridade tinha se tornado moeda legal na esfera política, mas os valores de entretenimento que ela incorporava estavam em vias de suplantar por completo os valores da política tradicional.

O estrato de estudiosos dos Estados Unidos estava inteiramente despreparado para essa reversão. Podiam ter mostrado um preparo melhor se tivessem passado algum tempo na Itália, em meados dos anos 1990.

Flashback: Milão, 26 de janeiro de 1994

A encenação foi deliberada: uma recriação engenhosa da aparência de um gabinete de governo. Não era nada disso. Era um escritório particular na *villa* do século XVIII de Silvio Berlusconi, nos arredores de Milão. Sentado a uma mesa grande e imponente, transmitido ao vivo pelas três principais redes de TV privadas da Itália (que por acaso eram dele), Silvio Berlusconi olhou com ar grave para a câmera.

"A Itália é o país que eu amo", ele entoou. "Tenho aqui minhas raízes, minhas esperanças e meus horizontes."[8]

Foi um discurso polido para declarar sua decisão de lançar um partido político e concorrer a primeiro-ministro. Usando abertamente o famoso amor dos italianos pelo futebol como alavanca, Berlusconi anunciou que estava pronto para *scesa in campo*, para "entrar no campo [de futebol]".[9] O comentário ficou imortalizado como sua fala *scesa in campo*.

Não era, porém, apenas um velho homem de negócios falando atrás daquela mesa. Em 1994, Silvio Berlusconi já havia acumulado uma fortuna sem igual na Itália contemporânea.

Ex-cantor de cruzeiros marítimos que havia ganhado um bom dinheiro nos anos 1970 como especulador imobiliário em Milão, Berlusconi dera o salto de meramente rico para o *status* de bilionário ao estabelecer o que equivalia a um monopólio da transmissão de televisão comercial na Itália. Mais tarde, com dinheiro para queimar, ramificou-se ao entrar em todo tipo de indústrias: seguros, lojas de departamentos, jornais, serviços financeiros, revistas, livros etc. No centro de tudo estava a Mediaset, sua esparramada, altamente lucrativa *holding* de TV.

A Mediaset prosperou graças a uma lendária equipe de marketing e vendas. Espalhando-se por todo o país, os vendedores de Berlusconi haviam aperfeiçoado a arte de criar anúncios para empresas italianas de médio porte, o tipo de empresa considerada pequena demais para ser um alvo valioso em vendas de publicidade. Berlusconi encontrou uma maneira de vender anúncios em afiliadas regionais para o tipo de empresa que nunca tinha aparecido antes na TV italiana: empresas familiares de varejo vendendo merendas para crianças, bolsas de couro para senhoras respeitáveis, regadores de giro para o seu gramado...

Os anúncios funcionaram. A Mediaset entregava audiências em massa para empresas que não tinham outra maneira de alcançá-las. Por quê? Porque Berlusconi, de modo brilhante, havia identificado uma oportunidade de mercado: a venerável e antiga emissora estatal da Itália, subsidiada pelo público, a RAI, era entediante.

Transmitindo uma longa sucessão de programas nobres, mas sem graça, elucubrados por intelectuais em Roma para o enobrecimento das massas italianas, os executivos da RAI mal pareciam se importar com o fato de sua programação ser inassistível. Dificilmente se poderia esperar que os italianos se aglomerassem para assistir a noticiários que consistiam de um âncora baixando repetidamente os olhos para um pedaço de papel que lia num tom monótono ou para ver líderes sindicais discutindo os prós e contras de sessões de negociação coletiva com a Fiat. De fato a RAI quase se afastou de seu caminho para não ter de descobrir se havia alguém interessado na programação que eles estavam oferecendo: em plena década de 1980, a emissora estatal não tinha um sistema instalado para rastrear seus próprios índices de audiência.

Berlusconi tinha uma noção muito mais aguçada do que a Itália mediana queria ver na tela. Impedido pela legislação existente de lançar de uma só vez uma rede nacional, começou a comprar pequenas emissoras regionais em diferentes partes da Itália e a reuni-las em uma rede de fato. Enchia cada estação com uma programação descaradamente vulgar e de apelo em massa: séries americanas dubladas em italiano eram um pilar ao lado de programas de variedades obscenos, novelas sul-americanas e, é claro, *Baywatch*. Lotes de *Baywatch*.*

Era o tipo de programação *trashy*, mas divertida, que há anos se tornara habitual em outros lugares e representava uma revolução da mídia na Itália. Berlusconi sentiu que esse tipo de cardápio poderia entregar, de modo confiável, audiências de massa aos anunciantes num ritmo que nenhum documentário ressecado da RAI poderia alcançar. O desafio que faltava enfrentar era criar uma equipe de vendas que pudesse atingir empresas famintas pelos olhos dos consumidores e se oferecer para fazer o jogo.

Não parecia claro na época, mas a *junk* TV** da Mediaset estava aos poucos envenenando a esfera pública italiana. Décadas depois, os economistas italianos Rubén Durante, Paolo Pinotti e Andrea Tesei analisaram em detalhe as diferenças nos padrões de votação entre regiões que tinham hospedado mais cedo uma estação Mediaset e aquelas que só puderam sintonizar o gigante de Berlusconi mais tarde.[10] Trabalhando a partir de uma coleção de dados detalhados sobre onde e quando a Mediaset se expandiu, além de testes psicométricos granulares medindo as habilidades cognitivas e preferências políticas dos italianos, os pesquisadores descobriram que a exposição precoce à *junk* TV foi responsável por uma fração substancial do sucesso eleitoral de Berlusconi.

---

* Série que foi sucesso de público apesar da reação negativa da crítica. No Brasil foi apresentada como *S.O.S. Malibu*. (N. do T.)

** A TV baixaria, com entretenimento de péssima qualidade. (N. do T.)

O mais chocante, no entanto, foi *como* esse resultado foi alcançado. Assistir à Mediaset parecia tornar o público substancialmente menos sofisticado em termos cognitivos, conforme medido pelo Programa de Avaliação Internacional de Competências de Adultos (PIAAC), um teste padronizado de alfabetização e habilidades matemáticas de adultos administrado pela Organização para Cooperação e Desenvolvimento Econômico.[11] Em particular, espectadores muito jovens e muito velhos expostos à Mediaset desde o primeiro momento revelaram-se substancialmente menos sofisticados, em termos cognitivos, que os italianos que só mais tarde tiveram acesso à *junk* TV. Italianos com acesso precoce à *junk* TV tornaram-se mais abertos à retórica populista, não apenas a que vinha do proprietário da Mediaset, mas também a que vinha de seus concorrentes posteriores no Movimento Cinco Estrelas (sobre o qual teremos muito mais a dizer no Capítulo 6).

"Em conjunto", observaram Durante e colegas, "nossas descobertas apoiam a visão de que a exposição à televisão de entretenimento, em particular numa idade jovem, pode contribuir para tornar os indivíduos cognitiva e culturalmente mais superficiais e, em última análise, mais vulneráveis à retórica populista."[12]

Esse império da superficialidade era lucrativo ao extremo, mas em 1994 também estava sob excepcional ameaça. Nunca terrivelmente meticuloso em seguir a lei, Berlusconi vinha sendo investigado por várias acusações de evasão fiscal, além de enfrentar denúncias de que havia tentado subornar um juiz. Diante de uma situação legal perigosa e acossado, em meio a uma extensa investigação anticorrupção, por agressivos magistrados investigativos, Berlusconi optou por uma estratégia legal não convencional: para ficar fora das grades ia se tornar primeiro-ministro.

O plano de Berlusconi era de extrema ousadia. Quase da noite para o dia, ele transformou seu império empresarial em um partido político, o Forza Italia. Como explica Alexander Stille em *The Sack of Rome*, relato que ele faz dessa época:

> Os executivos de publicidade entraram em contato com as empresas que compravam espaço nos canais de Berlusconi. Os corretores

da bolsa e agentes de seguros que trabalhavam para a empresa de serviços financeiros de Berlusconi tornaram-se cabos eleitorais e começaram a transformar centenas de milhares, possivelmente milhões, de clientes financeiros em eleitores e partidários. O departamento de pessoal da empresa de propaganda televisiva selecionou mais de uma centena dos principais vendedores de anúncios da empresa para serem candidatos às eleições parlamentares. Os candidatos fizeram testes de imagem nos estúdios de televisão, receberam aulas de política e foram interrogados para ver como se comportariam sob o fogo de uma campanha eleitoral [...]. Os especialistas em mídia da empresa, com experiência em testes de programas de TV, conduziram grupos focais para aprimorar a mensagem de Berlusconi e atrair a mais ampla audiência possível.[13]

A essa altura, ajudava que Berlusconi fosse, por mérito próprio, uma genuína celebridade. Suas revistas e tabloides haviam passado anos divulgando, nas primeiras páginas, histórias chamativas de seu bilionário estilo de vida de *playboy*. Ele se deliciava com a atenção e adorava empilhar camada após camada de brilho e *glamour*. Era tudo terrivelmente trumpiano, embora uma geração à frente. Como relata Stille, no verão de 1993, quando estava avaliando um salto para a arena política, Berlusconi encomendou uma pesquisa que descobriu que o índice de reconhecimento de seu nome era de 97%, enquanto Carlo Azeglio Ciampi, que era o então primeiro-ministro da Itália, ficava com 51%.

Berlusconi começou a usar a mesma abordagem que a Mediaset usou para vender mortadela para as avós de Sorrento e macarrão *light* para torcedores de futebol em Bérgamo. Só que agora vendia, a essas mesmas pessoas, candidatos ao parlamento. Ajudava o fato de não precisar sair de casa para recrutar os candidatos: já trabalhavam para ele. O chefe regional de vendas da Mediaset na Toscana, por exemplo, reencarnou da noite para o dia como chefe regional do partido Forza Italia na Toscana. Ele encabeçava uma lista de candidatos parlamentares da região que, até a semana anterior, haviam sido seus subordinados diretos.

Tudo aconteceu em velocidade desconcertante. Dois meses depois de seu discurso da *scesa in campo*, Silvio Berlusconi era primeiro-ministro de um país do G7: prova de conceito para a nova onda de forasteiros pós--Guerra Fria. A estratégia do Forza Italia foi padronizada, de forma ousada, com o sucesso comercial da Mediaset. Em seu centro, estava uma determinação de manter as coisas simples, concretas e compreensíveis. "Lembrem", diria Berlusconi a seus gerentes de vendas transformados em agentes políticos, "seu trabalho é atrair as pessoas comuns da Itália – não o aluno mais inteligente da classe."

O apelo de mensagens simples provou ter uma força gigantesca. Enquanto seus oponentes de centro-esquerda se enredavam em novelos de complexas explicações de detalhes recônditos da política fiscal, Berlusconi falava de um modo que qualquer um poderia entender. Em um icônico comercial de TV, olhando diretamente para a câmera, prometeu defender "a Itália que trabalha contra a que faz fofoca, a Itália que produz contra a Itália que desperdiça, a Itália que economiza contra aquela que rouba, a Itália do povo contra a dos velhos partidos – por um novo milagre italiano".[14]

Era visceral, direto, simples como nenhum apelo político há muitas décadas havia sido na Itália. E instalou Berlusconi – cuja reputação por negócios escusos, lapsos éticos e decadência pessoal já estava solidamente estabelecida – como a figura política dominante por duas décadas em uma das maiores potências industriais do mundo. Depois de tudo dito e feito, ele ia servir como primeiro-ministro por mais tempo que qualquer outro líder italiano desde a Segunda Guerra Mundial, embora em três períodos distintos entre 1994 e 2011.

Funcionou porque, como acontecia com Trump, o valor de entretenimento de Berlusconi era reconhecível sem que ninguém precisasse explicá-lo. Ele sabia, de modo visceral, como um simples *slogan* em um anúncio poderia conquistar as massas. Não precisava de consultores para ajudá-lo a disputar esse jogo: era seu maior praticante. Vira técnicas de *marketing* testadas e comprovadas fazerem várias vezes a mágica e vira seu saldo bancário crescer com elas.

Assistir a políticos tradicionais tentando chegar a um acordo com esse novato podia ser doloroso. Educados nas tradições parlamentares arcanas da Roma republicana, era visível que tinham perdido o contato com o povo que se propunham a liderar. Nos debates, Berlusconi andava em círculos em torno deles, proferindo uma após outra, com perfeita desenvoltura, falas trabalhadas para diferentes grupos. Ninguém fez melhor.

Nos Estados Unidos, os marqueteiros tinham há muito percebido que podemos persuadir as pessoas a votar em nós com as mesmas técnicas que as levam a comprar uma lata de atum de uma marca e não de outra. Mas Silvio Berlusconi foi além ao usar essas técnicas no contexto específico da campanha: criou uma marca inteiramente nova de política em torno delas. Tendo transformado a TV italiana e a convertido em uma máquina grosseiramente comercial de lucro, Berlusconi fez o mesmo com a política do país.

Berlusconi foi uma figura de transição e não um expoente completo das versões século XXI dos líderes 3P. Mas foi sem dúvida um pioneiro. Berlusconi zombou impiedosamente dos juízes italianos, pintando-os como engajados numa vasta conspiração de esquerda contra ele, um honrado empresário; denunciou com dureza os defeitos da nação, que alegava ter herdado de seus corruptos e medíocres antecessores no governo; brincou com as regras eleitorais do país; e encheu as ondas de transmissão que controlava, por meio de suas redes de TV e dos jornais que possuía, com uma propaganda que o exaltava e que zombava de seus rivais.

Berlusconi é mais bem visto como um precursor, uma demonstração de como o muro que separa a esfera política do mundo do entretenimento pode desabar. Berlusconi incorporou um novo tipo de relação entre um líder político e seus seguidores. Porque mais do que seguidores, o que ele tinha eram *fãs*.

Do Carisma ao Fã-Clube Político

É claro que Silvio Berlusconi dificilmente pode ser considerado o primeiro político a estabelecer um relacionamento profundo, e aparentemente pessoal, com seus seguidores. Esse tipo de vínculo é tão antigo quanto a política. Aristóteles o descreveu em detalhes. No final do século XIX, o renomado sociólogo alemão Max Weber identificou o carisma como um dos principais motores da história humana.[15, 16]

Mas Silvio Berlusconi não é somente um político altamente carismático. Não, ele é mais complexo do que isso, e entender como o apelo de Trump ou de Berlusconi difere do conceito de carisma de Max Weber é importante. Ajuda a identificar o que há de especificamente novo nos praticantes do poder 3P.

Weber pretendera fazer a crônica não tanto do líder carismático, mas do modo como os grupos reagem a ele e como essa reação lhe possibilita se integrar à política de um modo que em outra situação seria impossível.

Defrontados com um certo tipo de líder, os grupos passam com rapidez a lhe atribuir qualidades quase sobrenaturais. O líder impressiona as multidões como magnético, mágico, quase divino. As pessoas seguiriam tal líder em aventuras nas quais não seguiriam mais ninguém. Weber chamou o *vínculo* entre líderes magnéticos e seus seguidores de "carisma", e argumentou que a autoridade política baseada no carisma está no centro de mudanças rápidas e históricas.

Com certeza o vínculo que Trump e Berlusconi criaram com seus seguidores incluía alguns aspectos do carisma de Weber. Para seus seguidores, ambos parecem exuberantes. Mas a perspectiva weberiana não nos leva muito longe. O carisma, para Weber, nascia da experiência direta de uma personalidade forte. Mas esses dois políticos não construíram seus mitos diretamente ou pela energia de suas personalidades, mas pela operação de uma ampla e sofisticada máquina de mídia e marketing.

O domínio que Trump e Berlusconi tinham sobre o público baseava--se menos no magnetismo weberiano e mais em uma máquina de publicidade cuidadosamente cultivada, seja na forma do *Celebrity Apprentice** e

---

* O *Celebrity Apprentice* (Aprendiz de Celebridade) é um *reality show* competitivo da televisão americana que começou como variação da série *The Apprentice* (O Aprendiz), apresentada, de 2008 a 2015, pelo então incorporador imobiliário Donald Trump e, de janeiro a agosto de 2017, pelo ator e ex-governador da Califórnia Arnold Schwarzenegger. (N. do T.)

do *New York Post*[*] ou na ampla operação de *marketing* por trás do império empresarial de Berlusconi. A atual safra de líderes populistas explora uma cultura de celebridades que se alimenta de si mesma, pois a familiaridade de um nome e a ousadia das façanhas de uma celebridade atraem a curiosidade, o fascínio e, em última análise, a lealdade política das pessoas.

Berlusconi e Trump buscaram notoriedade e fama por razões psicológicas e comerciais – e, finalmente, para construir uma base que desse apoio a suas ambições políticas. Depois que se tornaram nomes famosos, o processo de tornar sua "marca" pessoal cada vez mais reconhecível e conhecida pelo público tornou-se autorreplicante. Eles sabiam que não suportaríamos desviar o olhar – e não suportavam pensar que pudéssemos querer. Cada um se impôs como que à força na consciência de sua nação. Como diz a famosa declaração de Trump: "Quando você é um astro, deixam-no fazer isso".[17]

É claro que a autoridade carismática vem refazendo com rapidez as sociedades desde tempos imemoriais. Mas os laços carismáticos de Trump e Berlusconi são fabricados de uma maneira diferente dos laços carismáticos tradicionais. Recolhendo seus sinais da cultura das celebridades, a cultura deles é um carisma degradado, esvaziado de genuíno conteúdo político. Na realidade, é impulsionada pela mesma sede de entretenimento que satura o resto de nossa cultura.

Essa sede de política como apenas outro tipo de entretenimento tem raízes profundas. A mais óbvia, no entanto, é tecnológica e atende pelo nome de "convergência midiática": o desfoque das tradicionais linhas divisórias entre política e entretenimento, entre o importante e o trivial. A convergência midiática é, em si, um produto da explosão das escolhas midiáticas.

As linhas divisórias que eram fáceis de patrulhar quando havia apenas três redes tornaram-se obsoletas quando surgiram 900 no cabo e literalmente outros milhões *on-line*. A saturação da mídia e a onipresença

---

[*] O *New York Post* é um jornal diário distribuído principalmente na região de Nova York. Traz as últimas notícias e colunas de esportes, negócios, entretenimento, opinião, imóveis, cultura e moda. (N. do T.)

das opções de entretenimento reduziram o tempo de atenção das pessoas e diminuíram de modo drástico a tolerância do público ao tédio.

Essa indefinição das fronteiras impõe um novo conjunto de exigências aos líderes. Ao competir pelo compartilhamento da mente do público contra uma extensão ilimitada de distrações, os políticos que não conseguem entreter ficam rapidamente desconectados. Aqueles que não são dotados de boa aparência (como são Emmanuel Macron e Justin Trudeau) descobrem que podem compensar isso com truques tradicionais de entretenimento: imprevisibilidade, bravatas, entusiasmo, humor ou força muscular.

O público, por sua vez, reage a esses líderes exatamente da mesma maneira que reage a seus animadores favoritos. Os líderes têm um sentimento intuitivo para isso: sabem que se espera deles que liderem divertindo, que liderem irritando. E sabem que demonizar o outro é a maneira mais fácil de fazer isso. A política como entretenimento leva, de modo inexorável, ao segundo "P" de nossa fórmula dos 3Ps: a polarização.

Uma vez que uma nova técnica tenha estabelecido sua utilidade, podemos ter certeza de que será copiada. A política como entretenimento se espalha por meio da emulação. E em todos os tipos de contexto, pelo mundo afora, os que aderem a essa tendência são prodigamente recompensados com carreiras meteóricas. O sucesso gera emulação: novos participantes tentam novas variantes e a explosão de canais de comunicação coloca as ferramentas desse tipo de ascensão ao alcance de arrivistas em todo o mundo.

No mundo inteiro, personagens públicos ultrajantes estão se tornando o novo normal. No Brasil, o membro mais votado do congresso federal foi Tiririca, um palhaço profissional e comediante picaresco que não tem qualquer ideologia discernível e que provavelmente era analfabeto funcional quando foi eleito pela primeira vez em 2010. Na Guatemala, Jimmy Morales, um obsceno comediante de TV concorrendo com a mais vaga das plataformas, ganhou a presidência com uma vitória esmagadora de 67% em 2015. Nas Filipinas, o ex-prefeito Rodrigo Duterte incendiou o cenário político do país tanto ao dizer, repetidas vezes, palavrões em público quanto ao assumir publicamente o compromisso de instituir esquadrões da morte contra traficantes de drogas. Na Rússia, a publicação de um calendário mostrando o presidente de peito nu enquanto pescava e cavalgava nas selvagens vastidões siberianas desencadeou um entusiasmo frenético e provocou um *boom* na demanda por turismo na tundra. E, na Grã-Bretanha, Nigel Farage elevou a linguagem bombástica ao *status* de ideologia ao forçar o programa da nação a se concentrar no que antes era visto como visão marginal, por exemplo o impulso, há muito encarado como quixotesco, de fazer o Reino Unido sair da União Europeia. Até o primeiro-ministro britânico Boris Johnson já apresentou um satírico programa com jurados na BBC.

Em um mundo onde os debates políticos fazem todos dormirem, o muro entre política e entretenimento desmorona. À medida que a política se transforma em puro espetáculo, as pessoas começam a se relacionar com seus líderes políticos do mesmo modo como se relacionam com seus artistas favoritos e estrelas do esporte. Aplaudem-nos como fãs, em vez de se envolverem com eles como cidadãos ou mesmo como clientes políticos. A pergunta-chave não é: "O que eles estão fazendo?", mas sim: "Quem está ganhando?".

Cornel Sandvoss, professor de mídia e jornalismo da Universidade de Huddersfield, no Reino Unido, estudou a questão e concluiu que os atuais "fãs políticos raciocinam muito como fãs de esportes ou música".[18] Assim como um astro do *rock* cria uma identidade que os fãs podem adotar e carregar nas costas, argumenta Sandvoss, o papel do político na era do fã-clube é agir como um repositório de significado, é ser um veículo para a identidade de fãs que não possuem um senso totalmente estabelecido de quem são. Assim como os fãs de Beyoncé vão a seus *shows* para olhar ao redor e se reconhecer nas pessoas que compartilham sua paixão por ela, os fãs políticos vão a um comício para se perderem em uma multidão em que se sentem em casa. Assim como o Dallas Cowboys conquistou seguidores apaixonados entre pessoas que procuravam grupos de fãs de futebol com quem pudessem se identificar, a liderança política consiste cada vez mais em criar um espaço no qual pessoas com a mesma cabeça possam se divertir na companhia de gente que veem como seus parentes.

Nada disso é inteiramente novo: John F. Kennedy tinha seus fãs, assim como Harold Wilson, François Mitterrand, Pierre Trudeau e Margaret Thatcher. O que há de novo é até que ponto as pessoas veem a política, antes de mais nada, como *espetáculo*, como uma batalha na qual celebridades se enfrentam em uma disputa antagônica pela supremacia. Onde a linha entre poder e espetáculo desaparece por completo, a liberdade não pode durar muito.

Segundo uma reportagem de 2017 do *New York Times*, "antes de assumir o cargo, Mr. Trump pediu que seus principais assessores vissem cada dia presidencial como um episódio de um programa de televisão em que ele derrotava rivais".[19] Sendo o primeiro líder nacional com raízes plantadas com firmeza no *reality show*, Donald Trump entendia melhor que a maioria das pessoas a primazia absoluta de um arco de história antagônica na criação das condições para a identificação primária com um líder. Certamente ele não colocaria sua percepção nessa linguagem, mas, como todo demagogo bem-sucedido, tem um instinto natural para isso. Ele não pensa nisso; sente isso.

Trump recorreu a uma tendência preexistente de tratar seu partido político da mesma maneira que trata seu time esportivo. A polarização, nesse sentido, é menos sobre questões e políticas e muito mais sobre identidade crua, visceral. Antigamente, há muito tempo, as pessoas atrelavam essas identidades à sua classe social, religião, comunidade ou etnia. Hoje, cada vez mais, você vai ao local de votação para isso. As pessoas não votam mais em seus valores, muito menos em seus interesses. Hoje, as pessoas votam em suas identidades.

Um conjunto crescente de pesquisas acadêmicas mostra como a polarização política se aprofundou nos Estados Unidos nas últimas décadas. Como sabe qualquer fã de esportes, metade da diversão vem não apenas de ver seu próprio time vencer, mas de ver o time rival perder. Nos esportes, as apostas da rivalidade são baixas. Mas, quando a lógica do fã-clube se espalha pelo reino político, elas aumentam de modo espetacular. Os que tomam partido passam a detestar cada vez mais o outro lado. Fã-clube, na política, significa polarização.

Em alguns contextos, a polarização é expressa com uma nova abordagem militante do partidarismo. Um estudo de 2015 de Patrick R. Miller e Pamela Johnston Conover descobre que, nos Estados Unidos, as pessoas mais fortemente motivadas a votar são movidas mais por identificação partidária que por preferências ideológicas ou temáticas. A hostilidade ao partido oponente acaba sendo um dos motivadores mais fortes das pessoas para votar.[20]

Outro estudo de 2015, de Shanto Iyengar e Sean J. Westwood sugere que, nos Estados Unidos, a filiação partidária é agora um elemento mais poderoso de previsão de hostilidade do que a raça. Solicitadas a selecionar currículos semelhantes, as pessoas são mais propensas a escolher um candidato do outro lado da divisa racial que um apoiador do partido oposto.[21]

Francis Fukuyama concorda que "a atual disfunção e decadência do sistema político dos EUA estão relacionadas a uma polarização extrema e sempre crescente, que tornou a rotina de governar um arriscado exercício de diplomacia".[22] Citando uma pesquisa recente de Thomas Mann e Norman Ornstein,[23] ele comenta que esse processo não tem sido simétrico, com a direita se movendo para a direita muito mais rapidamente que a esquerda se move para a esquerda.[24] A eleição para a presidência de um líder de extrema-direita encharcado de valores de entretenimento sem dúvida acelerou a tendência.

Plantar o fã-clube trumpiano neste solo bem arado por um partidarismo preexistente rendeu algo novo para os Estados Unidos: o tribalismo político numa escala com a qual o país simplesmente não está acostumado e que, temem alguns, sem dúvida não é compatível com sua tradição constitucional. Nas palavras de Andrew Sullivan:

> O projeto da democracia americana – viver além dessas identidades tribais, construir uma sociedade baseada no indivíduo, ver a nós mesmos como cidadãos de uma república do povo, colocar a religião fora de limites e, em anos recentes, acolher uma sociedade multirracial e pós-religiosa — sempre foi uma tentativa extremamente precária. Baseou-se, desde o início, numa esperança do século XVIII de que divisões profundas podem ser superadas por uma

cultura de compromisso e que a emoção pode ser derrotada pela razão. Falhou uma vez, de modo espetacular, com a mais brutal guerra civil experimentada por qualquer democracia ocidental nos tempos modernos. E aqui estamos nós, numa era igualmente tribal, com um presidente que estimula divisões profundas e que de repente está embaralhando os alinhamentos políticos de Washington, prestes a descobrir se podemos impedir essa esperança de fracassar de novo.[25]

Uma indicação dos perigos que essa tendência representa está no fato de que a Rússia já começou a explorá-la. Entre o tesouro de peças maliciosas plantadas por *trolls* russos e contas de desinformação às vésperas da eleição de 2016, havia um fluxo contínuo de material falso de fãs: cartões "Buff Bernie" de cores brilhantes para os "sanderistas" ao lado dos memes mais previsíveis glorificando Donald Trump. O mesmo aconteceu na eleição de 2020.

O resultado é que a explosão das opções de mídia e a convergência entre elas simplesmente sobrepujaram as tradicionais linhas de fronteira entre política e entretenimento. Ao se desenrolar na proliferação de opções da era do entretenimento – do YouTube, das redes de TV a cabo de 900 canais, do gêiser de estímulos no Twitter e Facebook – o carisma na era da informação é degradado pelos valores de entretenimento da época.

Depois que o valor do entretenimento e a cultura das celebridades se estabelecem no centro da política de uma nação, é difícil desalojá-los. Se não for contida desde cedo, a política como entretenimento parece gerar metástases, espalhando-se por partes do corpo político antes não afetadas. E para ver esse mecanismo em ação, precisamos voltar à Itália, apenas uma geração mais tarde.

A Nova Geração de Populistas da Itália

Se estivéssemos tentando mostrar a Max Weber a estranha transformação pela qual passou a autoridade carismática no século XXI, dificilmente poderíamos fazer melhor do que colocá-lo numa máquina do tempo e largá-lo no futuro, 116 anos à frente, no grande auditório de Roma onde o popular demagogo e comediante Beppe Grillo daria seu *show* de 2007.[26] Lá, Weber teria visto um homem grande, eloquente, com barba desalinhada e uma selvagem cabeleira grisalha eletrizar a plateia desde o momento do início do *show*.

Beppe Grillo é uma presença alucinante no palco. Ou melhor, *fora* do palco – quase não perde tempo no palco real preparado para ele. Em vez disso, por duas horas e meia, como um homem em estado de possessão, anda de um lado para o outro no auditório onde a multidão está sentada, comandando um espetáculo que é parte *show* humorístico, parte comício político, parte reunião de avivamento.

Pairando entre o público com uma entrega emocional exuberante, Grillo goteja desprezo sobre a elite política da Itália, sobre a mania de consumo excessivo do Ocidente, sobre os assaltos ao consumidor, sobre o infortúnio da esquerda política e a corrupção da direita, reclamando e delirando enquanto agarra, aleatoriamente, membros da plateia pelas lapelas – às vezes de modo bem convincente – como se quisesse dar uma sacudida física na Itália, tirando-a de seu torpor.

Sem ter conseguido terminar os estudos para se tornar contador, Beppe Grillo encontrou sua vocação nesse tipo de comédia política coalhada de emoção: um grito primal contra uma classe política que, sentia ele, os italianos desprezavam de um modo uniforme, combinado com um desgosto visceral pelo costumeiro cisma político esquerda-direita. Desafiado a "contribuir ou calar a boca", Grillo decidiu resistir – especificamente, criou um partido político, o Movimento Cinco Estrelas (conhecido como M5S ou *Cinque Stelle* na Itália) – e foi disputar eleições.

Na sua primeira tentativa, em 2013, o movimento teve uma participação maior do que qualquer outro partido político, 25,6% dos votos em um campo fragmentado. Os novatos, no entanto, conquistaram apenas 109 dos 630 assentos na câmara baixa do parlamento italiano, pois se recusaram a fazer coalizão com qualquer um dos insultados partidos tradicionais.

Os especialistas zombavam que o M5S era um *show* de um homem só, que Grillo nunca poderia transformá-lo em um verdadeiro partido. Para provar que eles estavam errados, Grillo fez pressão por uma regra partidária que impedisse o M5S de indicar qualquer pessoa com uma condenação criminal. Acontece que a medida descartava o próprio Grillo – ele havia sido condenado por homicídio culposo na década de 1980, depois que um acidente rodoviário causado por ele tinha custado a vida de dois de seus passageiros. Era como se Grillo estivesse determinado a provar que o *Cinque Stelle* poderia trabalhar sem contar com ele como líder visível. Com certeza, seu movimento confundia os céticos.

Em 2016, o Movimento Cinco Estrelas chegou ao gabinete da prefeitura de Roma, elegendo Virginia Raggi como a primeira prefeita da Cidade Eterna e obtendo a maioria na câmara municipal. Logo depois, não assumiram por um triz o controle da Sicília. Mesmo assim, alguns intelectuais italianos riram da coisa toda – o truque de Grillo era ridículo, não passava de entretenimento. Qualquer um podia ver isso, não podia? Não é, não podia?

Acontece que não, não podia.

Apesar de todas as diferenças entre os líderes, há um parentesco óbvio entre as vibrações em um comício de Trump e num comício de Beppe Grillo. A multidão está lá pelo mesmo tipo de razão: um desgosto pela elite, claro, mas também algo mais – uma sede de drama, do imprevisível, de *entretenimento*.

O movimento político de Grillo não ia parar de crescer. Seus seguidores, os *grillini* (pequenos Grillos), aderem à confusa incompatibilidade de uma ideologia – parte ambientalismo radical, parte nativismo, parte economia heterodoxa, parte histeria antivacina. Se não chega exatamente a formar um todo coerente, não há o menor problema para eles: não estão nisso pela coerência. Estão nisso pelos cliques.

Como uma investigação histórica da Buzzfeed News e do diário italiano *La Stampa* descobriu, o Cinco Estrelas praticava uma ampla operação *on-line* que controlava um número imenso de blogs populares, *sites* e páginas do Facebook com milhões de seguidores.[27] Amplificando com frequência as histórias produzidas por porta-vozes da propaganda russa, como o *Sputnik,* os *sites* alinhavam de modo estreito o movimento com Moscou e ainda mais estreitamente com esforços de desinformação no estilo russo. Difundindo histórias sensacionalistas com manchetes chocantes, blogs Cinco Estrelas, como o imensamente popular *Tze Tze*, criaram um conspiratório ecossistema de informações em que "eles" – as elites, os ricaços romanos, os globalistas em Bruxelas – estavam sempre atrás de "você", mão de obra italiana comum.

Isso se provou devastadoramente eficaz. Em março de 2018, os *grillini* deram o salto final para o governo. Sua participação nos votos tinha subido para 33% e eles continuavam sendo o maior partido. A essa altura, seus escrúpulos puristas em se juntar a outros em coalizões haviam diminuído. Depois de torturantes conversas sobre alianças, o M5S entrou no governo ao lado de La Lega, outro partido *anti-establishment*, embora da variedade de extrema-direita. Juntos, La Lega e M5S lançaram um dos governos de coalizão mais estranhos da história recente – salada bizarra de ideologia de extrema-direita com a palhaçada radical de Grillo.

Mas havia um problema. Como Grillo havia tirado a si próprio da disputa por cargos, os *grillini* não foram liderados por ele. Na verdade, o partido elegeu um ativista de 32 anos para liderá-lo. Luigi Di Maio não tinha de modo algum o magnetismo de Beppe Grillo. Mas como vice-primeiro ministro, sem dúvida, lutou para deixar sua marca contrária aos astutos líderes de La Lega.

Assim que a coalizão chegou ao poder, o populismo nativista de La Lega logo superou as piadas iconoclastas dos *grillini*, e o astro principal de sua própria TV, Matteo Salvini, entrou na briga – bancava o cara durão, um forasteiro, para um público italiano que recompensa de modo infalível caras durões e forasteiros.

Teremos muito mais a dizer sobre Salvini no Capítulo 6, no qual discutimos a natureza e consequências do clima antipolítico que varreu o mundo. De fato, a sucessão de populistas parece ter feito a Itália cair numa irrecuperável espiral antipolítica. Por ora, basta dizer que a ascensão de Salvini como uma das figuras dominantes da política italiana pode muito bem cimentar a extinção da política como ela costumava ser naquele país. Uma geração atrás, a política italiana estava entre as mais chatas e sóbrias do mundo, com incolores políticos de carreira de direita e esquerda, a maioria deles corruptos, disputando o poder em eleições com que mais ninguém se importava muito.

As tendências que Silvio Berlusconi lançou em 1994 mudaram para sempre a vida pública italiana. Depois que os eleitores italianos sentiram o gosto da política que compartilhava o toque e o timbre do *show business*, não havia mais volta. Seja na forma de um palhaço declarado como Beppe Grillo ou de um durão teatral como Matteo Salvini, posições extremas e palhaçadas feitas para a câmera passaram a ser o estoque em negociação no domínio político – exatamente o que o público votante esperava.

A Tribo que Chávez Construiu

Mas não foi apenas nos países desenvolvidos que valores do entretenimento colonizaram a esfera política. Um dos mais bem-sucedidos praticantes da política como entretenimento foi Hugo Chávez, da Venezuela. Chávez colocou a política do fã-clube a serviço de uma plena estratégia 3P para conquistar e manter o poder. Usou sua fama política para criar um movimento político populista, que prosperou na polarização e se deleitou com a pós-verdade.

Seu objetivo? Poder para a vida toda. Nisso, e talvez em pouco mais, ele foi bem-sucedido – no sentido mais literal possível.

Não é assim que Chávez costuma ser discutido. De fato, um pouco de história revisionista é necessária se quisermos dar a Chávez o que lhe é devido como precursor e não como anacronismo. Durante a maior parte de seu tempo no poder, o mundo viu a Venezuela como um retrocesso embaraçoso a uma era política anterior, pois Chávez fazia suas raízes ideológicas remontar à Cuba radical dos anos 1960. Sem dúvida, sua retórica muitas vezes soava como se estivesse saindo de alguma distorção do tempo político.

Mas na medida em que Chávez teve um precursor, não foi Fidel, mas Silvio Berlusconi. Do magnata e político italiano, Chávez havia aprendido que a ideologia importa menos que o *status* de celebridade e que com a televisão se pode criar um mundo em que estilo é substância.

Filho de professores primários do interior, Hugo Chávez subiu nas fileiras militares e logo foi recrutado para uma célula militante de extrema-esquerda. Embora se intitulasse um revolucionário, seus biógrafos descobriram mais tarde que a primeira vez que ele pegou um microfone num palco, quando jovem soldado, foi para apresentar um concurso de beleza organizado pelo exército venezuelano. Há sombras aqui de Berlusconi cantando em um navio de cruzeiro no início de sua carreira – uma sensação inconfundível de que a imagem pública que ele encarnava vinha sempre depois de uma necessidade psicológica de estar no centro das atenções.

Se Milão foi a precursora, Caracas foi o verdadeiro local para o experimento de fusão de liderança carismática, palhaçadas de celebridade e ambição autocrática. Era um experimento muito mais perigoso: enquanto Berlusconi parecia se dar por satisfeito em engordar sua carteira e se manter fora das grades, Hugo Chávez aspirava a controlar a Venezuela de modo permanente. E planejava fazê-lo aproveitando sua lendária vocação de sentir, num clima teatral, a dor dos venezuelanos. O impacto da abordagem em que foi pioneiro só agora está começando a se desenrolar no mundo desenvolvido.

Vejamos o programa de TV, reconhecidamente prolixo, *Alô, Presidente*. Nele, o presidente se estendia do modo mais amplo possível, circulando entre contar histórias, fazer discursos políticos, cantar e detonar inimigos reais e imaginários. Mas em sua essência, o tema era sempre o mesmo: empatia. Em cada *show*, ele conversava cara a cara com alguns de seus apoiadores, perguntando sobre suas vidas, suas aspirações, seus problemas e sempre, sempre sentindo a dor deles. Se Trump gostava de bancar o mandachuva na TV e Berlusconi se retratava como um galã, Chávez gostava de interpretar Oprah.

A atuação podia ser fascinante. Ele fulminava o aumento do preço do frango e depois abraçava uma mulher com lágrimas nos olhos por sua dificuldade em conseguir dinheiro para o material escolar dos filhos. Ele se sentava e ouvia com atenção enquanto as pessoas descreviam seus problemas. Lembrava seus nomes e fazia perguntas para extrair os detalhes de cada situação.

Foi durante esses momentos semelhantes aos de Oprah, de ligação direta com seus seguidores, mais do que nas tiradas ideológicas, que Chávez deslocou a base da lealdade da área política para a área da identificação primária. Foram momentos como esses que transformaram seguidores em fãs, fãs que, com o tempo, se uniriam em uma tribo política: pessoas que criaram uma identidade a partir de uma devoção compartilhada ao líder.

A adulação com que o público envolvia seu astro foi a matéria-prima que Chávez transformou em poder, poder que usou para desmantelar os freios e contrapesos no cerne da constituição da Venezuela.

Fui criado na Venezuela e a experiência de ver Chávez transformar sua fama em poder e seu poder em coisa de celebridade me marcou. É por isso que, para mim, a ascensão de Trump foi desconcertante. Assisti ao circo que envolveu a política dos EUA em 2016 com um horror impregnado de *déjà vu*. O histrionismo, as respostas fáceis, as denúncias furiosas feitas por uma elite nebulosa que acordou tarde demais para o perigo... Eu já tinha visto esse filme antes. Só que nunca em inglês.

Em 1998, vira o surgimento de nosso próprio forasteiro cuspidor de fogo. Tinha ouvido os discursos eletrizantes. Vira Chávez anunciar uma campanha presidencial que foi descartada como pouco mais que uma piada, como improvável veículo para um político impossível. E o tinha visto subir e subir nas pesquisas. Eu o vira sobreviver a controvérsias que deveriam ter acabado com ele, que deveriam ter acabado com qualquer um. Mas não o fizeram.

Então, quando Donald Trump se gabou no rastro da campanha de 2016 sobre o tamanho de suas "mãos",[28] minha mente voltou em disparada à época de Chávez, em rede nacional, com todos os canais obrigados a transmitir seu programa, quando de repente ele muda de assunto e começa a falar da esposa que, tinha certeza, estava assistindo a ele em casa. Era Dia dos Namorados e o presidente prometeu que, assim que chegasse em casa naquela noite, ela "conseguiria ter o que já lhe dera prazer sozinha".[29] Quando Donald Trump prometeu construir um muro inviável de 3,15 quilômetros na fronteira com o México, minha mente voltou diretamente ao tempo em que Chávez prometeu construir um gasoduto que atravessaria os Andes até Buenos Aires, 5.090 quilômetros ao sul (ele nunca construiu).[30]

Às vezes as histórias se misturam em minha memória e se torna difícil lembrar quem disse isso ou aquilo. Foi Trump ou Chávez quem chamou a mídia e as principais redes de TV de "os quatro cavaleiros do

Apocalipse"? (foi Chávez).[31] Qual deles uma vez presenteou seu público com uma história deliciosa sobre atrair as esposas de seus amigos para a cama? (Trump).[32] E aquela em que ele teve diarreia enquanto estava ao vivo, no ar, na frente das câmeras de TV? (Chávez).[33] Foi Chávez ou Trump que acusou os repórteres de mentir deliberadamente, de serem "inimigos do povo"? (pergunta capciosa: foram os dois).[34] Por mais diferentes que fossem Chávez e Trump de tantas maneiras óbvias, os venezuelanos atentos não poderiam deixar de notar a sobreposição.

Nos meses que se seguiram ao anúncio da Trump Tower, à medida que o rolo compressor de Trump ganhava força, vi a elite das costas leste e oeste progredir de revirar os olhos de irritação à perplexidade, depois ao alarme e finalmente ao pânico – um estado que nunca é totalmente esquecido. Era como ver num espelho a Venezuela de 18 anos atrás. Essa progressão não me era apenas familiar; eu a vivera.

Eu também havia descartado Chávez como outro demagogo populista, um palhaço demasiado tosco para causar algum dano real. Também na Venezuela as elites presumiram que iriam cooptá-lo, capturá-lo e controlá-lo como historicamente conseguiram fazer com outros presidentes. Não consegui entender a verdadeira natureza da trilha na qual eu estava entrando: a maneira como Chávez, o artista, ia engendrar uma legião de fãs – não seguidores no sentido político tradicional da palavra, mas fãs, que iam procurá-lo primeiro para criar a identidade deles e só mais tarde como líder político. Esse fã-clube, baseado no carisma, preparou o palco para a lógica do tribalismo que impulsiona a polarização. Em retrospecto, é tudo muito claro.

Tudo começou com a ascensão de um líder carismático, mas deixar as coisas nesse ponto não faria justiça ao que veio a seguir. Vi esse processo se desenrolar. Sei como começa e, para minha decepção, sei como acabou na Venezuela. Uma das democracias mais antigas das Américas tornou-se uma ditadura brutal, e um dos países mais ricos do mundo tornou-se um dos mais pobres.

Chávez revolucionou o significado do poder para um público alienado de líderes distantes, antiquados, com os quais nunca poderia haver identificação. Seu lendário toque comum cimentou a devoção tipo *cult* de milhões de venezuelanos que sentiam, bem intimamente, que o conheciam.

Exibições televisionadas de laços de intimidade com seguidores individuais eram o pilar de seu enfoque na TV. Mas elas tinham significado porque, em seus discursos de horas de duração que todas as emissoras de TV e rádio do país eram obrigadas a transmitir ao vivo, Chávez as entrelaçava em uma narrativa coerente. No que era em parte reunião de reavivamento, em parte lição de história e em parte arenga revolucionária, Chávez montava uma história abrangente que, para seus ouvintes, dava sentido à vida da nação e dava também a eles um sentimento do lugar que ocupavam nela.

A ascensão de Chávez varreu os velhos sistemas de identificações com vertiginosa velocidade. Ao passar de partido político para pessoa, a base das identificações políticas dos venezuelanos passou a ser dominada por uma única pergunta binária: "Você é pró-Chávez ou anti-Chávez?". À medida que seus seguidores traziam um toque cada vez mais devocional a seu fã clube, os detratores passaram a ver o movimento chavista como um perigo existencial para o país.

O resultado foi uma extrema polarização da política venezuelana. Com rapidez assustadora, partidários e oponentes perderam qualquer senso de pertencimento comum a uma nação compartilhada e começaram a tratar uns aos outros como inimigos. Para os *chavistas*, uma posição defendida pelo presidente bastava, por si só, para ser aceita como verdadeira; para os *antichavistas*, ocorria o inverso. Polarização e tribalismo não passam de aspectos diferentes do mesmo fenômeno.

A liderança carismática contém as sementes de sua própria reação: as pessoas que não estão dispostas a tratar um líder como sobre-humano ou quase divino ficam naturalmente alarmadas com o fato de outros estarem dispostos a tratá-lo dessa maneira. Não há realmente espaço no centro quando esse tipo de dinâmica se instala: a polarização nos força a escolher um lado.

Dizer que Chávez foi sacralizado por seus apoiadores pode soar como hipérbole, mas foi, em sentido bem literal, o que aconteceu. Imediatamente após sua morte de câncer, em 2013, a figura de Chávez começou a ser assimilada ao panteão da santeria, a religião sincrética afro-caribenha à qual milhões de venezuelanos secretamente se devotam, mesmo quando, no primeiro contato, se descrevam como católicos. As estatuetas de Chávez começaram a aparecer nos ritos *santeros*, ao lado de divindades indígenas ancestrais como Maria Lionza e figuras históricas transformadas em semideuses como Negro Primero, o lanceiro nascido escravo que, por bravura e ousadia lendárias, ascendeu até se tornar o único oficial negro do exército republicano de Simón Bolívar. Como eles, Chávez estava destinado a ocupar um espaço em algum lugar entre o normal e o divino, figura de verdadeira devoção religiosa.

Essas histórias tornam-se ainda mais reveladoras quando as examinamos a partir da perspectiva sociológica de Max Weber. Ele sabia que a palavra "carisma" deriva do grego χάρισμα, que significa "um dom divino", um talento concedido pelos deuses.[35] Em sua posição ambígua, em algum ponto acima da humanidade comum, os líderes carismáticos travam as regras normais da política. Seus seguidores, seus fãs, não podem ser persuadidos. Seus detratores não podem fazer compromissos com eles. Impulsionados pela tecnologia das comunicações contemporâneas, esses líderes conseguem demolir o muro que separa a política do entretenimento.

Política sem Intermediação

A política do fã-clube e o desaparecimento da linha de fronteira entre política e entretenimento têm grandes implicações para a maneira como os políticos competem pelo poder, agora e no futuro. A natureza da competição política está em convulsão. Velhas virtudes políticas tornaram-se obsoletas e as aptidões que tomam seu lugar vão determinar os tipos de líderes que se tornarão comuns.

A nova era desvalorizar o domínio dos detalhes da política, a experiência, a capacidade de fazer barganhas e de avançar em direção a compromissos pragmáticos difíceis. São essas as habilidades necessárias para realmente governar dentro das restrições de uma república constitucional. Mas essas habilidades têm pouca relevância para a nova tarefa que está à mão: num sistema político em que os 3 Ps de populismo, polarização e pós-verdade são galopantes, o que conta é construir e sustentar uma base de fãs dedicada o bastante para termos seu apoio em qualquer circunstância. A regra é a fidelidade.

O que venezuelanos e italianos aprenderam há duas décadas e os americanos só começaram a entender em tempos mais recentes é que as habilidades, práticas e reflexos institucionais necessários para sustentar uma democracia têm uma surpreendente fragilidade diante das ameaças que emanam do populismo, da polarização e da pós-verdade. Debate, autocontrole, compromisso, tolerância e disposição para aceitar a legitimidade da tentativa de um adversário para chegar ao poder são os tipos de instintos que precisam ser amplamente compartilhados em uma cultura política para que a democracia sobreviva. Mas, numa época de política como entretenimento, esses valores vão perdendo cada vez mais espaço para seus opostos: insultos, demonização de oponentes, maximalismo e intolerância.

Os partidos políticos são rapidamente eliminados da equação. Por mais cruciais que sejam para a democracia, os partidos começam a parecer incômodos quando as lealdades são personalizadas e focadas em um único líder. Funções centrais do partido, como articular interesses e reunir vários grupos sob uma única plataforma, parecem pitorescamente antiquadas em um mundo em que a identificação primária com o líder é o que motiva os seguidores. Os partidos políticos podem sobreviver de algum modo, assim como vestígios de asas em pássaros que não voam. Mas eles agem cada vez mais como simples auxiliares do líder, mesmo quando lutam para recuperar seu papel central na governança. Não sendo necessários nem para alcançar nem para conservar o poder, os partidos se tornam uma ideia adicional. Outras instituições intermediárias – organizações não governamentais, grupos profissionais, sindicatos, organizações sem fins lucrativos – também terão de fazer complexas contorções institucionais para se manterem politicamente relevantes.

Afinal, estrelas *pop* não precisam de nenhuma dessas instituições para lotar seus concertos, certo?

A devastação que a convergência de mídia está causando na política democrática parece ser apenas a mais recente ruptura na base tecnológica da era da informação, meramente outra arena em que a mudança tecnológica alterou o legado de um sistema antes que as implicações fossem plenamente compreendidas. Se, conforme a célebre argumentação de Marshall McLuhan, o meio é a mensagem, é apenas natural que a conversão dos sistemas de mídia que herdamos para a explosão da informação na era da informação trouxesse consigo um novo padrão na política.[36] Para usar uma feia parte de jargão, a tecnologia está *desintermediando* o sistema político.

Por que precisaríamos de um chefe político de bairro, um senador estadual ou um comitê executivo nacional para nos conectar a um líder quando podemos enviar uma mensagem direta para esse líder pelo Twitter? Na era da internet, essas instituições tornaram-se tão dolorosamente redundantes quanto possuir um *walkman* na era do mais sofisticado *smartphone*.

E estamos apenas no início da tendência. Embora a boa aparência e a descontraída presença na tela tenham sido importantes ativos políticos desde o início da era da TV, elas serviam apenas como suplementos valiosos às tradicionais credenciais que as pessoas esperavam de seus líderes. Mas e se agora estivermos entrando em uma nova era na qual, em vez de extras que nos são úteis, elas se tornem todo o jogo?

Ainda não estamos lá. Mas está surgindo uma nova dinâmica competitiva que desvaloriza o credenciamento tradicional em favor da celebridade na mídia. Não há garantia de que os líderes carismáticos de amanhã equilibrarão um apelo direto aos fãs com tradicionais competências políticas. E se eles não o fizerem?

Os 3Ps sob um Refletor

Retornamos ao nosso paradoxo inicial: as formas de poder político que vêm reaparecendo envolvem sempre um comportamento furtivo, uma tentativa de esconder as manobras de poder sob uma névoa de pretextos e dissimulação pseudolegais. Mas os líderes que se beneficiam dessas estratégias são tudo, menos invisíveis. Extremamente conscientes de sua própria imagem, trabalham sem interrupção para se projetarem na consciência de seus apoiadores e suas imagens públicas se tornam essenciais para as identidades desses apoiadores.

Tais vertentes parecem contraditórias à primeira vista, mas, na verdade, estão entrelaçadas de modo profundo na operação da moldura 3P. Escavar as velhas instituições – legais, midiáticas e sociais – que um dia mediaram entre cidadãos e governantes torna possível a nova abordagem ao eliminar as barreiras entre líderes e os instrumentos de poder, e entre líderes e seus fãs. Sem a desintermediação da esfera política, os 3Ps não funcionariam de maneira eficaz.

A velha separação entre política e entretenimento impunha seu próprio conjunto de salvaguardas: instituições formais (como leis, assembleias e tribunais) e normas informais (de decoro, da "dignidade do cargo" etc.) eram meios extremamente eficientes de confinar o poder em certos limites. Quando os políticos são apenas servidores públicos, é muito mais fácil para o sistema político impor restrições ao seu comportamento. O *status* de celebridade dos autocratas 3P afrouxa essas restrições. Seus fãs têm uma parte tão grande de suas próprias identidades investidas nos líderes que não podem permitir que eles falhem.

Quando políticos tradicionais quebram uma norma importante, seus apoiadores se voltam contra eles e sua posição política sofre. Mas quando líderes que são celebridades quebram uma norma importante, seus fãs não se voltam contra os líderes; voltam-se contra a norma. Na verdade, eles apoiam os líderes, cuja posição geralmente melhora, pelo menos aos olhos dos fãs.

A razão é que os apoiadores políticos do passado são diferentes dos torcedores políticos de hoje em aspectos cruciais. Assim como os aficionados por esportes ou fãs de música, os fãs dos políticos constroem seu senso de identidade em grande parte por meio da identificação com suas celebridades favoritas. Os fãs percebem os ataques às celebridades que organizam sua identidade como ataques antes de tudo a eles. Defendem as celebridades para defenderem a si mesmos.

A linguagem que usam para descrever a si próprios nos dá uma clara indicação dessa dinâmica. Os seguidores de Beppe Grillo são *grillini*, os de Chávez são *chavistas*. Os apoiadores de Trump não adotam seu nome como tal, mas se identificam inteiramente com seu *slogan*, a ponto de transformar "MAGA" de acrônimo em substantivo coletivo.* Os fãs de Salvini o identificam com uma espécie de título honorífico, "Il Capitano" (o capitão), enquanto os de Berlusconi o chamam de "Il Cavaliere" (o cavaleiro) e os apoiadores de Chávez o chamavam de "El Comandante" (o comandante).

O uso de títulos desse tipo aponta de novo para a sacralização do poder em torno do aspirante a autocrata. Em certos casos, como o de Chávez, essa sacralização torna-se bem literal, com apoiadores a venerá-lo como um semideus após a morte. No entanto, mesmo quando não se vai tão longe, é claro que o tipo de autoridade exercido pelas celebridades políticas é profundamente pessoal. A prova disso é a dificuldade de transferir o apoio. Em dois dos casos que examinamos neste capítulo, a celebridade no centro de um movimento populista teve de se retirar – Hugo Chávez, após sua morte em 2013, e Beppe Grillo, que optou por não participar de maneira ativa da política com o objetivo específico de tentar despersonalizar seu movimento. Em ambos os casos, os líderes sucessores não tiveram o relacionamento fácil do fundador com as câmeras de TV e o resultado foi um desastre para seus movimentos. O sucessor de Chávez, Nicolás Maduro, tornou-se um dos líderes mais odiados do mundo depois que sua liderança infeliz acelerou a queda da Venezuela no vórtice econômico desastroso planejado por Hugo Chávez. E o sucessor de Grillo à frente do *Cinque Stelle*, Luigi Di Maio, logo se viu envolvido em uma série de erros que fizeram o movimento pagar caro pelo apoio a seus parceiros de coalizão da extrema-direita La Lega. Como era de se esperar, La Lega passou a ser liderada por um forasteiro carismático com um número muito grande de seguidores pessoais, Matteo Salvini.

Salvini pareceu entender o que Di Maio nunca conseguiu: seguidores políticos fazem exigências aos líderes, enquanto fãs políticos lhes oferecem o tipo de apoio incondicional que os deixa livres para buscar o poder visando atender a seus próprios fins. Desfocar as linhas entre

---

* MAGA (*Make America Great Again*; em português: Torne a América Grande de Novo) é um *slogan* de campanha que surgiu em 1980, durante a campanha presidencial de Ronald Reagan, e foi adotado na campanha de Trump. (N. do T.)

política e entretenimento não é algo que esses líderes façam por brinca-deira. Fazem porque isso lhes permite se safarem de comportamentos que seus rivais mais tradicionais não poderiam ter sonhado em se safar no velho mundo, em que as esferas política e de entretenimento eram sepa-radas com clareza.

Celebridade e comportamento furtivo são o *yin* e o *yang* dos autocra-tas 3P. À medida que a antiga distinção entre a esfera política e a esfera do entretenimento se torna borrada, os líderes descobrem que a celebri-dade lhes permite fazer jogadas de poder que de outro modo não seriam toleradas. A celebridade quebra o funcionamento habitual dos mecanis-mos de responsabilização. Quebra as expectativas sobre as maneiras cor-retas de se comportar no poder, multiplicando a força de um falso direito.

Ou, em poucas palavras: o poder se vinga abraçando o espetáculo, mesmo que isso seja feito de modo clandestino.

3
FERRAMENTAS DE PODER

P opulismo, polarização e pós-verdade são estratégias. Mas é preciso algo mais concreto do que princípios organizadores e estratégias grandiosas para fazer essa nova abordagem do poder funcionar. Para isso, os autocratas de hoje precisam de ferramentas – técnicas psicológicas, comunicacionais, tecnológicas, legais, eleitorais, financeiras e organizacionais específicas para afirmar seu poder e se protegerem das forças que os constrangem.

Pensamos nessas técnicas como *ferramentas de poder*. Elas são os meios pelos quais os autocratas 3P ganham, exercem e mantêm o poder. Encaramos aqui os fatos que mostram como o poder tem respondido às forças centrífugas que começaram a dispersá-lo e enfraquecê-lo. Algumas dessas ferramentas são novas, enquanto outras são versões atualizadas das armas testadas e aprovadas do arsenal de todo demagogo; todas ganham dupla eficiência pela fragmentação de nossos debates políticos, pela venenosa explosão mundial da desconfiança nas instituições públicas e pelas novas tecnologias digitais que agem como multiplicadores da força dessas ferramentas.

O Poder do Dinheiro

Dinheiro é poder e poder é dinheiro. Hoje a validade desse provérbio é maior do que nunca. Governantes à moda antiga mergulham nos cofres de sua nação sem serem contidos por leis ou instituições. Por meio de presentes, sinecuras, subsídios e acesso preferencial a negócios (ou por mero e simples suborno), eles se permitem, a si e a suas famílias e amigos, acumular fortunas incomensuráveis. Todos nós temos visto as fotos de seus palácios, aviões, iates e carros. E também temos visto usarem o dinheiro como ferramenta para fortalecer seu controle do poder: mantendo os militares felizes e leais, comprando o apoio dos chefes regionais, financiando um vasto estado policial e um aparato de segurança que reprime a oposição, e garantindo que os jornalistas permaneçam dóceis e os magnatas contentes. Os ditadores também usam suas fortunas para projetar seu poder além das fronteiras de seu país. Financiam aliados, cooptam políticos e influenciadores, compram empresas de mídia e clubes esportivos estrangeiros, enquanto constroem redes financeiras internacionais que servem para promover os interesses da família governante e da nação que ela controla.

Os autocratas 3P também precisam de dinheiro para enriquecer a si próprios e a seus comparsas. Como ditadores tradicionais, precisam de recursos financeiros para reter, consolidar e estender seu poder. Mas ao contrário de ditadores completamente irresponsáveis, os autocratas 3P precisam ser mais cuidadosos com as maneiras como enriquecem, como enriquecem os outros e como usam o dinheiro para fortalecer seu regime. Eles ainda fazem tudo isso, mas de modo mais furtivo e mais consciente da necessidade de parecerem democratas, funcionários honestos do governo e caçadores de corruptos.

A Rússia de Vladimir Putin fornece um exemplo ilustrativo do uso do dinheiro como ferramenta de poder. Quando, em 1999, Putin se tornou presidente, a Rússia estava nas garras de uma constelação de oligarcas selvagens, com o estilo de gangues, que tinham se apropriado da maior parte da riqueza industrial, mineral e energética da antiga União Soviética. A Moscou da década de 1990 estava permeada por uma ilegalidade assustadora, com magnatas dos negócios operando com suas próprias leis e os assassinatos de rivais, em plena luz do dia, sendo ocorrência frequente. O caos dos anos de Yeltsin não tinha servido a nenhum propósito estratégico para o Kremlin e Putin não demorou a perceber que o primeiro passo para implantar um controle duradouro do Estado seria submeter-se aos oligarcas.

Em seu livro *Russia's Crony Capitalism: The Path from Market Economy to Kleptocracy*, Anders Aslund explica como Putin, ex-agente da KGB, confiou em sua comunidade de espiões e agentes do serviço secreto para fazer exatamente isso.[1] De 2000 a 2003, Putin se empenha para tornar clara a nova hierarquia: os ricos podem continuar ricos, podem ficar ainda muito mais ricos, mas só se tiverem clareza das prioridades políticas. A mensagem foi transmitida sem sutileza: poucos meses depois de assumir o cargo, Putin lançou um grande ataque a Vladimir Gusinsky, cuja emissora de TV, a NTV, cometera o pecado capital não apenas de criticar o presidente, mas de *zombar* dele. Seguiram-se outras defenestrações. Aqueles que desafiavam o novo arranjo tinham uma propensão alarmante a aparecer mortos em circunstâncias peculiares. O resto logo entendeu a mensagem.

Suplantando o Velho Oeste da era Yeltsin com uma autocracia forte, hierárquica e de aparência democrática, Putin garantiu que os oligarcas da Rússia o servissem primeiro. Era fácil entender o trato: quem atiçasse o descontentamento do Kremlin não só podia ver sua riqueza desaparecer com assustadora rapidez, mas também corria o risco de ser "lacrado" – não como um indivíduo bem-sucedido dos dias de hoje, mas de maneira brutal e muitas vezes definitiva. Doravante, a riqueza dos oligarcas só era deles de modo provisório, desde que servisse aos interesses do presidente. A mídia poderia ser incrivelmente lucrativa, mas só enquanto apoiasse de maneira ativa, de cima a baixo, a linha do Kremlin. Era esperado que seus impérios de negócios se rendessem ao Estado sem precisar de aviso prévio, com a manutenção de sua propriedade privada servindo para desaconselhar qualquer resistência plausível.

Talvez o caso mais claro tenha sido o de Yevgeny Prigozhin, "*chef* de Putin" – o dono de restaurante e de um serviço de *catering* em Moscou que se viu à frente de um negócio em expansão graças à sua proximidade com Putin. Prigozhin é mais conhecido como o suposto proprietário da infame Agência de Pesquisa da Internet com sede em São Petersburgo, na verdade um ativo do Kremlin implantado para desestabilizar a política em todo o mundo e atender aos interesses geopolíticos de Putin. Talvez o caso de Prigozhin seja o mais visível, mas de maneira alguma é o único. Figuras parecidas com Prigozhin, com um pé na economia legal e outro no crime organizado, parecem florescer onde quer que uma autocracia 3P esteja consolidando seu poder.

Na Venezuela, foi o magnata colombiano dos caminhões, Alex Saab, que utilizou seus contatos com o regime em Caracas para alavancar uma enorme fortuna pessoal ao enganar o Estado venezuelano com bilhões de sobretaxas por importações de alimentos, usando depois o dinheiro para sustentar o regime de Maduro. Nas Filipinas, foi Dennis Uy, o filipino chinês filho de comerciantes de uma pequena cidade, cuja fortuna cresceu a uma velocidade vertiginosa para incluir tudo, de cassinos a concessionárias de Ferraris e empresas de fornecimento de água. Não surpreende que Uy tenha sido amigo íntimo de Rodrigo Duterte durante vinte anos. Na Hungria, foi Lőrinc Mészéros, amigo também de vinte anos de Viktor Orbán, vindo de sua aldeia natal, que fez a passagem de trabalhador da construção civil a magnata com negócios bilionários no curto espaço de cinco anos e firmou contratos extremamente lucrativos com o governo. E em Angola, o poder do dinheiro ficou em família, quando Isabel dos Santos, filha do antigo autocrata José Eduardo dos Santos, tornou-se bilionária e a mulher mais rica da África graças a "laços familiares, empresas de fachada e negócios domésticos".[2]

No Brasil, sob o governo do Partido dos Trabalhadores, a mais importante firma de engenharia do país, Odebrecht, foi transformada em um canal de propinas para controlar políticos em casa e no exterior, com a cleptocracia se tornando efetivamente um instrumento da política externa do Brasil.

Em cada um desses casos, autocratas trabalharam tanto para empoderar quanto para controlar os maiores detentores de riqueza em seus países e de modo algum se espantavam com o fato de eles usarem essa riqueza para reforçar e sustentar seu próprio poder. Do mesmo modo, os regimes eram rápidos em punir interesses comerciais não dispostos a ceder à vontade do líder.

Essas manobras parecem se aplicar principalmente a países fracos ou endemicamente corruptos, mas as grandes democracias ocidentais não estão de modo algum imunes. Na Itália, Silvio Berlusconi explorou abertamente sua riqueza privada para sustentar por décadas seu poder político. Nos Estados Unidos, a Suprema Corte instituiu um notável sistema de pagamentos legalizados para políticos por meio de sua mal-afamada resolução *Cidadãos Unidos* 2010. A regra fez sair da casca os infames comitês de ação política (PACs) e abriu uma enxurrada de financiamentos privados não regulamentados para campanhas políticas privadas. Também "resolveu" o problema da corrupção ao tornar legal os tipos de arranjo que a maioria dos países trata como questões criminais. Em parte como resultado disso, o custo normal de uma eleição presidencial nos EUA ultrapassou a marca do bilhão de dólares.

No mundo de hoje, o dinheiro continua sendo o que sempre foi: o caminho certo para a influência, posto agora a serviço do populismo, da polarização e da pós-verdade.

O Poder da Quebra de Normas

Elites arrogantes e inacessíveis nutrem o populismo. Grupos que estão no topo, desconectados do povo e com um apoio popular cada vez menor, criam as oportunidades que os populistas exploram. Atuam polarizando o máximo possível a esfera política, usando o tanto de verdade ou inverdade que seja preciso para motivar, organizar e mobilizar apoiadores. Felizmente para os populistas, não há nada mais fácil do que retratar uma elite como arrogante e inacessível. Ser arrogante e inacessível é um ingrediente básico do que faz de uma elite uma elite. A nova geração de populistas, então, pode encontrar material para trabalhar em praticamente qualquer parte.

As democracias liberais estão baseadas em leis e instituições permanentes, como parlamentos e tribunais. De modo menos visível, mas igualmente crucial, elas também dependem de normas: linhas de fronteira não escritas, mas em geral aceitas, que definem como as coisas são feitas. Como fruto de processos históricos lentos, sutis, as normas se infiltram, com o correr do tempo, no DNA das instituições. Uma norma é o tipo de regra que todos aceitam sem que ninguém precise chamar a atenção para isso.

Como explicam E. J. Dionne, Norm Ornstein e Thomas E. Mann:[3]

> As normas políticas são definidas como "um padrão ou critério, em especial de comportamento social, que é típico ou esperado de um grupo". Falam de como uma pessoa deve se comportar num determinado ambiente social. Só apreciamos de modo integral o poder das normas quando elas começam a ser violadas numa base regular. E a violação das normas muitas vezes produz um efeito cascata: quando uma pessoa rompe com a tradição e a expectativa, o comportamento antes considerado inadequado é normalizado e aceito por outros.

Com o tempo, redes de normas tecem juntas entendimentos tácitos, mas poderosos, sobre o que é apropriado e o que não é apropriado em política. Juntas, formam o que os cientistas políticos Steven Levitsky e Daniel Ziblatt chamaram "as suaves salvaguardas da democracia" – o senso implícito, compartilhado, de "como as coisas devem ser feitas" que articula uma cultura política democrática.[4]

A nova geração de populistas considera as normas democráticas alvos particularmente convidativos. Precisamente porque não são escritas, parecem implicar um desafio. Como se pede que alguém quebre uma regra que nunca fica totalmente explícita? Mesmo o processo de indicar que uma norma está sendo quebrada a enfraquece ao trazer o que já foi tácito e não falado para céu aberto, onde pode ser debatido e atacado.

Esse é o paradoxo das normas. Regras não enunciadas são centrais para a saúde das democracias. Mas como não são ditas, as normas são mal definidas, o que as torna vulneráveis. As normas são cruciais, mas fracas, e os autocratas 3P sabem atacar as restrições fracas a seu poder. Melhor ainda, desprezar regras tanto nos define como líderes de um tipo diferente quanto mina limites que confinam o poder, tudo de uma vez.

Donald Trump se estabeleceu como um mestre instintivo desse estilo desde o primeiro momento, possivelmente porque de fato nunca entendeu muito bem as regras não escritas para, antes de mais nada, compreender que as estava quebrando. As transgressões de Trump, sua disposição de "ir lá" para fazer coisas que simplesmente não são feitas, definiam sua abordagem do poder. A presidência de Trump foi um matadouro institucional de vacas sagradas de Washington. Uma vez atrás da outra, ele se deleitava fazendo coisas que todos sabem que não se faz. Da nomeação de óbvios comparsas industriais para regular as indústrias que costumavam representar (chegando ao extremo de nomear um lobista do carvão para chefiar a Agência de Proteção Ambiental), apoiando abertamente adversários ditatoriais dos Estados Unidos em desafio a seus próprios serviços de inteligência, defendendo manifestantes neonazistas empunhando tochas na manifestação para "Unir a Direita" em 2017, em Charlottesville, recusando-se a cumprir as intimações do Congresso e recusando o compromisso de aceitar o resultado da eleição presidencial de 2020, nenhuma regra parecia estar protegida das transgressões do presidente. Assistir a essa cavalgada de ultrajes motivou as categorias profissionais que tagarelavam sobre a política de Washington a adotar uma atitude sóbria que George Packer capturou de maneira vigorosa:[5]

> Os adultos eram sofisticados demais para ver os talentos políticos especiais de Trump – seu instinto para descobrir a fraqueza de cada adversário, a devoção fanática a si mesmo, a manha para impor sua vontade, o próprio fato de sua permanência no poder. Eles também não conseguiram perceber a decadência avançada do Partido Republicano que, em 2016, já havia chegado muito longe numa busca niilista do poder a qualquer preço. Não entenderam a presteza com que um grande número de americanos havia aceitado, até mesmo saboreado, o desprezo de Trump por normas democráticas e decência básica. Foi preciso a chegada de um líder como ele para revelar quantas coisas que sempre tinham

parecido gravadas numa pedra monumental mostraram-se dependentes dessas normas frágeis e quanto as normas dependiam da opinião pública. Seu desaparecimento expunha o verdadeiro poder da presidência. Qualquer precedente legal poderia ser deletado com um toque de tecla; aplicação da lei sem interferência da Casa Branca era opcional; a separação de poderes convertia-se em um acordo de cavalheiros; mentiras transparentes eram mais potentes que fatos sólidos. Nada disso estava claro para a classe política antes de Trump se tornar presidente.

Para Timothy Snyder, cujo livro *On Tyranny* chamou a atenção para o assunto em nossa época, é nesse ataque em série às suaves salvaguardas da democracia que a influência da Rússia se mostrou mais insidiosa na América durante o mandato de Trump.[6] "Muitas das maneiras pelas quais nossa democracia está azedando já tinham acontecido na Rússia", disse Snyder a um repórter em 2019. "Não se trata apenas de a Rússia ter ajudado o Sr. Trump a ser eleito, mas de um certo modo russo de fazer política ter se espalhado de modo bem amplo."[7]

Outros autocratas 3P preferiram uma abordagem mais gradual, capaz de diluir a força do choque inicial com a quebra de normas espalhando-o ao longo do tempo. Podemos pensar nisso como a abordagem da rã cozida para a quebra de normas, depois da velha, zoologicamente suspeita ideia de que uma rã jogada em água fervente vai pular sem parar, mas uma rã colocada em água morna, aquecida de forma gradual até ferver, só perceberá o que está acontecendo quando já for tarde demais. Na realidade, há uma crescente evidência empírica de que o velho provérbio sobre ferver a rã tem fundamentos psicológicos reais. Como observa Anne Applebaum, citando um estudo de 2009 no *Journal of Experimental Psychology*, quando um comportamento que quebra normas é introduzido de modo gradual, as pessoas se mostram mais propensas a aceitá-lo: "Isso acontece, em parte, porque a maioria das pessoas tem uma visão de si mesmas como gente honesta com princípios morais e essa autoimagem é resistente à mudança. Assim que certos comportamentos se tornam 'normais', as pessoas param de vê-los como errados".[8, 9]

Ferver a rã é, em si mesmo, um tipo de ação furtiva: mover-se gradualmente desgasta os oponentes e seus gritos contra os abusos tornam-se contínuos e, portanto, fáceis de serem ignorados. Bolívia e Hungria mostram como isso é feito. Evo Morales e Viktor Orbán construíram grande parte de seus primeiros apelos desrespeitando regras de propriedade política que pareciam sacrossantas para a elite existente, mas não significavam mais nada para as pessoas de fora. Na Venezuela, Hugo Chávez intuiu que quebrar esse tipo de normas detalhadas de beisebol seria uma vitória para ele. Não se trata apenas de que ignorar regras que limitavam seu poder tornava os autocratas mais poderosos; isso é óbvio. O fato é que eles poderiam usar a reação de elite desencadeada pela quebra de normas para cimentar uma credibilidade como *outsiders*. Como já discutimos, isso é exatamente o que Silvio Berlusconi fez nos anos 1990 e Donald Trump no início do século XXI.

Mas nem toda a quebra de normas é da variedade rã cozida. Certos autocratas 3P parecem seguir um curso diferente – chamemos isso de abordagem choque-e-espanto da quebra de normas. Talvez o exemplo mais extremo venha das Filipinas.

Manila, a tórrida e extensa capital das Filipinas, talvez não seja o tipo de cidade em que pensamos quando ouvimos a palavra "elite", mas para filipinos, criados em um país em que um punhado de famílias tradicionalmente ricas de Manila tem administrado as coisas desde tempos imemoriais, a cidade desempenha muito bem, na imaginação política, o papel que Bruxelas desempenha na União Europeia ou Washington nos Estados Unidos. E em nenhum lugar a falta de contato com a elite de Manila é vivida mais ativamente que na empobrecida ilha meridional de Mindanao. Lar de 11 das 20 províncias mais pobres das Filipinas, Mindanao também difere bastante em termos religiosos e culturais da capital para experimentar, quase como algo estrangeiro, o poder de sua elite. Mindanao acabou se revelando o perfeito terreno fértil para o tipo de forasteiro carismático capaz de reunir as pessoas contra a elite corrupta. E foi exatamente o que aconteceu na forma do prefeito de sete mandatos de Davao City, Rodrigo Duterte.

A reivindicação de Duterte a posição de *outsider* foi uma ficção construída com cuidado. Filho de um governador de província, Duterte foi criado, de modo literal, no poder. Foi eleito vice-prefeito de Davao nos anos 1980, quando Mindanao era conhecida como "Pequena Nicarágua" por causa da violenta insurreição de esquerda que permeava a ilha. Ao lado dos marxistas, havia uma estonteante proliferação de bandos criminosos, esquadrões de sequestro e pequenos bandidos que mantinham os cidadãos de Davao em um estado de permanente rasteiro temor.

Uma habilidade central para qualquer populista, novo ou antigo, é identificar áreas nas quais o senso comum do povo e o senso comum da elite estão em irredutível conflito. Duterte compreendeu que a elite ocidentalizada de Manila, imbuída da cultura dos direitos humanos, ficava horrorizada com a noção de assassinato extrajudicial. Porém, em Davao City, seus eleitores estavam sob o ataque de uma onda crescente de violência e criminalidade impulsionada por grupos menores de traficantes. Ninguém em Mindanao se importaria muito se a polícia simplesmente saísse para matar as pessoas que traficavam drogas – na verdade, os eleitores estavam clamando exatamente por esse tipo de ação. E para Rodrigo Duterte, os gritos de indignação que isso levantaria da elite de Manila eram sons de encorajamento, não algo a ser evitado.

O prefeito percebeu que poderia criar um perfil político a partir da defesa de esquadrões da morte – uma solução de radical simplicidade para o problema do crime que iria, como benefício adicional, marcá-lo com clareza como diferente da odiada elite. A quebra de normas se torna um instrumento de polarização, a segunda estratégia ampla na receita dos 3Ps. Duterte pode não ter sido dono de uma emissora de TV, como Silvio Berlusconi, ou de um império imobiliário, como Donald Trump, mas conseguiu ver um caminho para se tornar uma celebridade ao se colocar como o cara que defenderia soluções de que outros políticos simplesmente fugiriam.

Duterte criou sua reputação como prefeito de Davao City com o patrocínio mal dissimulado do que passou a ser conhecido como DDS, Esquadrão da Morte de Davo (*Davao Death Squad*). Confederação sem grande articulação de equipes de sucesso comandadas por ex-soldados e policiais, o DDS recebeu carta branca para eliminar os indesejáveis sociais: crianças de rua, pequenos traficantes de drogas, qualquer um que, na visão do prefeito, fosse uma ameaça à ordem pública. Estimativas conservadoras sugerem que, entre 1998 e 2014, o DDS ceifou nada menos que 1.424 vidas.[10] Com seu caráter diretamente brutal, o DDS encarnava uma rejeição agressiva da devoção da elite ocidentalizada ao devido processo legal. Mas para um político procurando trabalhar o terreno em que Duterte estava interessado, isso era algo fácil de resolver.

De modo incoerente, Duterte continuou afirmando que nada tinha a ver com os Esquadrões da Morte de Davao.[11] Embora glorificando amplamente a violência (prometeu que os peixes da baía de Manila engordariam com os cadáveres que acabariam flutuando nela), teve o cuidado de nunca ser encontrado dando uma ordem que pudesse ser associada a uma determinada morte. Isso não deixava de ser um pouco característico da linguagem populista, ambígua e polarizadora: Duterte prometia violência mesmo que se distanciasse de qualquer morte específica. Agia com descaramento. E deu certo.

Em 2016, Duterte concorreu com a promessa explícita de exportar as práticas brutais que tinha favorecido em Davao para as Filipinas como um todo. Elogiando a lei marcial e prometendo instituí-la se necessário, Rodrigo Duterte deixou claro que ninguém conseguiria ombrear-se com ele na dureza contra o crime. Desde sua eleição para presidente em 2016, as Filipinas tornaram-se uma catástrofe para os direitos humanos e Duterte um herói popular. Aproveitando os altos índices de aprovação enquanto aumentava a contagem dos cadáveres, ele não desperdiçou a oportunidade de insultar as elites afastadas da realidade que tinham de novo feito pressão contra o endurecimento de sua abordagem de guerra às drogas.

Desse modo, a quebra de normas também pode ser posta a serviço do populismo. Rodrigo Duterte criou apoio para essas políticas brutais retratando de modo incansável a preocupação com os direitos humanos como simulação de uma elite corrupta. O senso comum dos filipinos comuns é simples: se as drogas são um problema, matar todos os traficantes e dependentes de droga é uma solução evidente. O que a elite recomenda que se diga: "Mas não, a coisa é mais complicada que isso" só fortalece a armadilha populista, retratando-os como dedicados a abstrações cosmopolitas e não aos interesses simples e óbvios das pessoas comuns.

E assim, desrespeitar a norma contra o assassinato extrajudicial tornou-se, nas Filipinas, um instrumento a serviço tanto da polarização quanto do populismo. Desafiando as velhas elites a defender os direitos de odiados traficantes de drogas, Duterte as atraiu para uma armadilha que lhe permitiu retratá-las como inimigas do povo simples. Recorreu a uma abordagem testada e comprovada, que continua a pagar dividendos ano após ano.

As Filipinas, é claro, são um exemplo extremo. Mas o Esquadrão da Morte de Davao mostra outro caminho por meio do qual a democracia pode cair vítima da autocracia 3P. O fato é que qualquer consenso da elite pode ser caracterizado como corrupto. Aos olhos dos populistas e seus seguidores, qualquer crença, norma ou rotina compartilhada pela elite é, por definição, suspeita e, portanto, um alvo privilegiado.

O Poder da Vingança

Utilizar o desprezo das pessoas comuns pela elite e o ressentimento pelos abusos reais ou imaginários que elas têm sofrido é o que os populistas sempre fizeram. Desenvolver um sexto sentido para alimentar o desprezo e atiçar o ressentimento é o superpoder que eles têm. O truque é perceber, antes de todos os outros, que fonte de ressentimento está madura para ser explorada. Ressentimento pelos privilégios da elite é a condição preexistente que os populistas estão fadados a garimpar; a questão é saber quando e como.

Mas o ressentimento é apenas um desejo reprimido de algo mais difícil de admitir: uma sede por vingança. Populistas que plantam sementes de ressentimento devem estar preparados para defender a vingança se for preciso saciar o apetite de seus seguidores.

Essa verdade costuma ser demasiado brutal para ser encarada de frente e costuma ser omitida nas discussões políticas habituais. Ficamos mais à vontade lidando com o eufemismo: preferimos discutir a política reacionária, a política de vitimização ou a política de ansiedade econômica.

Subjacente a tudo isso está algo mais desagradável e mais visceral – demasiado visceral para nos dar conforto, mas demasiado humano para ser ignorado.

"Ressentimento" é um desses eufemismos: uma palavra educada para o desejo de ferir aqueles que acreditamos que nos enganaram. As políticas do ressentimento são as políticas de vingança.

A vingança pode ser física, mas não precisa ser. Jogar seus inimigos na prisão e confiscar seus bens pode ser uma vingança, mas ela também pode vir por meio de movimento simbólicos muito mais sutis, que parecem inofensivos quando vistos de fora, mas podem ser extremamente profundos em determinado contexto.

A vingança vem em modos e tamanhos de todo tipo. Para Recep Tayyip Erdoğan, da Turquia – e, ainda mais importante, para suas legiões de seguidores – permitir que as mulheres usem o lenço de cabeça islâmico nas universidades públicas da Turquia foi um ato de vingança. Foi uma repreensão simbolicamente carregada a décadas de secularismo estrito promovido por Kemal Ataturk, fundador da Turquia moderna. A parte secular da sociedade que Ataturk cultivava experimentou a iniciativa de Erdoğan como um ataque direto, até mesmo pessoal. Para Evo Morales, mudar o nome oficial da Bolívia para Estado Plurinacional da Bolívia foi um ato de vingança simbólica por centenas de anos de dominação branca da população indígena.

Os populistas sabem que há ricos espólios políticos a serem obtidos com a satisfação da sede de vingança simbólica de seus fãs. Não há nada de novo nisso – desde tempos imemoriais demagogos sabem que existe sempre um eleitorado ansioso para fazer seus inimigos sofrerem. Sem dúvida, o general romano que ordenou que Cartago fosse arrasada e que espalhassem sal sobre as ruínas não fazia isso por vantagem estratégica – estava fazendo isso para atender à exigência de seus soldados por vingança.

Mas os autocratas do século XXI compartilham um sentimento instintivo sobre como o desejo de vingança das pessoas pode ser transformado em uma arma contra restrições ao seu poder. Isso explica algumas coisas que de outro modo seriam difíceis de entender: decisões cujo único propósito parece ser ferir o que é percebido como elite. Mesmo que essas decisões não façam nada pelos apoiadores dos autocratas. Mesmo que essas decisões realmente prejudiquem seus apoiadores.

A esquerda latino-americana há muito tem sido animada por uma multissecular narrativa épica de opressão que deu origem a uma sede por vingança. Livros como *As Veias Abertas da América Latina*, de Eduardo Galeano (é famoso o gesto de Hugo Chávez presenteando Barack Obama com um exemplar do livro durante um encontro fortuito no corredor de uma cúpula de presidentes), popularizaram uma narrativa profundamente simplificada da conquista imperial e da espoliação europeia que clamava por redenção por meio da vingança.[12] Embora décadas após sua publicação, o próprio Galeano chegasse a condenar a abordagem de seu *best-seller* juvenil, o estrago estava feito. Autocratas 3P, como Evo Morales e Hugo Chávez, encontraram um público preparado por uma linha política que tratava toda a história da América Latina como nada mais que a narrativa da brutal vitimização do povo comum por uma gananciosa elite branca... e passaram a vender a si próprios como veículos para vingar essa vitimização.

Durante um passeio numa bela tarde de Caracas, em 2010, Hugo Chávez lançou sua tentativa mais ambiciosa de produzir tal vingança. Caminhando em torno da praça central da era colonial de Caracas com uma equipe de filmagem a tiracolo, Chávez perguntou num tom teatral a seus assistentes para que servia um prédio do outro lado da rua, na frente do parlamento.

"Esse prédio está agora em mãos de particulares, *mi comandante*", disse num tom respeitoso um de seus assessores, que acrescentou: "Algumas joalherias funcionam agora por lá".

"*¡Exprópiese!*", Chávez trovejou. "Que seja expropriado!"

Ao término de sua curta caminhada, Chávez havia gritado muitas vezes, num tom teatral, a mesma ordem – "*¡Exprópiese!*" –, repetindo-a diante de cada prédio privado visível da praça e, ao fazê-lo, definia uma trajetória para alterar de modo radical o sistema de propriedade na Venezuela. Nos meses que se seguiram, negócios grandes, médios e pequenos seriam transformados em propriedade do Estado – de sofisticadas companhias de energia elétrica e telecomunicações, com dezenas de milhares de funcionários, e empresas relativamente pequenas de processamento de alimentos, com poucas dezenas de empregados, a fazendas de todos os tamanhos em toda a Venezuela. Chávez não perdeu a oportunidade de retratar as expropriações como destinadas a atacar uma velha arraigada oligarquia que vinha explorando todos os dias os venezuelanos. Eram as políticas de vingança colocadas no centro de todo um programa de governo destinado a reconstruir a sociedade em linhas revanchistas. Foi emocionante. Foi também uma política pública de terrível insanidade que destruiu a economia e a democracia da Venezuela e, uma geração depois, atolaria os fãs extáticos de Chávez em um dos piores desastres humanitários já vistos na América Latina.

Para Chávez, o impacto específico de uma política importava menos que seu impacto simbólico. Para Chávez, o objetivo era adicionar-se a uma narrativa histórica como heroico campeão dos oprimidos. Para ele, o arquétipo desse campeão seria sempre Simón Bolívar, o lendário herói da guerra de independência que expulsou os espanhóis de seis países latino-americanos e – em sua narrativa – conduziu uma revolução popular contra a elite. Chávez adorava citar uma frase do vencedor chileno do prêmio Nobel, Pablo Neruda: "Bolívar acorda uma vez a cada cem anos, quando as pessoas despertam".[13]

A afirmação, nunca feita de todo, mas nunca realmente escondida, era clara: Chávez não era um líder político normal. Era uma figura histórica excepcional, um cruzado enviado para exigir vingança por centenas de anos de queixas acumuladas.

O Poder da Identidade

As queixas abordadas por autocratas 3P são de uma determinada natureza. Não são as queixas de uma classe oprimida como a antiga política de esquerda as concebia, não são as queixas contra um governo inflado e arrogante contra o qual há tanto tempo a direita conservadora descarregava sua raiva. Esses antigos ressentimentos tinham a ambição de *unificar* vastos setores da sociedade sob uma causa comum: a melhoria econômica dos trabalhadores assalariados ou a crescente liberdade de cada cidadão.

Davam origem a identidades que tinham aspirações a serem universais – embora, é claro, essas aspirações jamais fossem alcançadas.

As queixas que os autocratas 3P exploram são diferentes. Em vez de servir como base para identidades amplas e amplamente inclusivas, elas configuram tribos – grupos de seguidores intensamente leais que se agrupam sob a lógica de uma política de fã-clube. Em vez de distinções amplamente inclusivas, essas queixas configuram identidades estreitas que potencializam a lógica da polarização. Afinal, a polarização gira sempre em torno de nós contra eles e traçar fronteiras nítidas entre o "nós" e o "eles" é o passo fundamental em qualquer estratégia de polarização.

Podemos ver os primórdios desse tipo de estratégica identidade-para-polarização já no discurso da *scesa in campo* de Silvio Berlusconi, em que ele traçou linhas nítidas entre as duas Itálias: "a Itália que trabalha contra aquela que tagarela, a Itália que produz contra a Itália que gasta, a Itália que poupa contra a Itália que rouba", e assim por diante.[14] Desde o início, o precursor da estrutura 3P havia compreendido que rachar seu país ao meio ao longo de linhas emocionalmente carregadas poderia impulsioná-lo ao poder.

À medida que as estratégias 3P foram desenvolvidas de modo mais completo, o poder da identidade para moldar batalhas políticas e definir os limites do que é aceitável floresceu. De Vladimir Putin, colocando a Igreja Ortodoxa Russa no centro de sua imagem de um virtuoso caráter russo, à criação de Hugo Chávez de uma identidade "bolivariana", os autocratas 3P sabem que a chave para polarizar de modo decisivo a esfera política é colocar o apoio político a eles no centro da identidade pessoal de seus apoiadores.

Quando as diferenças políticas passam a ser baseadas na identidade, o debate político deixa de ser uma discussão sobre ideias para ser um conflito entre visões incompatíveis do viver bem. Se meu grupo encarna tudo que é justo, nobre, bom e seu grupo representa tudo que é errado, básico e ruim, dificilmente pode haver uma discussão civilizada entre nós. Não preciso mais aprender a viver de modo pacífico a seu lado, apesar de nossas diferenças; na realidade, meu objetivo é derrotá-lo e bani-lo da cena política de uma vez por todas.

A identidade é uma força peculiar na caixa de ferramentas do autocrata 3P porque ela corta nos dois sentidos. Redefine não apenas a compreensão que seguidores do autocrata têm de si mesmos, mas também a autocompreensão dos oponentes do autocrata. Na Venezuela, ser *antichavista* tornou-se tanto uma pedra angular da identidade dos oponentes do regime quanto *chavista* tornou-se a pedra angular para quem está do outro lado. Na Turquia, bastava saber como uma pessoa se colocava com relação a Erdoğan para deduzir todo tipo de coisas a respeito dela. Nos Estados Unidos, fôssemos pró ou antiTrump, a autoidentificação passava a ofuscar todas as outras considerações políticas. Para muitos, não usar uma máscara durante a pandemia tornou-se um sinal passado aos outros sobre a identidade política da pessoa.

Para ser claro, a relevância das visões políticas nas identidades das pessoas vinha crescendo nos Estados Unidos desde muitas décadas antes que Donald J. Trump chegasse ao centro do palco. Em 1960, apenas 5% dos votantes disseram que não gostariam se o filho ou a filha se casassem com alguém do partido político oposto; em 2010, cerca de 50% dos republicanos e 30% dos democratas disseram que ficariam chocados se houve tal união.[15] Em 2017, no entanto, 70% dos democratas estavam dizendo aos pesquisadores que não poderiam namorar alguém que apoiasse Trump.[16] Em 2020, 83% dos que tinham uma visão muito desfavorável de Trump se recusariam a namorar um de seus apoiadores.[17]

Curiosamente, nos Estados Unidos, esses pontos de vista passaram a suplantar velhas linhas divisórias que antes eram vistas como centrais. Em 1958, apenas 4% dos americanos aprovavam casamentos interraciais. Em 2020, 86% o faziam.[18] Isso sugere uma interpretação um tanto diferente das "políticas de identidade" do que aquela que costuma ser ventilada. Em vez de usar marcadores clássicos de identidade, como raça, os americanos estão cada vez mais se classificando com base nas *atitudes políticas* com relação à raça, com as pessoas que se identificam com as atitudes raciais de Donald Trump formando um time e as que as rejeitam formando outro. A intensidade da má vontade entre os dois grupos anuncia uma era de contínua instabilidade política nos Estados Unidos.

Os autocratas 3P transformam identidade em poder, incorporando as fantasias de seus seguidores. O trabalho de Trump é encarnar o trumpismo – viver o sonho de riqueza e poder ilimitados por que seus seguidores anseiam. Como argumentou Francis Fukuyama, os líderes criam uma identidade que afirma a dignidade ferida de seus seguidores vivendo da maneira que os seguidores gostariam de poder viver. Essa identificação é sempre ao mesmo tempo positiva (*com* o líder) e negativa (*contra* aqueles que o lider define como o inimigo). É por isso que a política de identidade é sempre a serva da polarização.[19] Com demasiada frequência, os aspirantes a autocratas que têm um talento especial para manejar a identidade como ferramenta de polarização conseguem desmantelar as democracias.

O Poder do Ceticismo

As ferramentas que os autocratas 3P usam não são nada se não forem adaptáveis. Podem ser engatadas a programas tão radicais quanto revoluções socialistas ou tão extremos quanto os esquadrões da morte filipinos. Mas a verdadeira marca de sua versatilidade é que elas precisam não se deixar de modo algum prender a qualquer programa ideológico.

Essa é a lição das duas aplicações de maior sucesso do manual 3P nos últimos anos: o Brexit na Grã-Bretanha e a eleição de Donald Trump nos Estados Unidos. Esses casos ilustram a nova abordagem levada ao limite: montada em oposição a duas das mais antigas e mais maduras democracias da Terra. Mais precisamente, eles mostram sua eficiência não tanto no serviço a um programa quanto na oposição a qualquer programa.

As ferramentas dos 3Ps podem, ao que parece, ser postas a serviço da política do niilismo. Nas mãos de alguns populistas, podem ser usadas não tanto para fazer avançar um determinado programa quanto para avançar na rejeição de qualquer programa.

Pense na experiência traumática da Grã-Bretanha com o Brexit. É um caso peculiar porque, na Grã-Bretanha, as ferramentas escolhidas no menu de opções oferecido por populismo, polarização e pós-verdade foram aplicadas, por assim dizer, ao sabor da sorte – sem ter um só líder reconhecível responsável por aquilo. Foi uma espécie de novo poder difuso, sem liderança, que viu o público de um país do G7 se levantar para rejeitar o princípio organizador defendido pela elite do país inteiro, justamente por ser um princípio amado por essa elite.

O momento seminal no referendo do Brexit veio quando um dos secretários de gabinete do mais alto escalão, Michael Gove, confrontado com uma longa lista de respeitáveis organizações que tinham rejeitado o Brexit, chocou seu entrevistador da Sky com uma resposta simples: "O povo deste país", disse Gove, "já está farto de peritos".[20]

O título oficial de Gove era nada menos que Lord Alto Chanceler do Reino Unido – denominação improvável para um suposto inimigo da elite instruída. Lá estava um ex-presidente do hiperexclusivo clube de debates da Oxford Union denunciando o elitismo e ridicularizando a expertise. Mas apesar de todos os gritos de desprezo das áreas de elite, Gove capturou com perfeição o clima de profundo niilismo que varria o eleitorado britânico.

Após o referendo de 2016, no qual 52% dos britânicos votaram a favor da saída da União Europeia, foram reveladas pesquisas de opinião pública mostrando que as atitudes para com os peritos estavam entre os melhores prognósticos do modo como os britânicos votariam no referendo do Brexit.[21] Os que tinham concordado que era errado confiar demais nos chamados peritos e melhor confiar em pessoas comuns foram três vezes mais propensos a favorecer o Brexit que aqueles que discordaram. E aqueles que concordaram que era melhor confiar nas opiniões de profissionais com experiência do que confiar em pessoas comuns tinham sido cinco vezes mais propensos a votar pela permanência na UE do que aqueles que discordaram.[22]

Gove havia se apegado a uma importante percepção, que em outros lugares chamei de "paradoxo da confiança". Nos dias de hoje, as pessoas estão cada vez menos dispostas a acreditar nos discernimentos de verdadeiros especialistas que passaram suas vidas estudando de modo meticuloso um determinado assunto. Mas esse ceticismo que Gove estava explorando acompanha uma disposição recém-descoberta de confiar em charlatães que vendem respostas fáceis para perguntas complicadas. Enquanto as palavras de verdadeiros especialistas têm cada vez menos peso na esfera pública, as palavras de palpiteiros e charlatães se espalham com velocidade nas redes sociais. Por quê? Porque somos irresistivelmente atraídos por mensagens que confirmam nossas inclinações preexistentes e lisonjeiam nossos preconceitos. Nas mãos de populistas totalmente indiferentes à verdade e felizes por explorar o paradoxo da confiança a serviço da polarização, o ceticismo se torna uma ferramenta de devastadora eficácia.

O clima de profunda suspeita das instituições, opiniões e hábitos da elite ao qual se agarraram os defensores do Brexit na Grã-Bretanha tem sido extensamente documentado também do outro lado do Atlântico. Em seu livro *The Ideas Industry*, Daniel Drezner mostra como, por mais de uma geração, a disposição das pessoas para acatar as opiniões de especialistas havia se erodido por todo o Ocidente.[23] Nos Estados Unidos, foi preciso que um político ousado compreendesse, de modo pleno, a potencialidade daquele momento. Onde um número suficiente de votantes estão suficientemente alienados de uma elite, o anti-intelectualismo pode se tornar uma devastadora arma ideológica.

Nesse sentido, as deficiências de Donald J. Trump se tornaram seu maior ativo. Veja a ciência do clima. Há muitos políticos sofisticados do GOP* que estão dispostos a cinicamente fingir não entender a ciência da mudança climática. Há o congressista Fred Upton, de Michigan, que em 2009 patrocinou a legislação da energia verde[24], mas em 2011, na esperança de contornar um desafio da direita, recusou-se a reconhecer que a mudança climática é causada pelo homem.[25] Ou Newt Gingrich, que há uma década falava pela TV, em mensagens de 30 segundos, sobre a necessidade de uma abordagem bipartidária da mudança climática[26] e agora simplesmente nega que tal fenômeno esteja ocorrendo.[27]

A ignorância fingida de um Upton ou de um Gingrich muitas vezes não é de todo convincente por ser tão obviamente *fake*. Caberá a um político que é *genuinamente incapaz* de compreender a ciência da mudança climática ganhar a confiança dos eleitores. Um verdadeiro ignorante pode, em termos políticos, alcançar coisas que um fingido simplesmente não consegue.

---

* Isto é, do Partido Republicano (*Grand Old Party* – GOP). (N. do T.)

A rejeição de Donald Trump do conhecimento especializado teve um sabor de autenticidade, com raízes profundas nas extensões infinitas de sua ignorância. Funciona como uma ferramenta de poder porque, para a mente do populista, um fedor de suspeita se prende à abstração, à teorização e, em geral, a uma sofisticação que é estranha às pessoas puras cujos interesses o populista afirma representar.

A desconfiança das elites vaza para uma desconfiança das ferramentas que a elite usa para manter seu poder. Logo, a hostilidade se estende ao esforço intelectual de qualquer espécie e aos pilares institucionais desse esforço: universidades, publicações da elite, instituições de pesquisa, *think tanks*, todo o sistema de credenciamento acadêmico projetado para certificar a expertise. "Queime tudo", diz o autocrata 3P. "É uma armadilha. Funciona contra você e sua família."

Já em 1958, Michael Young havia previsto essas tendências numa sátira sociológica que antecipava o futuro, *The Rise of the Meritocracia*.[28] Young imaginou uma distopia em que o lugar das pessoas na sociedade era decidido com base exclusiva no mérito, com uma elite cognitiva instalada no topo de um sistema social primorosamente estratificado que os menos meritórios passaram a considerar totalmente opressivo. No livro, o venenoso clima de desconfiança entre os meritocratas e as massas que eles desprezam cria uma revolta massiva que derruba todo o sistema. O livro situou a revolta em 2033.

Mas fora do reino da ficção distópica, o que de fato acontece quando uma nação se volta de modo decidido contra o mérito como princípio organizador da sociedade? Quais seriam as consequências da reorganização das sociedades pós-industriais de alta complexidade do mundo de hoje de um modo sistematicamente distante de uma dependência da *expertise*? Alguém já realmente tentou uma coisa dessas? O que acontece?

Mais uma vez aqui, Hugo Chávez aponta o caminho. Chávez reforçou suas credenciais populistas, exibindo desprezo pelos tecnocratas que reivindicavam a *expertise* que tinham. A dependência que tinham do jargão técnico e o modo frio, analítico, que usavam para se comunicar pareceu-lhe uma prova de que tudo não passava de uma grande farsa. Vejamos esta passagem de dezembro de 2002, tirada de um de seus famosos programas de domingo:

> Testes, reuniões, inspeções, porque além de tudo eles sabem mesmo como fazer sua cabeça girar. Certa vez, convoquei uma reunião do conselho da PDVSA [a companhia nacional de petróleo] e saí com a cabeça rodando. Eu disse: "Vou precisar dormir um pouco", porque eles vieram me ver com tudo: *slides*, projeções, mais isso e aquilo e outra coisa, e você acaba tonto. Tive de me deitar, dormi cerca de doze horas, direto, a cabeça girando sem parar. Eu disse: "Não, já chega, não estou mais aguentando isso", quero um relatório para que eu possa ler primeiro e depois ligar para um de cada vez, para ter explicações, talvez primeiro para o diretor financeiro, depois o outro cara, depois o outro. Mas não funcionou, você lhes deu ordens e elas não foram seguidas [...]. A Venezuela tinha um Estado dentro do Estado [...] era uma caixa preta e agora a estamos abrindo e as víboras estão saindo.[29]

Quebrar o domínio dos tecnocratas na PDVSA tornou-se uma obsessão para Chávez, um projeto que ele estava determinado a realizar a qualquer custo. A PDVSA, decidiu o presidente, já estava farta de peritos. Em 2020, duas década depois de iniciado esse novo estilo de liderança, a produção de petróleo da PDVSA havia caído 90% e longas filas se formavam nos postos de gasolina de todo país – um resultado inimaginável para um dos maiores e mais antigos produtores de petróleo do mundo.

Para autocratas 3P, essas catástrofes podem compensar se lhes permitem solidificar as credenciais populistas. Por isso é sempre difícil resistir à tentação de insultar a elite tecnocrática. É difícil acreditar, para dar apenas um exemplo, que em 2017, quando o presidente Donald Trump nomeou um ex-governador do Texas, Rick Perry, para chefiar o ministério de energia, não houvesse um insulto deliberado por trás. Era notório que num debate, quatro anos antes, fora o nome desse ministério que Perry não conseguira lembrar quando lhe perguntaram que ministérios ele se propunha a eliminar. A gafe tinha afundado sua candidatura presidencial... e agora lá estava ele, convidado a liderar um ministério pelo qual sentira um desprezo tão grande que não conseguira lembrar sequer se estava entre os que pretendia eliminar.

Mas raramente o ceticismo-como-sinal-de-desprezo fora implantado de modo mais transparente que no breve mandato de Rex Tillerson como secretário de Estado dos EUA de 2017 a 2018. Tillerson, ex-CEO da gigante petrolífera Exxon-Mobil, não tinha qualquer experiência governamental e desdenhava abertamente a experiência dos profissionais de Relações Exteriores que supostamente liderava. Ele passou a desencadear um tipo de vandalismo institucional que levará anos, senão décadas, para ser desfeito. Desrespeitando a convenção de que os ministros lutam para preservar os orçamentos de seus ministérios, Tillerson saltou sem hesitação para uma campanha agressiva de corte no orçamento que poderia usar como cobertura para expurgos no ministério das relações exteriores, desperdiçando uma inestimável experiência acumulada durante décadas em um dos setores de maior prestígio do governo americano. Com o recrutamento suspenso para o serviço diplomático, com dezenas de cargos de primeiro escalão não preenchidos e com o ministério enfrentando draconianos cortes no orçamento, a interface dos Estados Unidos com o mundo foi mutilada por uma onda de desinvestimento em capital humano. No período intermediário entre o governo antigo e o presente, em conjunto com um movimento de raízes profundas para enfraquecer as proteções do funcionalismo público isolando os chefes de agências federais da possibilidade de retaliação política, o governo parecia disposto a privar a administração de seus especialistas mais experientes.

"A América está farta de peritos" parecia ser o lema preferido do governo Trump. Ao ofuscar todas as outras considerações, o prêmio da lealdade política ao presidente deixou não apenas o Departamento de Estado, mas o próprio Estado mais fraco e menos capaz. O presidente surpreendeu Washington ao ridicularizar até mesmo a comunidade de inteligência dos Estados Unidos, comparando em determinado momento os vazamentos de inteligência às práticas da Alemanha nazista. É importante reconhecer esse projeto pelo que ele é: um inequívoco sinal precoce de alerta sobre uma autocracia 3P em progresso e um sinal com ecos aterrorizantes de tipos ainda mais antigos de desgoverno. Foi Hannah Arendt quem observou pela primeira vez, em 1951, que "o totalitarismo no poder substitui, de modo invariável, todos os maiores talentos, não importam suas simpatias, por aqueles malucos e idiotas cuja falta de inteligência e criatividade é ainda a melhor garantia de sua lealdade".[30]

Ela não estava errada. Estava, aliás, mais certa do que percebia.

O Poder de Controle da Mídia

A mídia constitui um dos mais poderosos controles sobre as pretensões de aspirantes a autocratas, o que torna a domesticação da imprensa uma alta prioridade. A mídia livre não é apenas extremamente irritante para os líderes que confiam no populismo, na polarização e na pós-verdade para governar, mas é ameaça perigosa para seu domínio do poder. A mídia livre frustra a capacidade dos líderes de estabelecer sua narrativa como verdade. E é por isso que um relacionamento mal-humorado, de caráter antagônico e finalmente hostil com a mídia é um dos sinais mais claros da autocracia que começa a surgir.

Os autocratas, é claro, sempre procuraram silenciar aqueles que os criticariam. Uma ou duas gerações atrás, controlar os fluxos de informação significava censura: funcionários reais do regime empunhando uma caneta vermelha numa redação de jornal enquanto a polícia política estava pronta para prender editores, redatores e jornalistas que se mostrassem hostis ao regime. Esses antigos mecanismos de controle da mídia no século XX não chegaram exatamente a desaparecer. Em 2019, o editor A. G. Sulzberger, do *New York Times*, alertou que seu jornal estava vendo um aumento alarmante da taxa em que jornalistas de todo o mundo estavam sendo amordaçados, reprimidos e presos. "Para impedir que os jornalistas exponham verdades desconfortáveis e mostrem a responsabilidade do poder", escreveu Sulzberger, "um número crescente de governos se engajaram em esforços abertos, às vezes violentos, para desacreditar seu trabalho e intimidá-los, reduzindo-os ao silêncio."[31] No entanto, os velhos mecanismos de controle da mídia não são suficientes para controlar a ameaça da mídia livre na era da informação.

A censura de estilo antigo continua a ser praticada em ditaduras da velha escola; a China é o maior exemplo, mas Cuba, Rússia, Etiópia, Ruanda, Bielorrússia, Irã, Venezuela e muitos outros regimes repressivos também continuam a praticá-la. A Turquia, de Erdoğan, por exemplo, é o país com maior número de jornalistas presos do mundo. Em regimes menos autocráticos, a internet tem tornado a censura e a repressão à mídia cada vez mais ineficazes. Há simplesmente muitas maneiras novas de contornar as iniciativas de censura do Estado.

No século XXI, os novos métodos de controle são mais sutis e mais difíceis de detectar. Confiam mais na pressão, persuasão e cooperação do que na força bruta. Hoje, a censura trabalha por meio de subterfúgios; é dissimulada, indireta ou ambas as coisas.[32] Os governos subornam jornalistas, editores ou proprietários de mídia; bloqueiam ou filtram resultados de pesquisa; mantêm estreita vigilância sobre jornalistas e suas fontes, e pressionam de maneira furtiva os editores para pôr na rua os elementos mais problemáticos. Controlam o acesso às importações, seja de papel de jornal ou de equipamento importado e peças sobressalentes (para câmeras de vídeo, por exemplo), e calam a mídia dissidente ao tirá-la dos esquemas de subsídios econômicos do governo, que estão disponíveis para seus concorrentes pró-governo. Inspetores fiscais são continuamente mobilizados para auditar as empresas de mídia refratárias, operações de agências noticiosas estrangeiras são restritas ou banidas de vez e editores e jornalistas recebem sugestões encobertas sobre as histórias que é melhor não contar. Os serviços de segurança raqueiam a mídia noticiosa *on-line* para interrompê-la ou silenciá-la, compram veículos que não entram na linha do governo, criam fontes de notícias manipuladas ou *fake* e lançam *sites* que parecem sérios destinados a manchar as reputações da imprensa investigativa.

As ferramentas à sua disposição são infinitas, sutis, difíceis de discernir e de uma eficácia brutal. Nutrem uma atmosfera repleta de autocensura que, por sua vez, produz uma área cinzenta entre liberdade e franca coerção.

Como isso funciona na prática? A Polônia oferece um bom exemplo. Jarosław Kaczyński, líder do Partido Lei e Justiça, anunciou em 2020 que seu partido, que havia vencido uma eleição por muito pouco, procuraria "repolonizar" e "desconcentrar" todas as mídias de propriedade privada. Logo depois, altos funcionários poloneses confirmaram que uma empresa estatal de petróleo – sim, uma companhia de petróleo – estava negociando a compra de 20 dos 24 jornais regionais do país. Para aqueles não dispostos a vender, Kaczyński – que o *Washington Post* descreveu como "um populista nacionalista que faz cruzadas contra imigrantes e direitos *gays*" – anunciou leis punitivas.[33]

Há muitos outros exemplos, mas os casos de duas emissoras – RCTV da Venezuela em 2007 e ABS-CBN das Filipinas em 2020 – são ambos ilustrativos e impressionantes. Ambos eram veneravelmente velhos: a RCTV era a mais antiga emissora comercial da Venezuela, a ABS-CBN, a mais antiga emissora comercial em todo o Sudeste Asiático. Ambas eram emissoras de interesse geral, com foco em programação de entretenimento e visando a um público de massa. Ambas incluíam pequenos, mas combativos serviços de notícias e opinião que chamavam o governo a prestar contas e muitas vezes o atacavam em termos fortes. Chegaram a compartilhar um mesmo ícone nas telas e um nome coloquial: todos na Venezuela chamavam a RCTV de "El Canal 2", enquanto todos nas Filipinas conheciam a ABS-CBN como "Channel 2".

Ambas foram fechadas porque seus respectivos reguladores do governo se recusaram a renovar as licenças de transmissão. Foi precisamente seu apelo de massa que as tornou inaceitáveis para os autocratas 3P em Caracas e Manila. Se uma rede de notícias a cabo, com um público relativamente pequeno de viciados em notícias da classe média, critica o governo é uma coisa. Emissoras de rádio no estilo NPR*, como a Ekho Moskvy [Eco de Moscou] da Rússia, que cortejam um nicho, altamente educado, como a audiência da NPR, normalmente são perseguidas e assediadas antes de fechar por completo. Mas quando uma emissora de interesse geral transmite conteúdo crítico para um enorme público popular, chegando longe nas cidades e vilas do país, a coisa não se passa assim. Na realidade, em vez

---

* A NPR (National Public Radio) é uma rede pública americana de rádio, sem fins lucrativos, financiada por iniciativa pública e privada. (N. do T.)

de silenciadas por tanques e soldados, essas emissoras foram fechadas com o emprego de advogados e minúcias administrativas. E os governos envolvidos se recusaram com firmeza a reconhecer que as emissoras tinham sido fechadas. Somente lhes havia sido negada renovação de suas licenças de transmissão – uma distinção pseudolegal que já não tinha nenhuma importância, se é que um dia teve alguma. Ambas transmitidas via satélite e *on-line*, atingindo uma minúscula fração do enorme público que um dia tinham desfrutado. Cada uma delas foi desativada como um eficaz contrapeso para o autocrata 3P que administra seu país.

Ou tomemos um exemplo da Hungria, de Viktor Orbán. Na manhã de 8 de outubro de 2016, a equipe do *Népszabadság*, líder dos grandes jornais da Hungria, estava à beira de uma surpresa. As chaves eletrônicas de acesso ao prédio e à sua redação tinham parado de repente de funcionar. Os telefones e e-mails de trabalho também haviam parado. O jornal, eles logo perceberam, havia sido fechado. O *Népszabadság* havia se tornado a vítima de mais alto perfil da campanha do primeiro-ministro Viktor Orbán contra a mídia independente. Como qualquer bom furtivocrata, Orbán fez questão de preservar uma explicação plausível. O jornal fora oficialmente fechado, por razões financeiras, por seus proprietários austríacos. Era pura coincidência, disseram aos húngaros, que a decisão tivesse vindo poucos dias depois que o *Népszabadság* publicou uma série de contundentes denúncias de corrupção apontando o dedo diretamente para os membros do círculo mais próximo de Orbán.

Enfrentando um veículo icônico e seu oponente mais visível, Orbán teve uma reação muito forte, motivando uma causa célebre que conseguiu galvanizar uma resposta internacional. Logo organizações internacionais estavam publicando alertas de ação, advertindo sobre o colapso da livre expressão em um país membro da União Europeia.

O clamor internacional sobre o *Népszabadság* tendeu a obscurecer o que foi uma tentativa muito mais ampla e sistemática de colocar todas as mídias da Hungria sob controle do autocrata 3P. De imediato após sua eleição em 2010, Orbán tinha agido agressivamente para transformar a emissora estatal húngara em órgão de propaganda do Fidesz, seu partido governante. A partir daí lançou-se em outra campanha agressiva para neutralizar, através de todo o país, jornais, estações de rádio e emissoras de TV que lhe fossem críticos.[34] Primeiro Orbán mexeu com o bolso deles, retirando a publicidade estatal da mídia que o criticava e usando o Conselho de Mídia – regulador de mídia da Hungria – para impor multas pesadas contra a mídia dissidente. Logo começou a tomar providências para substituir inteiramente as equipes profissionais que lhe faziam críticas, principalmente pedindo que empresários que se mostravam amigáveis ao regime adquirissem os jornais incômodos.

Em agosto de 2017, aliados de Orbán compraram o punhado restante de jornais regionais independentes da Hungria, deixando três empresários conectados com o regime no controle de todos os jornais regionais do país. Em anos anteriores, os amigos de negócios de Orbán já haviam comprado emissoras independentes de rádio e TV, assim como novos portais populares *on-line*. Sete anos após sua ascensão ao poder, Orbán havia concluído uma grande varredura da mídia regional independente na Hungria.[35]

O notável aqui é a maneira como os populistas, saindo de pontos que parecem opostos no espectro ideológico, convergem para os mesmos mecanismos de controle da mídia. Há muito passou o tempo em que a censura suprema chegava sob a forma da polícia secreta batendo na porta no meio da noite. Esse era o padrão do século XX. No século XXI, ele foi substituído por auditorias fiscais, multas pela violação de obscuras normas regulatórias, retirada de orçamentos da publicidade do governo e solicitações de misteriosos "investidores privados" em busca de uma participação acionária.

E essa, no geral, é a história das ferramentas de poder dos autocratas dos 3Ps. Famintos por obter um controle sem verificações, mas precisando manter um mínimo de credibilidade democrática, líderes em contextos de extrema diferença, incluindo os que defendiam ideologias opostas, convergem para as mesmas práticas ao reafirmar seu poder diante de instituições criadas para conter a concentração de poder. Podem não ter nada em comum em termos ideológicos, mas todos intuem que a ideologia realmente tem pouquíssima relação com as atuais exigências do poder. É por isso que convergem repetidamente com as mesmas e poucas ferramentas de poder.

O Poder da Emergência

Outra ferramenta de poder usada pelos líderes 3P confia no argumento secular segundo o qual, diante de uma catástrofe nacional, é necessário capacitar um governo de emergência. Leis nacionais em muitas partes do mundo incluem procedimentos de emergência para permitir que os poderes executivos atuem de modo decisivo em situações em que processos legislativos regulares se mostrariam demasiado lentos e complicados; agitação civil, invasão estrangeira, colapso econômico, protestos em massa, tentativas de golpe e com toda a certeza pandemias foram todos recentemente citados como ocasiões para a aplicação de regras de emergência.

Como vimos, a nova geração de autocratas está sempre à caça de maneiras de contornar freios e contrapesos institucionais. Não causa surpresa, então, que autocratas de todos os matizes sejam atraídos de modo irresistível para medidas de emergência. São pseudoleis preexistentes, idealmente situadas para que se abuse delas além do necessário sem (em termos técnicos) violar qualquer lei específica.

Nada há de especialmente original nessa técnica. O abuso da legislação de emergência para livrar o executivo de restrições é um esteio de regimes autocráticos desde muitas gerações passadas. O estudioso fascista do direito Carl Schmitt comentou nos anos 1930 que, em qualquer sistema legal, o poder supremo seria sempre o poder de declarar uma exceção. Todo sistema legal, argumentava Schmitt, tem de abrir espaço para uma ação em situações de emergência. Como é impossível para um legislador prever cada eventualidade potencial, o sistema legal deixa espaço para ambiguidades: situações que não se encaixam bem na previsão dos formuladores, mas em que decisões devem ser tomadas. Alguns atores do sistema devem – por direito ou em função de seu poder – ser empoderados para tomar essas decisões e praticar essas exceções. Isso, para Schmitt, é a fonte última do poder – a brecha através da qual toda e qualquer decisão pode ser tornada legal.[36]

Nas mãos de um partidário fervoroso do nazismo como Schmitt, essa doutrina da exceção tornou-se a justificativa jurídica para a *Ermächtigungsgesetz* de 1933 – a Lei Habilitante que deu a Adolf Hitler o poder de legislar sem a necessidade de aprovação do Reichstag, o parlamento da Alemanha. Sob a Lei Habilitante, a exceção tornou-se a regra.

A emergência tornou-se permanente e acabou desabrochando no *Führerprinzip*, a doutrina formal de que o *status* legal da palavra falada do Führer superava não só políticas, regulamentações e práticas governamentais, mas até mesmo a lei escrita.

Governar por exceção tornou-se um pilar de governo autoritário também após a guerra, com o exemplo mais notável sendo o Egito, que foi administrado sob uma "lei de emergência" que suspendia liberdades civis fundamentais (incluindo a liberdade de palavra e o *habeas corpus*), de modo mais ou menos contínuo, de 1967 a 2011. Mas países tão diversos quanto Argentina, Grécia, Índia, Paquistão, Serra Leoa, Espanha e Tailândia passaram períodos consideráveis sob lei de emergência durante a Guerra Fria.

Em 2008, Silvio Berlusconi foi pioneiro no uso de poderes de emergência para decretar uma repressão populista à imigração e aprovar um decreto draconiano que permitia que o governo coletasse impressões digitais de todos os ciganos étnicos no país. A medida foi amplamente criticada como evidente ataque racista a uma comunidade marginalizada. Os roma – anteriormente conhecidos como ciganos – eram há muito responsabilizados por crimes na Itália e a medida de emergência de Berlusconi contornou garantias contra a discriminação racial ao escolhê-los para um escrutínio adicional.

E se mesmo falsas emergências são uma tentação irresistível para autocratas, imaginemos o quanto é poderosa uma emergência real. Em 2020, o mundo recebeu um curso intensivo sobre os usos autocráticos das emergências quando uma emergência real deu um salto para o centro do cenário mundial. A pandemia do coronavírus criou uma ampla justificativa para expandir o poder do Estado, com até mesmo as democracias mais bem estabelecidas reduzindo drasticamente as liberdades habituais para retardar a propagação do vírus. Na Rússia, isso se transformou numa oportunidade de ouro para implantar a vigilância por vídeo numa escala até então nunca vista, com *software* de reconhecimento facial anexado a câmeras de segurança por todo o país sob o pretexto de identificar os expostos a contágio. Em Israel, a pandemia tornou-se o pretexto para permitir que o Estado explorasse o valor de gigabytes de dados de localização de telefones celulares, identificando o paradeiro exato de israelenses e palestinos com assustadora precisão.

Outros países foram muito além disso na tentativa de aproveitar a emergência do coronavírus para ganho autocrático. Viktor Orbán, da Hungria, cancelou eleições parlamentares e anunciou planos para governar por decreto, emitindo vagas e inexequíveis promessas de reverter as medidas quando a pandemia passasse. E a China, berço do vírus, encerrou unilateralmente o *status* especial de Hong Kong sob o acordo "um país, dois sistemas", estendendo o alcance das leis de segurança de Pequim ao território num momento em que a comunidade internacional estava sem dúvida distraída demais pela crise global da saúde para dar qualquer retorno real.

No Capítulo 10, vamos descrever com mais detalhe o impacto que a pandemia do novo coronavírus teve sobre o uso e abuso do poder, e como, ao mesmo tempo, o vírus também enfraqueceu o poder de governos e líderes ao redor do mundo.

A Caixa de Ferramentas do Autocrata 3P

Não é uma ou outra ferramenta que dá à estrutura 3P sua potência, mas sim a simultaneidade do seu uso. Juntas, essas ferramentas de poder codificam um repositório de percepções sobre a natureza do populismo, da polarização e da pós-verdade. Os autocratas que as empunham sabem que massas ofendidas impelem para o poder os que oferecem não apenas reparação, mas vingança. Compreenderam que as pessoas mais ansiosas para levá-los ao poder são as mais prejudicadas: aquelas cujas identidades giram em torno de se sentirem vitimizadas em suas próprias sociedades. Aspirantes a autocratas reaprenderam a velha noção de que nada cria um laço tão visceral com seguidores quanto falar diretamente a seu profundo sentimento de terem sido injustiçados. E eles têm feito isso usando ferramentas de comunicação do século XXI, que não estavam disponíveis para seus predecessores.

Aspirantes a autocratas transformaram o poder do ceticismo em propulsor fundamental de seu projeto político, explorando um profundo filão de desprezo contra peritos da elite para se escudarem contra o escrutínio – transformando expertise quase num distintivo de vergonha.

E aproveitaram o poder de controle da mídia, contornando o legado de organizações de notícias ao falar diretamente com as pessoas, primeiro mediante comícios, mais tarde pela TV e *on-line*, com efeitos devastadores. Uma vez no poder, é claro, autocratas 3P vão com frequência mais longe, recorrendo a métodos cada vez mais sofisticados de controlar a informação a que as pessoas têm acesso.

Recorrem a essas ferramentas porque entendem que as checagens e equilíbrios mais eficazes para limitar seu escopo de ação não são aqueles escritos em leis. Estão escritos em algo mais vago, mais evanescente e mais penetrante: o sentido do que é normal. Essas "suaves muretas da democracia" não podem ser codificadas, mas devem ser desfeitas se aspirantes a autocratas quiserem alcançar seus objetivos finais. Os autocratas 3P sabem que precisam, para vencer, redefinir o que é normal em uma democracia, provocá-lo, cutucá-lo e desafiá-lo dia após dia até que ele entre em colapso. Sabem que, até que isso aconteça, seu domínio do poder nunca será totalmente seguro. A estrada para a autocracia requer guerra a esse sentido do que é normal. Sim, guerra.

Quer estejam abrindo novos caminhos ou reinventando caminhos já trilhados, a nova geração de autocratas desenvolveu um conjunto característico de técnicas e ferramentas para evitar freios e contrapesos à medida que trabalham para conquistar e manter o poder. Tanto quebrando normas para provar sua boa-fé como forasteiros quanto saciando a sede de seus seguidores por vingança, aprenderam a mobilizar a raiva das pessoas contra as elites como instrumentos de seu poder. Isso significa explorar o ceticismo que as pessoas têm quanto aos peritos e ao mesmo tempo cortar o acesso a relatórios críticos sobre si mesmos. E, se tudo o mais falhar, significa tirar a poeira dos poderes de emergência para contornar os controles formais dos seus poderes.

Cada uma dessas técnicas, por si só, já seria perigosa para a saúde de uma democracia livre. Implantadas juntas, criam amplas oportunidades de substituir uma democracia real por uma falsa, que tenha todos os ornamentos da velha democracia, mas nada de sua eficácia para restringir o poder do presidente da nação.

4
A CAÇA AOS CULPADOS

Parece não haver falta de crentes entusiasmados com as promessas que fazem os populistas. De certo modo, a questão mais interessante a respeito dos populistas não é saber por que se comportam de uma determinada maneira, mas por que seus seguidores continuam tão ansiosos para acreditar neles.

Em certo nível, a resposta é óbvia: porque os populistas dizem o que seus seguidores querem ouvir. Isso inclui promessas agradáveis que serão rapidamente ignoradas ou, se implementadas, serão efêmeras ou ficarão longe de produzir os resultados esperados – na verdade prometidos. Mas num nível mais profundo, mais preocupante, a questão é saber por que os seguidores continuam a dar suporte aos populistas mesmo após haver esmagadora evidência de que suas promessas são vazias, suas diretivas um fracasso e suas políticas são más para a democracia. Por que apoiar políticos cujo propósito é se manter o maior tempo possível no poder, a qualquer custo, e que estão inclinados a concentrar o poder à custa do bem-estar de seus seguidores?

Este é o verdadeiro enigma: não tanto saber por que os autocratas estão dispostos a fazer o que for necessário para ganhar e manter o poder, mas por que é tão fácil para demagogos e charlatães ganhar seguidores. E por trás dessa pergunta se encontra uma suspeita sombria: é possível que autocratas 3P sejam populares devido ao seu autoritarismo e não apesar dele?

A sensação de que o apetite por liderança autocrática está aumentando não é apenas uma questão de percepção. A parcela de pessoas que gostariam de ver "um líder forte que não tem de se preocupar com parlamentos e eleições" subiu 10 pontos percentuais nos Estados Unidos nas duas décadas que se iniciaram em fins dos anos 1990, quase 20 pontos na Espanha e na Coreia do Sul, e 25 pontos na Rússia e África do Sul conforme pesquisa realizada em 2016 por Roberto Stefan Foa e Yascha Mounk.[1] Pior ainda, a maior parte desse resultado se deve à mudança de atitudes entre os mais jovens.

O que aguçou esse apetite em todo o mundo pelo tipo de liderança e políticas 3P que acabaram prejudicando aqueles que apoiaram os populistas? O que causou esse furtivo desvio autoritário?

Será que um conjunto comum de experiências entre países tão diversos quanto Brasil, Bolívia, Índia, Israel, Itália, Hungria, Polônia, Filipinas, Rússia, Turquia, Estados Unidos e Venezuela preparam seus públicos para a liderança 3P? Quais são essas experiências? Eles são econômicas? Sociológicas? Psicológicas? Tecnológicas? São desses quatro tipos? Ou essa nova forma de autocracia furtiva se espalhou através de contágio – devido a um efeito demonstração ultrapassando fronteiras geográficas, já que aspirantes a autocratas aprenderam com o sucesso uns dos outros?

Como veremos, cientistas políticos, sociólogos e psicólogos sociais começaram a convergir para um conjunto de explicações sobre por que a tolerância das pessoas a governos mais autoritários está aumentando. Nessa visão, experiências comuns de desarticulação econômica somam-se a uma percepção de que a sociedade está mudando depressa demais, de um modo que as pessoas percebem como ameaçador. Essa percepção de ameaça ativa predisposições psicológicas amplamente compartilhadas, mas em geral adormecidas, para o autoritarismo e uma preferência por líderes autoritários.

Hoje, essas predisposições autoritárias estão sendo ativadas com mais frequência graças aos efeitos da hiperconectividade tecnológica. E essa hiperconectividade torna a ameaça implícita de uma mudança social rápida, em grande escala, muito mais potente. Dá-lhe profundidade política e promove um amplo ataque contra as bases das sociedades liberais: liberdade e freios e contrapesos democráticos.

A fragmentação e degradação do poder do Estado-nação é uma das maiores razões que fazem as pessoas acharem ameaçador seu ambiente social. Por quê? Porque os centros tradicionais de poder estão cada vez mais coagidos. Em particular os Estados-nação – as entidades que durante dois séculos forneceram os blocos de construção da ordem internacional – estão perdendo a capacidade de promover a boa sorte econômica de suas sociedades, deixando as pessoas ávidas por soluções cada vez mais radicais para problemas que os políticos tradicionais parecem relutantes em abordar ou incapazes de resolver. O que é uma queixa reprimida que os aspirantes a autocratas sabem como atiçar e explorar.

A reação à crescente ineficiência do Estado-nação para fornecer abrigo aos seus cidadãos contra as ameaças cada vez maiores de um mundo incerto é um importante impulsionador da demanda por governo autocrático no século XXI.

Desigualdade e o Poder Corrosivo das Expectativas Perdidas

As sociedades não abandonam os princípios democráticos por impulso. Fazem isso após longos períodos de desarticulação, frustração e deterioração de seus padrões de vida. Fazem isso quando uma massa crítica de cidadãos conclui que progresso pessoal é um sonho impossível. Quando esse ponto é atingido, é apenas natural perceber a sociedade como estranha, injusta, moralmente à deriva e ameaçadora.

Isso explica por que os aspirantes a autocratas 3P encontram suas áreas ideais de caça não entre os pobres, mas entre os desiludidos: pessoas que passaram a esperar um nível de bem-estar material e serviços públicos que de repente veem que está fora de seu alcance.

Você não precisa ser pobre para ficar desapontado com sua sorte na vida. Não se trata sequer de desigualdade econômica, embora a desigualdade alimente os sentimentos de injustiça que deixam as pessoas com raiva. O principal problema para os que têm suas necessidades básicas atendidas (alimentação, um teto sobre a cabeça, alguma renda regular, saúde, segurança) é a dissonância de *status*: a frustração que brota quando as pessoas concluem que seu progresso econômico e social está bloqueado e que elas estão empacadas em um degrau mais baixo que aquele que esperavam ocupar na sociedade. A dissonância de *status* é amplificada pelo sentimento de que, em vez de estar chegando mais perto do seu lugar de direito na sociedade, você está caindo cada vez mais para baixo de seu ponto natural na hierarquia.

Essa experiência de dissonância de *status* une as perspectivas de pessoas muito diferentes que apoiaram aspirantes a autocratas em contextos bem diferentes. O professor em mobilidade descendente nas Filipinas, o trabalhador de uma montadora de automóveis substituído em Michigan, o jovem desempregado recém-formado na universidade em Moscou e o trabalhador da construção civil lutando pela sobrevivência na Hungria podem não ter muita experiência vivida em comum, mas cada um sente a picada do desapontamento por uma vida que não corresponde às expectativas que havia nutrido, ao futuro que imaginava para si e sua família. Até agora a história do século XXI é a história de como o desapontado ataca politicamente, criando uma série de crises que os sistemas políticos liberais estão mal equipados para processar de modo justo e para responder em tempo hábil e de modo eficaz.

Podemos pensar nisso como o modelo "expectativas frustradas" de instabilidade política. Ele tem se mostrado ativo por pelo menos dois séculos. Seu pai espiritual foi Alexis de Tocqueville, o cronista francês da vida americana que, no início do século XIX, já havia identificado o potencial revolucionário das expectativas frustradas e a dissonância de *status* que elas engendravam.[2]

Essa ideia de expectativas frustradas como um motor primordial na história humana foi plenamente desenvolvida por um falecido professor de Harvard, Samuel Huntington, em seu livro clássico de 1968, *Political Order in Changing Societies*.[3] Pondo de cabeça para baixo o consenso de sua época, que sustentava que os países se tornariam inevitavelmente mais estáveis e democráticos à medida que se modernizassem e se tornassem mais prósperos, Huntington argumentou, de modo persuasivo, que a própria modernização é com frequência um veículo de instabilidade política, não uma solução para ela.

Em meados do século XX, sustentava Huntington, a modernização deu à pessoas uma voz política poderosa muito antes que o desenvolvimento das economias dos países pudesse lhes dar uma participação material na manutenção da estabilidade. Reunindo evidências do mundo inteiro, Huntington mostrou que, tanto as sociedades agrárias tradicionais quanto as economias capitalistas avançadas eram muitas vezes estáveis, mas os países "modernizantes" (isto é, aqueles em transição do primeiro para o segundo grupo) eram vítimas de golpes, insurreições, desordem civil e guerra civil com uma regularidade de relógio.

Para Huntington, o problema era que as novas tecnologias associadas à modernização de sua época (instituições como o sindicato, o jornal e o partido político) capacitavam as pessoas a fazer exigências políticas que os sistemas políticos tradicionais não eram capazes de satisfazer. Ele argumentou que a modernização foi prodigiosamente eficiente em gerar dissonância de *status* em uma escala de massa e que foi por isso que provocou turbulências políticas desestabilizadoras.

Avancemos com rapidez por cinco décadas. Hoje, as novas tecnologias da informação que capacitam grupos a se organizarem politicamente – o *talk radio show*, a viagem a preço acessível, o telefone móvel, o Twitter, o grupo de WhatsApp – parecem muito diferentes daquelas que Huntington tinha em mente. Huntington nunca pretendeu que seu modelo explicasse a quebra dos sistemas políticos das economias industrializadas avançadas – ele estava escrevendo sobre Bangladesh e Indonésia, não Itália, Reino Unido ou Estados Unidos. Contudo, os mecanismos que ele identificou ressoam vigorosamente com as experiências dos países avançados no século XXI.

Hoje, novos grupos de identidade se formam em torno de um sentimento ardente de queixa. São reunidos pela experiência muito real de serem deixados para trás em termos econômicos, desrespeitados em termos culturais e imersos em uma sociedade ameaçadora, de aparência cada vez mais alienígena. São esses grupos, impulsionados pela dissonância de *status*, que estão criando instabilidade política numa escala sem precedentes em sistemas políticos ao redor de todo o globo.

Existem amplas diferenças com a realidade de meados do século XX que Samuel Huntington examinava. Em seu tempo, o mundo estava passando por rápida descolonização e a União Soviética competia com os Estados Unidos pela proeminência global. O sabor da instabilidade política tendia a ser revolucionário: grupos há muito marginalizados estavam chegando pela primeira vez à mesa de reuniões e exigindo parte de uma prosperidade que nunca haviam conhecido. Hoje, seu caráter em países de alta renda é com mais frequência defensivo: grupos que tiveram de lutar por um mínimo de segurança financeira encontram suas posições ameaçadas ou corroídas, e pedem proteção. Seu objetivo é derrotar uma maré alienígena de mudança em vez de pavimentar o caminho para uma utopia terrena.

Apesar de todas essas diferenças, o discernimento básico permanece o mesmo: quando uma massa crítica de pessoas na sociedade sente que suas expectativas na vida foram despedaçadas, a situação logo se transforma em uma crise. E no mundo de hoje, aqueles cujas expectativas foram frustradas são capazes fazer contatos uns com os outros e criar comunidades de significado de uma maneira que nunca antes havia sido tecnologicamente possível.

Desempoderamento Econômico na Era da Empoderamento Tecnológico

Em 23 de abril de 2018, um rapaz chamado Alek Minassian pegou uma van Chevrolet Express alugada, foi para o centro de Toronto e atirou o veículo contra uma multidão de pedestres, matando nove pessoas. Falando com a polícia após o ataque, Minassian identificou-se como membro da comunidade *on-line* de incels – redução de *"involuntarily celibates"*, involuntariamente celibatários – e descreveu sua ação como um ataque de vingança contra as mulheres que tinham rejeitado as investidas românticas que fizera ao longo dos anos. Não foi o primeiro ataque homicida associado ao autodescrito *incels* – em 2016, um jovem chamado Elliot Rogers havia atirado em seis mulheres na Isla Vista, Califórnia, antes de apontar a arma para si mesmo.

Em 15 de março de 2019, Brenton Tarrant encheu seu carro de armas e explosivos e atacou a pequena Mesquita Al Noor, em Christchurch, na Nova Zelândia, matando 50 pessoas. Tarrant transmitiu o ataque ao vivo por uma câmera montada no capacete e deixou para trás um longo e desconexo manifesto de extrema-direita com o foco diretamente voltado para membros de sua comunidade *on-line*, formada por nacionalistas brancos virulentamente islamofóbicos.

É importante entender o que especificamente é novo aqui. Com certeza não é a frustração sexual de homens jovens nem a hostilidade com relação a comunidades de imigrantes que praticam uma religião que não lhes é familiar. Tudo isso é tão antigo quanto o tempo.

O que é novo é a maneira como agora as tecnologias permitem que pessoas como Minassian, Rogers e Tarrant forjem novas identidades por meio de comunidades *on-line* que validam suas experiências e criam um caminho para a radicalização de seus membros mais atuantes. Se só tivessem acesso à tecnologia do século XX, um Alek Minassian ou um Elliot Rogers poderiam sem dúvida ter sido levados ao desespero pela falta de sucesso com as mulheres, e Brenton Tarrant podia ter sido consumido por seu ódio aos muçulmanos, mas não se teriam visto como membros de um grupo específico, uma comunidade com interesses e ressentimentos compartilhados, capaz de nutrir as fantasias de vingança de seus membros mais jovens e voláteis.

Essa colisão entre ódios privados e comunidades de ódio na internet tem se provado mortal. Em Toronto, na Isla Vista e em Christchurch, o dano foi contado pela perda de vidas inocentes. E mais certamente se seguirá.

Comunidades marginais, como a dos incels e a dos nacionalistas brancos, estão experimentando o profundo desempoderamento de expectativas perdidas enquanto novas tecnologias radicais de empoderamento têm entrado em cena: a internet, é claro, mas também o desenvolvimento mais amplo de uma sociedade da informação, uma explosão no comércio internacional que leva milhões de novos produtos para todos os mercados e a disponibilidade de viagens aéreas muito mais baratas que permitem muito maior mobilidade humana (pelo menos até o surto de uma pandemia). Vivemos em uma era de abundância, quando há mais de tudo: mais pessoas, mais cidades, mais nações, ideias, produtos, computadores, empresas, medicamentos, ONGs, religiões, grupos terroristas, cartéis criminosos – e também mais comunidades virtuais nas quais experiências podem ser reformuladas e novas comunidades podem surgir e trabalhar em conjunto de uma maneira que a meras duas décadas atrás não seria possível.

As mudanças revolucionárias na economia, na tecnologia e nas mentalidades facilita a criação de comunidades virtuais formadas por indivíduos que, uma geração atrás, talvez nunca tivessem imaginado que suas experiências pudessem transformá-los em membros de alguma coisa. Quando Huntington estava escrevendo seu livro sobre a ordem política e a lacuna de expectativas, a frustração de um rapaz no Canadá ou a hostilidade para com muçulmanos de outro rapaz na Nova Zelândia não eram fatos politicamente relevantes porque esses jovens não criavam uma identidade coletiva em torno de suas experiências ou opiniões.

Ao reduzir de modo maciço os custos de conexão com outros que pensam da mesma maneira, a "mais revolução" tanto capacita visões marginais quanto enreda os que as propõem em comunidades que rejeitam o acatamento automático da autoridade. Junto com a mobilidade geográfica extremamente aumentada, essas tendências contribuíram para a transformação que fez, antes de mais nada, com que o poder decaísse.

Os solitários do passado estão se tornando membros de coletivos que podem ser agressivamente avessos a regras, até mesmo perigosos. As novas tecnologias têm, pela primeira vez, tornado pontos de vista extremos facilmente disponíveis para milhões de pessoas, ao mesmo tempo reduzindo as barreiras que antes impediam as pessoas que subscreviam esses pontos de vista de agir em coordenação umas com as outras. É uma combinação combustível.

O consenso do pós-guerra foi construído sobre uma série de entendimentos tácitos acerca dos limites do discurso político aceitável. Visões abertamente racistas ou autoritárias foram silenciadas não por meio da censura estatal, mas por um sentimento difuso entre os editores de que elas não eram respeitáveis. Para policiar esses limites, não era preciso mais que um estrato editorial educado em instituições extremamente parecidas, compartilhando valores e visões de mundo extremamente parecidos que aplicavam critérios editoriais extremamente parecidos a um limitado punhado de veículos.

O sistema permitia margem de manobra considerável para explorar novas e controvertidas ideias, mas dentro de limites. Na segunda metade do século XX, neonazistas, eugenistas e defensores de um nacionalismo étnico não encontravam, como regra, espaço nas notícias do início da noite ou nas páginas de opinião de jornais de prestígio. Que milhões de pessoas pudessem ter desejado ler seus pontos de vista dificilmente tinha influência nisso.

A infraestrutura de comunicações do século XXI opera de maneira exatamente oposta. Ela se desenvolveu em torno de algoritmos poderosos destinados a identificar e atender a pontos de vista populares, mas indevidos. Algoritmos acumulam recompensas para os que são capazes de produzir tal conteúdo, direcionando jorros de receita publicitária para eles. A infraestrutura de comunicações do século XXI amplia de modo sistemático a gama de visualizações disponível em vez de restringi-la.

Nos Estados Unidos, foi estabelecida uma correia transportadora para remover pontos de vista extremos de comunidades *on-line* e fazê-los circular por entre públicos cada vez mais amplos. Opiniões extremistas que começavam a se mostrar em pântanos febris da internet (quadros de mensagens não regulamentadas, como 4chan e 8chan, ou fóruns de regulamentação *light* como Reddit e YouTube) seriam lavadas para consumo por públicos de massa através de veículos de mídia como Fox News e One America News Network. Depois que isso acontecesse, a mídia tradicional começaria a editar, normalizando de modo pleno a discussão de pontos de vista antes considerados extremos demais para a disseminação em massa.

Processos semelhantes foram implantados em muitos outros locais. Em Israel, o Channel 20, de extrema-direita, dá um generoso tempo de antena a pontos de vista de religiosos extremistas e visões nacionalistas que muitas vezes fazem eco a temas eliminacionistas como soluções para a questão palestina. O Channel 20 esquadrinha de modo rotineiro o ecossistema da mídia *on-line* da extrema-direita de Israel em busca de novos colaboradores, como o *site* pró-colônias News 0404, e higieniza seus pontos de vista para um público mais amplo.

Esse modelo tem provado seu apelo intercultural. Na Índia, o governo nacionalista hindu do BJP do presidente Narendra Modi se aliou estreitamente com a Republic TV, canal de notícias ancorado por Arnab Goswami, uma das mais conhecidas personalidades midiáticas da Índia. Lançada em 2017, a Republic TV segue de perto o modelo Fox News/Channel 20: barulhento, atrevido e descaradamente partidário, vasculha os extensos espaços da mídia social da Índia em busca de histórias de ultrajes cometidos por muçulmanos como tema de reportagem. Jogando de maneira contínua com um grosseiro nacionalismo hindu, criou uma massa de seguidores e seus agitadores intimidam de maneira contínua críticos do regime, aos quais tacham sistematicamente de "antinacionais". Na Republic TV, "nacional" é igualado a "hindu", enquanto "hindu" é igualado às políticas de Modi. Portanto, ao criticar qualquer aspecto da política do governo, você se torna "antinacional".

Como resultado dessas tendências, aspirantes a autocratas acham muito mais fácil se conectarem com pessoas cujos pontos de vista estejam além do moderado. Como apelos racistas e xenófobos estão em ampla circulação e comunidades cada vez maiores começaram a simpatizar com eles, torna-se muito mais fácil para aspirantes a autocratas reivindicar o manto de uma causa e defendê-la.

Às vezes, no entanto, esse novo ecossistema de mídia pode dar origem a movimentos de massa sem qualquer necessidade de um órgão de mídia estabelecido para ampliar suas reivindicações. O movimento de protesto Gilet Jaune (Colete Amarelo) que começou na França em fins de 2018, por exemplo, pareceu surgir totalmente formado a partir de uma única petição *on-line* feita por um motorista irritado com o aumento do combustível. Semana após semana, durante meses a fio, os Gilets Jaunes organizaram, pelo Facebook, grupos para se reunirem em manifestações usando seus coletes amarelos de alta visibilidade e entrando em choque com forças de segurança enquanto apresentavam exigências que não conseguiam encontrar defensores na política organizada. O Estado e a sociedade da França ficaram extremamente abalados por uma mensagem que, numa era tecnológica anterior, talvez nunca conseguisse sair da pilha de baboseiras das cartas ao editor.

Os Gilets Jaunes são uma das manifestações mais espetaculares de exigências feitas à nova autocracia – mas se encaixam com perfeição numa longa história de expressões anteriores de descontentamento sem liderança. A tendência abrange todo o globo, desde o movimento dos Indignados da Espanha ao Occupy Wall Street [Ocupe Wall Street], dos Estados Unidos (parte do mais amplo movimento Occupy), passando pelo descentralizado movimento de massas pela democracia em Hong Kong, os protestos sem liderança que sacudiram Chile, Equador e muitos outros países latino-americanos no final de 2019, e a extraordinária explosão de raiva contra a brutalidade policial que se seguiu ao assassinato de George Floyd, em Minneapolis, em maio de 2020. Cada um desses movimentos resultou de processos de organização espontânea ativados pela internet, processos que ignoram instituições tradicionais de participação política. E cada um deles confundiu e ameaçou a elite política.

Grupos que defendem pontos de vista anteriormente indizíveis tornaram-se grandes *players* do poder em toda a Europa, do Movimento Cinco Estrelas, da Itália, e dos Brexiteers, da Grã-Bretanha, até o Podemos, da extrema-esquerda da Espanha com seu movimento Vox, e o Alternative für Deutschland, da Alemanha. Repetidas vezes, pessoas cujos pontos de vista abominam a opinião da elite se uniram para criar movimentos tão poderosos que o *establishment* se vê compelido a prestar atenção.

As perguntas, no entanto, continuam. Por que, em meio ao mar de opiniões neste novo mundo de acesso ilimitado a todo tipo de opinião, são tantas vezes as opiniões autoritárias que parecem vencer? Por que não o transcendentalismo, digamos, ou o vegetarianismo radical? Por que o novo ecossistema de mídia escolheu as mensagens dos autocratas 3P como vencedores? O que tornou esse tipo de módulo tão devastadoramente eficaz na era da informação? Por quê, em outras palavras, houve tanta gente disposta a ignorar os sinais evidentes de autoritarismo nessas imagens públicas de aspirantes a líderes?

A questão tem seus antecedentes. Os autocratas 3P tornaram-se populares por causa de seu autoritarismo, não apesar dele.

Por Dentro da Mente Autoritária

Para responder a essas perguntas, precisamos de pesquisa. Felizmente, nas melhores universidades, o autoritarismo é um tema quente. Depois de permanecer muito tempo como enseada de águas calmas, o estudo acadêmico do autoritarismo explodiu. As razões nada têm de misteriosas: as tendências documentadas neste livro – e, em particular, a eleição do presidente mais abertamente autoritário dos Estados Unidos em várias gerações – desencadearam uma explosão de estudos, dissertações de doutorado, experimentos, pesquisas e ensaios.

Psicólogos, sociólogos e cientistas políticos organizaram suas pesquisas em torno de algumas percepções iniciais. A primeira é que grandes efetivos de pessoas são receptivas a mensagens autoritárias. Uma linha cada vez mais bem definida de pesquisa científica social sugere que um grande número de pessoas está predisposto a políticas autoritárias. Isso não é a mesma coisa que dizer que as pessoas nascem autoritárias. A predisposição pode muito bem permanecer adormecida a menos que seja ou até que seja acoplada a um ambiente propenso a ativá-la. Grandes efetivos de antigos caçadores-coletores podiam perfeitamente ter uma predisposição para a obesidade, mas sem um fácil acesso a alimentos ricos em gordura e açúcar, poucos teriam se tornado obesos. Do mesmo modo, pessoas predispostas a respaldar autocratas não o farão a não ser que seu ambiente as instigue a seguir nessa direção.

E o que é essa instigação?

Os pesquisadores têm convergido para uma resposta: o gatilho crucial, capaz de ativar predisposições autoritárias, é a percepção de uma *ameaça*.

Ameaça, nesse contexto, deve ser entendida não apenas como ameaça física, embora com certeza a ameaça física seja parte dele. Em geral, os sociólogos encaram o conceito de modo mais amplo para incluir ameaças à ordem moral.

Ainda em 1997, um estudo experimental de Stanley Feldman, da Stony Brook University, constatou que "pessoas que valorizam o conformismo social estão predispostas a ser intolerantes, mas talvez não intolerantes sem a requerida ameaça, seja um grupo particular que é ameaçador ou uma percepção de que a ordem social está em perigo em sentido mais geral".[4]

A percepção de que o mundo ao nosso redor está mudando de um modo que não podemos prever ou controlar vai parecer profundamente ameaçadora para um subconjunto bastante grande de qualquer população. Como Christopher Johnston e sua equipe descobriram em uma pesquisa feita na Duke University, a mudança étnica polariza as pessoas exatamente dessa maneira, com aqueles predispostos a não gostar da incerteza adotando opiniões cada vez mais estridentes contra o *outsider* como resposta à mudança étnica.[5] Quando em confronto com circunstâncias econômicas que são precárias ou deteriorantes, essa predisposição de equiparar mudança com ameaça se torna duas vezes mais poderosa.

Resultados de pesquisa são, como sempre, mistos, mas um estudo, realizado antes das eleições de 2020 nos EUA por uma equipe liderada por Michele Gelfand, da National Science Foundation, deixa ainda mais claro o elo entre percepção de ameaça e padrões de voto autoritário.[6] Foi constatado que quanto mais os eleitores estavam preocupados com ameaças externas, mais intolerantes se tornavam em relação ao diferente e mais se mostravam apoiadores da candidatura de Trump. A preocupação de eleitores dos EUA com ameaças estava fortemente correlacionada ao seu apoio a políticas para apertar o estado de vigilância e controle sobre minorias estigmatizadas, como a monitorização de mesquitas, criando um registro de muçulmanos americanos e deportando imigrantes ilegais.

Esse não é de modo algum um fenômeno exclusivo dos EUA. Pesquisa conduzida por uma equipe liderada por Diana Rieger, da Ludwig-Maximilians University em Munique, na Alemanha, mostra que, num cenário experimental, estudantes alemães eram significativamente mais propensos a serem convencidos pela propaganda de extrema-direita se tivessem sido previamente preparados para se concentrarem em ameaças.[7] Preparar alunos para se sentirem ameaçados também fortalecia sua identificação com a nacionalidade alemã. Isso não significa, é claro, que os estrangeiros sejam uma *verdadeira* ameaça – que quando são percebidos como tal, essa percepção tem consequências políticas. Quer na Alemanha, nos Estados Unidos ou em qualquer outro lugar, despertar a percepção das pessoas acerca de ameaças libera suas predisposições autoritárias com enervante regularidade.

Como Marc Hetherington e Jonathan Weiler argumentam em seu livro *Authoritarianism and Polarization in American Politics*, políticos profissionais e a classe política que comenta sobre eles foram polarizados por algum tempo.[8] Durante muitas décadas, votantes dos EUA costumavam ser relativamente indiferentes à polarização das elites. Como Philip Converse, da Universidade de Michigam, estabeleceu em seu estudo seminal de 1964 sobre a natureza dos sistemas de crença em públicos de massa, a maioria dos americanos no início dos anos 1960 tinha apenas uma visão muito nebulosa do que significava "conservadorismo" ou "liberalismo" e tinha pouca consideração pelas ideologias que animavam a classe política.[9] Essa constatação foi replicada muitas vezes nas décadas que se seguiram. Foi só em décadas recentes que muitos americanos comuns chegaram, de maneira plena, a se identificar em termos ideológicos. Essa mudança pode ser vista com clareza no súbito aumento do número de pessoas que dizem aos pesquisadores que desaprovariam se um filho ou filha se casassem com alguém que vota no outro partido.

Alguns pesquisadores têm concluído que a estagnação econômica está levando um número cada vez maior de americanos a perceber seus ambientes como ameaçadores. Salários estagnados da classe média, crescente desigualdade e um aumento das chamadas mortes por desespero (por overdoses relacionadas à dependência de drogas e suicídio, entre outras causas) estariam, nessa leitura, provocando pessoas em massa a expressar predisposições autoritárias e a se voltar para uma liderança autoritária.

No longo meio século após a Segunda Guerra Mundial, quando os rendimentos da maioria dos americanos estavam aumentando e os padrões de vida da classe média eram estáveis, a predisposição autoritária se manteve dormente e havia limitada demanda para o que os autoritários tinham para vender. Mas quando essas predisposições dormentes foram ativadas, as pessoas começaram a olhar em torno em busca de culpados, de pessoas a quem censurar pelos problemas que estavam enfrentando. E começaram a votar nos líderes que caíssem em cima dos mesmos suspeitos.

Como Yascha Mounk observa em seu livro *The People vs. Democracy*, elites muitas vezes são um culpado ideal, assim como – em muitos casos – imigrantes e membros de grupos étnicos minoritários.[10] Forasteiros de todos os tipos passam a ser percebidos como ameaçadores: na Turquia, o grupo que vem de fora são os curdos; na Hungria, são os refugiados sírios; na Alemanha dos anos 1930 foram os judeus; hoje, nos Estados Unidos, são os mexicanos e os muçulmanos.

Nosso ponto de partida – mas vale a pena repetir, não o nosso destino – é um olhar frio e duro para as reais condições materiais que enfrentam aqueles que têm sede de autocracia. A dissonância de *status* geralmente tem raízes plantadas com firmeza em mudanças econômicas reais. Em grande parte do mundo desenvolvido, as classes têm se distanciado umas das outras, com os ricos se saindo melhor, os muito ricos muito, muito melhor e todo o resto estagnando ou andando para trás. Nos países em desenvolvimento que caem vítimas da autocracia 3P, os dados estão com frequência mais dispersos no terreno, mas podemos discernir dinâmicas semelhantes.

Medidas para avaliar dificuldades crônicas não estão padronizadas, com diferentes organizações e pesquisadores aplicando diferentes definições. Uma dessas abordagens, estabelecida pela United Way, uma instituição de caridade dos Estados Unidos, concentra-se em famílias ALICE (*asset-limited, income-constrained, employed*; com ativos limitados, com restrição de renda, empregadas). Não estamos falando aqui das pessoas mais pobres da sociedade – famílias ALICE, por definição, incluem pessoas que trabalham. Famílias ALICE abrangem uma ampla faixa das classes trabalhadoras e média baixa: prestadores de cuidados infantis, funcionários da indústria de serviços, operadores de *call center* e milhões a mais em trabalhos diários.[11]

A United Way define as famílias ALICE como aquelas que não conseguem pagar o básico (moradia, creche, alimentação, transporte e saúde, impostos) com os salários que recebem. Números de arregalar os olhos de trabalhadores americanos ficaram abaixo desse nível em 2017: 38% das famílias em Connecticut, 41% em Ohio, 44% em Nova York. No geral, nos 15 estados em que a pesquisa foi realizada, 41% das famílias trabalhadoras tinham de economizar no básico. Pesquisa em 2016 sugeriu que, nacionalmente, 34,7 milhões de famílias vivem em tais circunstâncias – o dobro da taxa oficial de pobreza nos EUA.[12]

Outro sinal claro de angústia é o grande número de americanos que agora diz que não seria capaz de cobrir uma despesa inesperada de 400 dólares com dinheiro vivo. Pesquisa do Federal Reserve americano sobre Economia e Tomada de Decisões, conduzida em 2016, mostrava que dois entre cinco americanos adultos teriam de fazer empréstimos ou vender alguma coisa de valor para cobrir tal despesa.[13] Um complemento da pesquisa em 2018 confirmou os resultados. Três em cada cinco adultos em idade de trabalhar dizem que não estão reservando dinheiro suficiente para a aposentadoria. Um quarto diz que não tem qualquer poupança para a aposentadoria. Esses números foram coletados *antes* do início da castastrófica recessão de 2020, induzida pelo coronavírus.

A estagnação das rendas dessas famílias se estende pelas vidas das pessoas de um modo dramático, alterador da vida e, cada vez mais, com sentidos terminais. Nos Estados Unidos, a manifestação mais dramática tem sido o rápido crescimento das mortes por desespero ao longo deste século. Embora às vezes na mente das pessoas igualadas a mortes devidas a overdoses de opiáceos, as mortes por desespero abrangem uma gama muito mais ampla de causas, incluindo alcoolismo, dependência de outras drogas e suicídio. Como mostraram Anne Case e Angus Deaton, da Universidade de Princeton, as taxas de mortalidade resultantes dessas causas cresceram de modo exponencial entre 1998 e 2015, estando a totalidade do aumento entre pessoas menos bem-sucedidas em completar seus níveis de educação, em particular brancos. Nesse grupo, as mortes por desepero mais que dobraram para os homens nesses dezessete anos e quase quintuplicaram entre mulheres. "Em última análise, vemos nossa história girando em torno do colapso da classe trabalhadora branca, que concluiu a educação secundária, após seu apogeu no início dos anos 1970, e as patologias que acompanharam esse declínio", Case e Deaton concluíram.[14]

O suicídio talvez desempenhe um papel subestimado no aumento da mortalidade, com a taxa de suicídio nos Estados Unidos crescendo em um terço redondo entre 1999 e 2017, chegando a 47 mil mortes por ano. As mortes por overdoses de drogas também vinham aumentando gradualmente até 2015, quando saltaram para chocantes 16% em um único ano. Mas o maior contribuinte para o aumento das mortes por desespero é o álcool. As mortes relacionadas com a bebida cresceram cerca de um terço entre 1999 e 2014. Ao todo, cerca de 88 mil americanos morreram por razões relacionadas ao álcool em 2017, superando os 70 mil que morreram por overdose de opiáceos.

Pesquisa bastante semelhante foi conduzida no Reino Unido, Austrália e Canadá. As pessoas não estão apenas imaginando coisas. Dificuldades econômicas são uma realidade para amplas faixas da baixa classe média em todo o mundo desenvolvido. Os rendimentos da classe média estagnaram mesmo durante fases de aumento da produtividade e, embora as transferências em políticas fiscais e de renda tenham atenuado o impacto, ele não pode ser negado. Pessoas da classe trabalhadora e da baixa classe média em todo o mundo desenvolvido têm perdido confiança em sua capacidade de atingir o padrão de vida que os pais desfrutaram durante o apogeu do *boom* do pós-guerra. Sentem que seu lugar na ordem moral está ameaçado porque seu lugar na ordem econômica está ameaçado.

E não se trata apenas de um fenômeno do Ocidente abastado. Onde quer que o poder 3P se estabeleça, o padrão de desarticulação econômica e social que o precede é semelhante. Na Rússia, Vladimir Putin ganhou destaque após a convulsão de toda a sociedade provocada pelo colapso da União Soviética, quando os preços subiam com rapidez, os padrões de vida estavam em queda livre e havia um sentimento generalizado de que a "economia moral" da comunidade estava sob ataque. Na Hungria, Polônia e República Tcheca, os padrões de vida não entraram em colapso, mas o alarme sobre um influxo de estrangeiros desconhecidos misturou-se com uma poderosa nostalgia pela era perdida do "socialismo da salsicha" (você pode não ser livre, mas com certeza haverá salsicha no seu jantar) para gerar um poderoso sentimento de que já não se podia contar com as certezas do passado.

Na Venezuela, cinco décadas de recordes de crescimento econômico e o crescimento da classe média da década de 1920 à década de 1970 deram lugar a duas décadas de estagnação econômica nos anos 1980 e 1990, o que paralisou a mobilidade social, criando um sentimento generalizado de que o contrato social entre governantes e governados havia sido rompido. Nas Filipinas e no Brasil, a desaceleração do crescimento da renda juntamente com percepções de uma onda de crimes fora de controle criou um desejo agudo de previsibilidade, expresso na eleição de dois dos líderes mais abertamente autoritários do mundo de hoje.

Contudo, a ascensão da política autoritária e os tipos de movimentos marginais que a internet empodera não são apenas consequência mecânica da ansiedade econômica. O fator mediador é o medo que a ordem moral da sociedade esteja sob ameaça. Como as pessoas que são relativamente abertas a novas experiências têm se aglutinado em coalizões de centro-esquerda, enquanto o temeroso de ameaças se identifica em grande parte com a direita, a ascensão da insegurança econômica se traduziu num apoio ao autoritarismo muito mais à direita que no centro-esquerda. Nesse contexto, o cinismo sobre a capacidade do Estado de bem-estar para amortecer os golpes da transformação econômica se tranforma em uma espécie de niilismo político: "Se o Estado não vai me ajudar", é o que muita gente sente, "que não ajude ninguém".

Volta da Vitória de Samuel Huntington

Para as legiões de admiradores de Samuel Huntington, há no ar um cheiro inconfundível de *déjà vu*. A tese sobre o potencial revolucionário das expectativas frustradas, que ele resgatou de Tocqueville, permanece tão relevante hoje como era uma geração atrás. A demanda por autocracia é alimentada por uma sensação de vulnerabilidade e de ameaça em todo o mundo em rápida desindustrialização do Ocidente, bem como pela frustração no Sul global com a lentidão em que os padrões de vida estão subindo (e, em alguns casos, declinando). Os dois fenômenos equivalem ao mesmo problema: dissonância de *status* como um fenômeno global.

Enquanto isso, novas tecnologias e cenários de mídia criam oportunidades para pessoas que se sentem ameaçadas formarem comunidades centradas em ideias que, uma geração atrás, sequer teriam recebido uma divulgação pública. À medida que explodem os canais de comunicação, que o jornalismo cidadão se torna comum e as opiniões podem ser compartilhadas com milhões, os guardiões da opinião educada do passado não têm mais o poder de manter visões autoritárias fora de circulação. Neste bravo mundo novo, mensagens autoritárias têm pouca dificuldade de encontrar o caminho dos ouvidos preparados para aceitá-las. Recompensas eleitorais se amontoam sobre líderes dispostos a sinalizar que são diferentes por abater as vacas sagradas ideológicas de ontem. O círculo se fecha quando um suprimento contínuo de liderança autocrática atende a uma demanda crescente por ela.

Os líderes 3P encontram seus campos de caça ideais nessa mistura específica de desarticulação econômica e empoderamento tecnológico postos contra o pano de fundo de um sentimento generalizado de ameaça. Todos os ingredientes do ensopadinho de Huntington estão aí – mesmo que numa encarnação moderna que seria difícil imaginar com sua perspectiva da década de 1960.

Ao que parece, é de fato diabolicamente difícil manter a ordem política nas sociedades em mudança. Isso é tão verdadeiro hoje quanto há 50 anos. A diferença é que hoje o ritmo de mudança é incomparavelmente mais rápido.

PARTE II

UM MUNDO TORNADO SEGURO PARA A AUTOCRACIA

5 PODER CORPORATIVO: PERMANENTE OU EFÊMERO?

Em poucas áreas da vida, o cabo de guerra entre as forças que difundem o poder e aquelas que o concentram é tão nitidamente reconhecível quanto no mundo empresarial. Novas e maciças pressões competitivas existem ao lado da rápida concentração de poder. Como podem essas duas coisas existir ao mesmo tempo?

Como documentou o economista francês Thomas Philippon, o crescente domínio do mercado por algumas empresas de primeira linha é um traço característico de uma vasta faixa de indústrias manufatureiras, firmas de prestação de serviço e até mesmo empresas agrícolas.[1] A forte concentração empresarial andou de mãos dadas com a crescente concentração de riqueza no topo da distribuição de renda. A epidemia do coronavírus só aprofundou essas tendências. Segundo o Bloomberg Economics, as 50 maiores empresas do mundo por valor agregado adicionaram impressionantes US$ 4,5 trilhões à sua capitalização no mercado de ações ao longo de 2020, elevando seu valor combinado para cerca de 28% do produto interno bruto global. Há três décadas o valor equivalente era inferior a 5%.[2]

Paradoxalmente, no entanto, essas tendências para a concentração coexistem com muito maior disputa em muitos mercados. Numa indústria atrás da outra, a revolução da TI pareceria ter reduzido de modo drástico as barreiras para a entrada em muitas dessas indústrias altamente concentradas. Não era, afinal, a internet que se supunha ser a cura para a concentração de poder empresarial e político? Não era esse o sonho dos anos 1990 e mesmo ainda na época mais recente da Primavera Árabe? Como esse mundo tão espantoso de forças centrífugas se viu superado por outro, mais furtivo, de forças centrípetas? E como a concentração crescente nos mercados se encaixa com as tendências que aceleram a autocracia 3P no domínio político?

Jackson Hole* Contra os Gigantes da Tecnologia

Nas duas primeiras décadas do século XXI, os maiores gigantes tecnológicos – Facebook, Apple, Amazon, Microsoft e Google – continuaram aumentando seu poder sobre os mercados que dominavam. Ao longo de várias décadas, a farra das aquisições os deixou no controle de *start-ups* nos primeiros estágios e não tão primeiros assim, permitindo-lhes entrar com rapidez em novos segmentos de mercado ou extinguir competidores potenciais antes que eles pudessem se tornar sérios concorrentes. Essas empresas geram rendas imensas e apresentam lucros que fazem com que seus fundadores e altos executivos passem a figurar entre as pessoas mais ricas do mundo.

Grande escala das grandes empresas de tecnologia, enormes reservas de capital, marcas atraentes, tecnologias exclusivas e produtos e serviços cobiçados criam barreiras extremamente altas à entrada de novos concorrentes. O poder que essas cinco companhias exercem nos diversos negócios de que participam, sua propensão à inovação e à influência política que seu dinheiro compra, tudo isso torna fácil presumir que seu domínio seja permanente. Porém, isso seria um erro. É uma visão em desacordo com as lições da história, as dinâmicas de competição e as mudanças de poder que testemunhamos nas últimas três décadas.

---

* Jackson é uma cidadezinha do condado de Teton, que fica no estado americano do Wyoming. Está encravada no vale conhecido como Jackson Hole, nome pelo qual é frequentemente chamada. (N. do T.)

A realidade é mais complexa. É verdade que os titãs da tecnologia de hoje reuniram uma escala alucinante com uma nova forma de poder corporativo. É *também* verdadeiro que é improvável que esse poder perdure em sua forma atual e extrema, visto que os governos estão começando a tentar refrear as gigantescas empresas de tecnologia. Neste capítulo, fazemos um balanço de ambas as realidades, pesquisando a escala maciça, o poder dos gigantes da tecnologia e depois explicando por que esse poder enorme se provará difícil de ser sustentado.

É uma das persistentes ironias de nosso tempo que os teóricos da conspiração, quando saem à procura das sombrias confabulações em que o futuro do mundo é decidido, nunca parem para refletir sobre o Simpósio Econômico de Jackson Hole. Talvez o paranoico tenha dispensado essa reunião por ela não ter nada de secreta; tem, ao contrário, registro oficial. Ou, mais provavelmente, o fato de o assunto em Jackson Hole parecer, à primeira vista, tão esotérico e especializado em termos acadêmicos faz com que a variedade-padrão dos teóricos da conspiração não seja capaz de entendê-lo muito bem. Mas não se engane: se saímos à procura de um lugar onde um segmento exclusivo da elite global se encontra todo ano para ajudar a criar o futuro da humanidade, dificilmente poderíamos fazer melhor do que dar uma passada em Jackson Hole. Lá, à sombra do deslumbrante Grand Tetons[*] do Wyoming, os mais poderosos executivos de bancos centrais do mundo e economistas de primeiro time se reúnem para discutir ideias e propostas que mexem com a vida de bilhões de pessoas.

Organizado pelo Federal Reserve Bank de Kansas City, EUA, o encontro de Jackson Hole permite que uma minúscula elite de macroeconomistas acadêmicos e ministros das finanças se enturmem com os guardiões das principais moedas do mundo enquanto refletem sobre as políticas que influenciam os custos de tomar dinheiro emprestado, as taxas de câmbio entre as moedas, os mercados de ações e de títulos, além de outros preços e instituições cruciais. Se você for como a maioria das pessoas, podemos apostar que nunca ouviu o nome de ninguém que ali se

---

[*] Parque nacional com florestas, trilhas para caminhadas, áreas de esqui (consideradas as melhores da América do Norte) e o rio Snake. (N. do T.)

reúne. É, no entanto, quase uma certeza que as discussões que têm lugar em Jackson Hole tenham moldado decisões que afetaram sua renda, sua hipoteca e pagamentos do cartão de crédito, bem como os custos de férias no exterior, seu plano de aposentadoria, sua conta de supermercado e muitas outras coisas.

Em Jackson Hole, o assunto é sempre o mesmo: não só economia mas, com maior precisão, macroeconomia. É o mundo da grande escala, das forças que afetam toda a economia: taxas de crescimento, inflação, desemprego, déficits orçamentários, oferta monetária, comércio internacional, fluxos de dinheiro e outras importantes variáveis econômicas com que os banqueiros centrais se preocupam. Tradicionalmente, isso tem sido estudado separadamente da *micro*economia, que analisa como firmas e indivíduos tomam decisões.

Desde 1936, quando John Maynard Keynes publicou sua seminal *A Teoria Geral do Emprego, dos Juros e da Moeda*, uma espécie de parede intelectual invisível separou essas duas metades da profissão econômica.[3] Os bancos centrais e ministros da economia ou da fazenda sentiram-se, em sua maioria, acima das preocupações da microeconomia. O que esta ou aquela empresa faz poderia ser de interesse ou preocupar a própria firma, é claro, mas dificilmente poderia afetar a economia como um todo. Ou... será que poderia?

Em 2018, um terremoto tecnocrático silencioso abalou o mundo rarefeito do Simpósio de Jackson Hole: o muro macro/micro foi quebrado, não uma mas duas vezes. A primeira quebra veio sob a forma de um documento apresentado para a consideração da conferência e argumentando que empresas como a Amazon ficaram tão grandes e tão poderosas que suas decisões haviam passado a ter efeitos macroeconômicos mensuráveis. Era o tipo de heresia que normalmente leva um estudante no primeiro ano de economia a conseguir uma baixa avaliação na conclusão do período; todos sabem que firmas individuais não aparecem em debates macroeconômicos. No entanto, lá estava uma tal heresia entregue para discussão em Jackson Hole.

Como muitas vezes acontece nesses cenários tão especializados, o ponto central do artigo era tecnica e aparentemente arcano. Escrito por

Alberto Cavallo, da Harvard Business School, o texto começava citando a afirmativa cada vez mais comum de que os preços nas economias avançadas estavam subindo com rapidez menor do que os modelos macroeconômicos padrão teriam previsto. Observando que as restrições de dados tornam esse ponto difícil de provar, Cavallo disse que poderia, no entanto, demonstrar outra manifestação do que chamou o "Efeito Amazon".[4] O texto, então, apresentava uma pesquisa mostrando que as decisões de preços tomadas pelas empresas *estão* sendo alteradas pelo comércio *on-line* do tipo que a Amazon domina. Por exemplo, a tecnologia da Amazon permite que ela ajuste os preços de milhões de produtos ao longo do dia em resposta a alguma força fora de seu controle: mudanças na oferta, na demanda, nos preços das moedas e assim por diante. E o poder da Amazon é tão vasto agora que os concorrentes não podem mais se dar ao luxo de se atrasarem no ajuste de suas próprias decisões de preços em resposta às decisões tomadas pela gigante da tecnologia. Os dados de Cavallo mostravam que os preços tanto *on-line* quanto *off-line* tinham começado a flutuar com mais frequência em resposta a mudanças desse tipo. Ele também sustentou que, no mundo *off-line*, os preços mostravam uma tendência crescente a convergir em diferentes locais – isto é, os preços tendiam a ser mais ou menos semelhantes, independentemente de onde a transação tivesse ocorrido. São esses precisamente o tipo de mudanças que se esperaria se os concorrentes fossem cada vez mais forçados a seguir a liderança da Amazon na fixação de preços.

A noção de que os preços podiam ser tão sensíveis a choques econômicos repentinos (por exemplo, mudanças diárias nas taxas de câmbio aumentariam os preços de maneira instantânea, de um modo que nunca tinha sido possível antes) era uma novidade. E, como Cavallo mostrou, isso já não era mera teoria ou possibilidade: tinha se tornado uma realidade mensurável. Estratégias de preços da Amazon e seu poder de mercado estavam aumentando a volatilidade dos preços.

Assim, não só o muro, há muito tempo sagrado, entre macroeconomia e microeconomia foi violado, mas, ainda mais importante, as iniciativas de uma única empresa, a Amazon, foram citadas para explicar efeitos sentidos em toda uma economia. Nada menos que num fórum como o Simpósio

Econômico Jackson Hole, o mais poderoso do mundo, formuladores de políticas econômicas foram apresentados à evidência de que as práticas de negócios da Amazon tinham agora consequências macroeconômicas.

O artigo de Cavallo de 2018 foi a última rajada em um debate acalorado entre os especialistas sobre as implicações políticas do poder descomunal dos gigantes da tecnologia. Outros pesquisadores já estavam ocupados documentando o modo como práticas da Amazon podem estar espremendo as margens de outros varejistas, depreciando os salários de trabalhadores das áreas de produção e logística, e restringindo a competição em uma variedade de mercados.

Então, na sessão de 24 de agosto de 2018, ocorrida no formidável Jackson Lake Lodge, o muro macro/micro foi quebrado *de novo*, dessa vez por Alan B. Krueger, da Princeton University, um profissional respeitado e experiente que, como presidente do Conselho de Assessores Econômicos da Casa Branca de 2011 a 2013, tinha atuado como o economista de mais alto escalão da área executiva. Durante o almoço, Krueger mostrou que, nos Estados Unidos, o crescimento anual dos salários estava ficando defasado em 1 a 1,5% ao ano, atrás do que os modelos-padrão dos economistas poderiam sugerir. A razão, argumentou Krueger, é que os mercados de trabalho se tornaram menos competitivos porque empresas grandes e muito famosas dominavam cada vez mais as condições de contratação em qualquer mercado.[5]

A acusação foi muito além dos gigantes da tecnologia: como veremos, há uma clara evidência de crescente concentração em muitas indústrias, em particular nos Estados Unidos. Krueger argumentou que o conluio entre o número cada vez menor de empregadores dominantes em qualquer mercado poderia explicar por que os salários estavam subindo mais devagar do que deveriam. Ele destacou que práticas de emprego anticompetitivas haviam se tornado comuns em grandes companhias. Cláusulas não competitivas, por exemplo, haviam passado de raridades a procedimento-padrão em grande parte do mercado de trabalho dos Estados Unidos, a ponto de agora se esperar que mesmo os sanduicheiros da cadeia Jimmy John's, de *fast-food*, que ganhavam o salário mínimo, abrissem mão, durante dois anos, do direito de trabalhar para um concorrente após deixar a companhia.

Naquele ano, as manchetes sobre Jackson Hole foram dominadas por conversas sobre a ideia inovadora de que o comportamento de uma única empresa poderia ter consequências macroeconômicas, e não apenas em termos de concorrência, salários ou condições de trabalho. Agora os teóricos da economia tinham de ajustar suas suposições tradicionais ao fato de que algumas corporações ficaram tão grandes que seu comportamento poderia abalar um mercado meramente *anunciando* que planejavam entrar nesse mercado. Por exemplo, em 2017, no dia em que a Amazon anunciou sua intenção de entrar no varejo de supermercado adquirindo por US$ 13,7 bilhões a rede Whole Foods, no nicho da alimentação natural, a capitalização de mercado do restante do negócio de supermercados nos EUA caiu 32 bilhões de dólares.[6] A apreensão sobre o domínio da Amazon é profunda e ampla, não só entre concorrentes, tanto reais quanto potenciais, mas também entre estrategistas econômicos, trabalhadores e analistas de todas as tendências políticas.

Há, no entanto, um pecado corporativo que não pode ser atribuído à Amazon: a especulação com os preços. Apesar de toda a sua imensa escala e poder, é difícil acusar seriamente a Amazon de explorar os consumidores. De fato, é justamente o contrário. Durante grande parte de sua história, a empresa tem sido extremamente agressiva na busca de preços mais baixos para seus clientes. Com efeito, como vimos, alguns economistas acreditam que suas estratégias de preços estão contendo a inflação. Travando uma barganha feroz e febril com fornecedores e comerciantes, a Amazon parece confortável cobrando pouco e comprometendo suas margens de lucro em muitas de suas vendas no varejo. Os lucros que alcança são em grande parte reinvestidos na empresa para expandir os negócios existentes, adquirir outras companhias e desenvolver ambiciosos programas de pesquisa e desenvolvimento em tudo que vai da robótica à inteligência artificial. Sejam quais forem os males de que a Amazon possa ser culpada, cobrar caro dos consumidores não é um deles.

E essa postura, ao que parece, tem importantes consequências jurídicas. Para toda uma geração de pensadores do direito que se concentraram em como conter o comportamento anticoncorrencial das firmas, os preços tinham sido a variável crucial para avaliar se empresas que deviam estar competindo estavam conchavando ou se estavam erguendo barreiras que inibiam a entrada de novos concorrentes. Foi por isso que, em seguida à publicação, em 1979, do influente *The Antitrust Paradox*, de Robert Bork, a aplicação concreta das leis antitruste nos Estados Unidos – e consequentemente em grande parte do mundo – tinha se tornado cada vez mais dominada por questões sobre preços.[7]

Bork, seguindo a libertária Escola de Economia de Chicago, argumentou que o único mecanismo mediante o qual o monopólio poderia prejudicar a sociedade era permitir que o monopolista aumentasse os preços além de seu nível normal. Em uma situação normal, ele sustentou, isso não poderia acontecer porque um concorrente apareceria de imediato para competir com o preço alto do monopolista. Assim, o procedimento antitruste seria em geral desnecessário. Somente nas (raras) circunstâncias em que um concorrente não pudesse ou não quisesse desafiar as empresas dominantes em um determinado mercado devia o governo federal interferir. Se advogados do governo pudessem rigorosamente demonstrar que um monopolista estava abusando de seu poder de mercado para manipular os preços junto a seus consumidores, então – e *só* então – se justificaria que os tribunais interviessem e tomassem medidas corretivas.

A interpretação de Bork tornou-se a principal doutrina antitruste durante a era Thatcher-Reagan das reformas de livre mercado nos anos 1980 e 1990. O fato é que Bork estava certo em sua expectativa de que não seria fácil para os reguladores cumprir o padrão que ele estava estabelecendo. Como os casos de execução antitruste se tornavam cada vez mais focados em modelos econômicos arcanos ao tentar determinar os efeitos exercidos por uma firma sobre os preços de um determinado mercado, advogados do governo raramente conseguiam desbravar os elevados padrões estabelecidos pela doutrina de Bork. Menos fusões foram bloqueadas, multas e ações antitruste aplicadas pela justiça tornaram-se muito mais raras, nos Estados Unidos houve consolidação e concentração de negócios, e o mandado radical de separação de firmas ordenado pela justiça foi confinado aos livros de história. No geral, teve lugar uma grande mudança de poder, que envolveu de consumidores, trabalhadores e sindicatos a empresas.

Muitas companhias, é claro, saudaram a interpretação que Bork dava em 1979 à doutrina antitruste. Se o problema com o poder do monopólio é reduzido a uma questão de manipulação de preços, empresas digitais famosas por cortes agressivos de custos jamais poderiam ter qualquer tipo de culpa. Seu crescente domínio dos velhos e novos mercados em que operam poderiam irritar os críticos por motivos culturais ou estéticos mas, em termos legais, os gigantes estariam limpos. Um crítico chegou inclusive a levantar a hipótese de que "[o fundador da Amazon, Jeff] Bezos mapeou o crescimento da empresa desenhando primeiro um mapa das leis antitruste e, em seguida, traçando rotas para contorná-las de maneira suave".[8] Garantir que a empresa nunca fizesse o preço do que fornecia alcançar níveis que pudessem deixar Bork irritado foi uma exigência estratégica fácil de ser adotada por firmas baseadas na internet, que tratavam os preços de maneira muito diferente que os monopólios de tempos passados.

Além disso, os gigantes da tecnologia se sentiram tão à vontade em suas práticas competitivas que inicialmente não pareceram muito preocupados com mudanças no humor do público sobre seu comportamento e seu modelo de negócios. Pareciam ignorar que as atitudes do público com relação à maneira como eles tratavam a privacidade de seus usuários, por exemplo, estavam mudando, e que tais mudanças no sentimento público inevitavelmente criariam exigências políticas por regulamentação e controles do governo. Logo eles iriam descobrir que não adianta seguir a letra da lei se suas práticas de negócio já ultrapassaram de tal maneira os limites que a sociedade não pode mais tolerá-las.

"O Facebook é Grande Demais para a Democracia", dizia um subtítulo do *New York Times* alguns meses antes das eleições de 2020 nos Estados Unidos.[9] Em algum momento, se as práticas dos gigantes da tecnologia passarem a ser vistas como francamente abusivas, a sociedade tomará medidas para cerceá-las. A necessidade de um mínimo de legitimidade social é uma das mais poderosas forças centrífugas que operam no mundo dos negócios.

Talvez o fato mais revelador sobre o enorme poder de mercado acumulado pelas empresas tech é que, em muitos casos, *elas eliminaram o preço como o principal determinante de uma transação comercial*. Facebook, Google, Twitter, Instagram e outros ofereceram aos clientes um escambo digital em que o preço da transação desaparecia. "Você me deixa saber sobre você e vou deixá-lo usar meus serviços de graça" era o discurso tácito feito pelas empresas de tecnologia que trocavam seus bens e serviços pelos dados pessoais dos clientes. Outro aforismo, usado com frequência para descrever essa nova relação entre vendedor e comprador, postula que "se você não está pagando pelo produto, *você* é o produto".

O preço, é claro, de fato não desapareceu; a transação não era grátis. Na realidade, o preço não é mais expresso como um determinado número de unidades de uma moeda reconhecível, visível. Agora o preço é expresso como um opaco, com frequência invisível ou mesmo incognoscível volume de informações sobre os traços pessoais e o comportamento do cliente, incluindo dados sobre outros em seu mundo – família, amigos, amigos de amigos, colegas, comunidade e todos com quem ele interage. Os dados, processados e refinados, são então vendidos para anunciantes pelas empresas capazes de coletá-los. Esse escambo digital é profundamente assimétrico – vendedores com Facebook, Instagram e outros conhecem o valor de revenda (para anunciantes, por exemplo) dos dados pessoais que estão coletando dos clientes, enquanto estes não fazem ideia do verdadeiro valor da transação. Esse comércio desigual criou algumas das maiores e mais lucrativas empresas da história.

A fonte do poder dos gigantes da tecnologia, em outras palavras, continua sendo opaco – oculto no obscuro fraseado de um documento chamado "termos de uso", que ninguém lê mas que lhes permite coletar *insights* primorosamente refinados sobre as atividades *on-line* de milhões de clientes. Aqui há um tipo de comportamento furtivo em ação, que não é menos real pelo fato de não ser político.

Contudo, enquanto as forças que concentram o poder corporativo estão em ação, aquelas que o dispersam também estão ativas. Como já comentamos, o modelo de negócio que confia nesse escambo digital está cada vez mais aberto ao questionamento. É seguro supor que os caminhos anárquicos, desregulados, opacos e, em alguns casos, abusivos e anticoncorrenciais do início da internet comercial possam não existir por muito mais tempo.

Como vimos, a influência maligna da inteligência artificial, da mídia social e de outras tecnologias da informação está distorcendo o processo político de nações nas quais a democracia ainda está viva. Mas também já está criando uma consciência popular do problema e despertando exigências para restringir os excessos agora comuns. E o impulso para regulamentos novos e mais rigorosos, embora ainda incipientes, já estão em andamento. Desde 2020, a UE estava avaliando regulamentações que permitiriam excluir inteiramente grandes empresas tecnológicas do mercado comum europeu.[10] Além disso, Bruxelas estava analisando um sistema de classificação que permitiria a avaliação pública do comportamento das empresas com relação ao pagamento da dívida fiscal ou à rapidez com que retiram conteúdo ilegal. Funcionários europeus estavam até mesmo explorando a possibilidade de adotar uma legislação que forçasse as Grandes Techs a desmembrar certas empresas se quisessem continuar a operar na Europa. Nos Estados Unidos, o Departamento de Justiça processou o Google com base no que é considerado o poder de mercado da companhia sobre as pesquisas na internet – que, como sabemos, não são realmente livres para os usuários.

Talvez o maior golpe no sentido da dispersão do poder das gigantes da tecnologia aplicado até agora tenha vindo na forma de um relatório emitido pela comissão antitruste da Câmara de Representantes dos EUA em outubro de 2020.[11] O relatório de 449 páginas foi o resultado de 16 meses de investigação sobre as práticas das grande companhias tecnológicas e não mediu palavras ao descrever o que havia encontrado:

> Para simplificar, empresas que antes eram *startups* desorganizadas e completamente desfavorecidas que desafiavam o *status quo* tornaram-se o tipo de monopólio que vimos pela última vez na era dos barões do petróleo e dos magnatas das estradas de ferro. Embora essas firmas tenham sem dúvida trazido benefícios para a sociedade, o domínio da Amazon, Apple, Facebook e Google nos cobrou um preço. Essas empresas normalmente administram o mercado enquanto também competem nele – uma posição que

lhes permite criar um conjunto de regras para outros, enquanto jogam por um terceiro ou se envolvem em uma forma de sua própria quase regulação privada que não presta contas a ninguém a não ser a elas mesmas.

O comitê fez três recomendações amplas: primeira, capacitar e destinar mais recursos aos encarregados de fazer cumprir as regras antitruste existentes; segunda, reformar as leis existentes para dar ao governo federal mais ferramentas para identificar e combater práticas anticompetitivas; e terceira, revisar todo o quadro legal antitruste para deixá-lo atualizado com as novas realidades da era digital.

Google, Amazon, Apple, Facebook e Microsoft discordaram fortemente e liberaram recursos substanciais para bloquear iniciativas destinadas a restringir seu poder. Esse choque entre as tendências que promovem a diluição do poder corporativo e as que impulsionam sua concentração estará conosco durante décadas. Embora o resultado final de tal choque seja incerto, é seguro esperar que o poder desenfreado desfrutado por grandes empresas de tecnologia desde seus primórdios seja mais restringido no futuro.

Como é natural, nos relatos da imprensa, o crédito pelo relatório da comissão da Câmara de Representantes dos EUA foi para os políticos que oficialmente o produziram. Mas no pequeno mundo da tecnologia antitruste, o principal nome associado ao relatório pertencia não a um político, mas a uma advogada insolitamente jovem que havia trabalhado com a comissão. Não era a primeira vez que ela havia derrubado o mundo da tecnologia antitruste; era a segunda.

Conheça Lina Khan, uma Improvável Trustbuster*

Para quem a conhece, Lina Khan é uma revolucionária fora do comum. Essa advogada discreta, estudiosa e sem ar imponente nasceu em Londres, filha de paquistaneses, e aos 11 anos imigrou com a família para os Estados

---

* Funcionária federal que trabalha pela rigorosa aplicação das leis antitruste. (N. do T.)

Unidos. Ela não demoraria a revelar uma notável aptidão acadêmica e, em 2017, estudante de direito com 27 anos de idade, causou uma comoção ao publicar um artigo perturbador na *Yale Law Review* questionando a utilidade da doutrina antitruste de Bork. Intitulou o artigo de "Paradoxo Antitruste da Amazon", em uma piscadela maliciosa para o livro clássico de Bork escrito em 1979.[12]

Khan se descreve como tendo sempre se deixado fascinar pelo modo como as grandes corporações exercem o poder na sociedade americana. Seu interesse pelo poder corporativo cresceu durante a crise financeira de 2008. Um trilhão de dólares em resgates bancários, ao lado do despejo em massa de devedores de baixa renda que viram seu escasso patrimônio destruído pela crise, aguçara seu foco e dera mais urgência às questões que ela estava pesquisando. Khan, no entanto, reservou a maior parte de seu poder de fogo analítico não para os banqueiros, mas para a companhia que, em sua opinião, tinha feito mais que qualquer outra para acumular poder: Amazon.

O "Paradoxo Antitruste da Amazon" foi um ataque desenvolvido com lucidez contra os pilares da lei antitruste, despertando o campo de décadas de um torpor borkiano politicamente instrumentado e transformando-o em uma das áreas mais dinâmicas do direito nos EUA. Khan apresentava em seu texto uma nova justificativa para uma ação antitruste, com o objetivo de trazer essa velha doutrina para a era da internet. Argumentava que a maquinaria intelectual da moldura antitruste de Bork falha em capturar a maneira como o poder de mercado é praticado na era da internet. Na velha estrutura, os advogados do governo começam definindo os contornos de um mercado singular, específico, e depois recorrem a sofisticadas técnicas estatísticas para quantificar o efeito dominante do *player* sobre os preços nesse mercado. Mas a Amazon não opera em um mercado único; expandiu-se para cobrir uma enorme variedade de produtos e mercados de serviços. E muitas vezes seus preços baixos refletem outros benefícios invisíveis que a empresa deriva de obter informação valiosa e negociável de seus clientes. No comércio eletrônico, o preço como conceito é muito mais difícil de definir do que nos mercados *off-line*.

Khan sustentou que as maneiras drasticamente diferentes com as quais a Amazon opera tornam a estrutura borkiana não exatamente errada, mas discutível:

> Além de varejista, [Amazon] é uma plataforma de marketing, uma rede de entrega e logística, um serviço de pagamento, um fornecedor de crédito, uma casa de leilões, uma grande editora de livros, uma produtora de televisão e filmes, um *designer* de moda, um fabricante de *hardware* e um provedor-líder de espaço de servidor em nuvem [e de poder de computação]... Em geral, a Amazon se expandiu para essas áreas adquirindo firmas existentes. O envolvimento em múltiplas linhas de negócios relacionadas entre si significa que, em muitos casos, os rivais da Amazon também são seus clientes. Os varejistas que competem com ela para vender mercadorias também podem usar seus serviços de entrega, por exemplo, e as empresas de mídia que competem com ela para produzir ou comercializar conteúdo também podem usar sua plataforma ou infraestrutura em nuvem. Em um nível básico, esse arranjo cria conflitos de interesse, dado que a Amazon está posicionada para favorecer seus próprios produtos, não os de seus concorrentes.

Na narrativa de Khan, a onipresença da Amazon permite que ela exerça poder de mercado sem especulação de preços. Na realidade, ela explora múltiplas vantagens ao canalizar os clientes para suas ofertas preferidas de um modo menos óbvio, mas não menos poderoso. Em suma, a Amazon, é tão poderosa que pode prejudicar os interesses dos consumidores (em inovação, por exemplo, em termos de privacidade ou num mercado livre de marketing) sem precisar meter a mão em seus bolsos.

A chave para entender como isso pode acontecer, Khan escreveu, é entender que a Amazon embaça o que costumava ser uma distinção clara entre o fornecedor de um bem ou serviço e a *infraestrutura* para o fornecimento de um bem ou serviço.

No mundo *off-line*, essa distinção tem sido bastante clara: uma empresa de transporte rodoviário pode prestar serviços de frete, por exemplo, usando estradas e outros dispositivos públicos. Essa infraestrutura será "neutra" entre diferentes empresas de transporte rodoviário, já que todas podem utilizar a infraestrutura em pé de igualdade. Essa distinção não é tão clara *on-line*, pois grande parte da infraestrutura de comércio está efetivamente em mãos privadas. Para Khan, a posição da Amazon é semelhante à que aconteceria se uma única empresa de caminhões adquirisse o sistema rodoviário interestadual, permitindo-lhe reservar certas faixas de rolamento apenas para seus próprios caminhões. Tal empresa não precisaria aumentar o preço aos consumidores para explorar de modo injusto sua posição dominante: poderia oferecer tanto tarifas de frete mais baratas quanto um serviço mais rápido simplesmente explorando seu duplo papel de provedora de serviços e proprietária da infraestrutura. O arranjo teria consequências brutalmente anticompetitivas. Conglomerados diversificados e corporações verticalmente integradas sempre foram um problema para os advogados antitruste, já que as atividades dessas firmas em múltiplos mercados podem resultar em práticas de mercado que sufocam a concorrência. Não há dúvida de que a consolidação e diversificação da gigante da tecnologia são significativamente mais desafiadoras para as autoridades antitruste.

O mais crucial, escreveu Khan, é que a Amazon não criou sua infraestrutura por acaso. Na realidade, tornar-se um elemento fundamental da infraestrutura do comércio eletrônico foi incorporado desde o início em sua visão empresarial. Como ela mesma colocou:

> A Amazon não apenas integrou linhas de negócios selecionadas, mas também emergiu como infraestrutura central para a economia da internet. Os relatórios sugerem que isso fazia parte da visão de Bezos desde o início. Segundo os primeiros funcionários da Amazon, quando o CEO fundou o negócio, "seus objetivos subjacentes não eram criar uma livraria ou um varejista *on-line*, mas sim um 'serviço' que se tornaria essencial para o comércio". Em outras palavras, o cliente-alvo de Bezos não era apenas o consumidor final, mas também outros negócios.

Khan apresentou uma série de exemplos para mostrar como a Amazon pode usar seus traços de infraestrutura para estabelecer uma predominância e depois usar essa predominância para se beneficiar em diferentes linhas de negócios, muitas vezes com efeitos anticompetitivos. Ela mostrou, por exemplo, como a Amazon usou preços predatórios, abaixo do custo, para dominar o mercado de e-books e depois alavancou esse domínio para extrair ingressos extras de editores tradicionais, devastando suas margens de lucro e limitando sua capacidade de tentar a sorte em arriscados contratos de livros.

Essa dinâmica perversa foi agravada pelo fato de que a Amazon é também uma grande editora de livros por direito próprio, o que significa que, ao criar novas regras para as editoras venderem e-books em sua plataforma, estava efetivamente criando para seus concorrentes regras que ela mesma não teria de seguir. É como se a firma de transporte rodoviário do exemplo acima, dona da rodovia interestadual, estabelecesse um limite de velocidade de 65 km para os caminhões dos concorrentes, enquanto permitia que seus próprios caminhões rodassem a 120 por hora.

A análise penetrante de Khan levou-a ao superestrelato legal antes mesmo que tivesse passado nos exames da Ordem. De repente, em alta demanda pelo mundo afora, ela se viu prestando consultoria a governos estrangeiros e a importantes políticos americanos ávidos para entender como aplicar a nova doutrina antitruste que ela estava ajudando a fundar. Poucos anos depois, Khan estava escrevendo sobre política em nome da maioria democrata na Câmara de Representantes dos Estados Unidos. Em seus primeiros cem dias no cargo, o presidente Biden a nomeou para liderar – com a idade madura e avançada de 31 anos – a poderosa Comissão Federal de Comércio. Facebook e Amazon não ficaram satisfeitos. As duas empresas apresentaram moções pedindo que Khan se recusasse a participar de casos relativos a elas.

O trabalho de Khan ajudou a criar um vocabulário para descrever e analisar uma nova realidade que as pessoas tinham notado, mas tinham dificuldade em nomear. Ao explicar em termos claros, convincentes, como uma empresa pode prejudicar a concorrência sem especular com os preços cobrados aos consumidores, Khan – junto com alguns funcionários e acadêmicos – ajudou a criar um vocabulário para as ações antitruste do século XXI. Integração entre linhas de negócios, fornecimento de infraestrutura *on-line* com efeito de rede, neutralidade da rede: toda uma série de termos e conceitos novos teve de ser posta em prática antes que o novo paradigma antitruste pudesse ser estabelecido

Em parte, isso ocorre porque empresas como a Amazon puseram tradicionais práticas anticompetitivas de cabeça para baixo. No início do século XX, os trustes alarmaram o público porque estavam se tornando monopólios: enriquecendo com o uso de seu poder de mercado contra *consumidores* nos mercados em que eram os únicos vendedores. Mas o que a Amazon criou não é um monopólio; é um monopsônio: ela está enriquecendo ao empregar seu poder contra *fornecedores* nos mercados em que é a única compradora. E é a única compradora porque possui a infraestrutura de logística e distribuição.

Claro, a Amazon é muito mais que apenas um varejista. É também – principalmente – um provedor de serviços informáticos *pay-per-use* através de sua alardeada divisão Amazon Web Services ou AWS. Esse mercado, que é responsável pela maioria de seus lucros, é aquele em que, sem dúvida, ela enfrenta forte concorrência, em particular da Microsoft, cujo serviço Azure rivaliza com o AWS em escala e lucratividade, e da Oracle, uma empresa de tecnologia de segundo nível (mas ainda gigantesca). Mesmo nesse caso, no entanto, a Amazon consegue fazer a fertilização cruzada em suas linhas de negócios aparentemente díspares, usando as informações que obtém ao analisar seu enorme acervo de dados de tráfego na internet para ajudar a posicionar negócios de varejo, de publicação, de entretenimento e vice-versa.

A tradicional doutrina antitruste, Khan entendeu, simplesmente não está posicionada para captar esse tipo de *cross-market feedback loops*.[*] Os efeitos da Amazon sobre a concorrência estão baseados em sua capacidade de canalizar a atenção dos usuários para os lugares em que ela

---

[*] Processo de obter *feedback* e responder ao *feedback* da interação entre práticas de marketing de duas ou mais empresas. (N. do T.)

pode monetizá-los. Todos os elementos díspares de sua estratégia convergem para essa alquimia de transformar, como resultado final, o que seus computadores compreendem sobre suas preferências em dinheiro. Porque além de todas as suas outras identidades, a Amazon é também e de fato uma enorme empresa de publicidade, na qual os algoritmos trabalham horas extras para transformar os dados que, de maneira consciente ou inconsciente, são divulgados por nós em recomendações direcionadas para nosso consumo.

Esse implícito toma lá dá cá, o comércio semirreconhecido de dados pessoais em troca de serviços atraentes, tem sido descrito como o moderno pecado original da internet comercial. A legitimidade da transação está sob crescente pressão porque os termos são inerentemente opacos e o poder que ela permite que uma parte acumule parece claramente excessivo. O que os gigantes da tecnologia enfrentam, então, é uma crise de legitimidade iminente, e uma crise em que não parecem bem posicionados para enfrentar as intempéries.

Khan não colocaria a coisa nesses termos, mas o que ela estabeleceu é que a natureza do poder empresarial se transformou. Depois de um período em que a hipercompetição e a disrupção tecnológica* generalizada parecera dispersá-lo, ele agora está se concentrando de novo, desta vez com traços que são novos, furtivos e difíceis de discernir. Enquanto o poder de monopólio de antigamente era estampado na nossa cara, elevando os preços dos serviços que procurávamos e fugindo com os lucros excedentes, os novos gigantes corporativos exercem seu poder de monopsônio** de modo invisível, por trás dos véus das linhas de negócio de corte transversal que tornaram seus abusos difíceis de identificar, mas impossíveis de ignorar.

---

* Disrupção tecnológica é a inovação com características disruptivas, isto é, que provocam uma ruptura com os padrões, modelos ou tecnologias que operam no mercado. (N. do T.)

** Mercado em que só existe um comprador para determinado bem ou serviço. (N. do T.)

Poder Econômico e Concentração Além da Tecnologia

A ascensão dos gigantes da tecnologia desempenha um papel muito grande nos debates contemporâneos sobre concentração empresarial e por boas razões. Como o relatório da Câmara dos Representantes amplamente documentou, Amazon, Google, Facebook, Apple e alguns outros já se insinuaram de modo profundo em todos os aspectos de nossa vida econômica e mesmo pessoal.[13] O fascínio que provocam é compreensível e merecido.

Mas, nesse caso há um perigo de miopia. Crescente concentração corporativa não é apenas um detalhe curioso sobre a tecnologia. Todos os tipos de indústrias enfrentam a crescente concentração corporativa, com parcelas cada vez maiores do mercado indo de modo exclusivo para as poucas empresas mais importantes de setores de todo tipo, em especial nos Estados Unidos.

Thomas Philippon, da Stern School of Business da NYU, narrou as tendências em detalhe. Os fatos e números que descobriu falam por si mesmos. "Desde o final da década de 1990", Philippon escreveu, "as indústrias americanas tornaram-se mais concentradas e as margens de lucro dos negócios americanos aumentaram. Ao mesmo tempo, o aumento de produtividade foi pequeno."[14]

Quando obtêm maiores lucros, as empresas reinvestem no negócio uma parte menor do dinheiro que ganharam: "A proporção dos lucros corporativos, após dedução dos impostos, para valor agregado aumentou de uma média de 7% de 1970 até 2002 para uma média de 10% no período que começa em 2002". Em linguagem simples, isso significa que a parte das receitas da empresa que se torna o lucro dos acionistas aumentou colossais 43% nesse período. E há mais. "As empresas costumavam reinvestir cerca de 30 centavos de cada dólar de lucro [em seus negócios]", escreveu Philippon. "Agora elas só investem 20 centavos por dólar."

Philippon descreveu isso como um problema basicamente americano, descobrindo que uma aplicação mais agressiva das leis antitruste na Europa havia protegido a União Europeia de tendências de concentração semelhantes. É o que chamou "a grande reversão": ao virar de cabeça para baixo a sabedoria recebida, ele descobre que a União Europeia tornou-se mais competitiva, com jurisdições menos tolerantes ao monopólio que os Estados Unidos.

Philippon é líder de um grupo cada vez mais influente de economistas que argumentam que o declínio da concorrência e o crescimento do poder de mercado mostram que alguma coisa deu muito errado, em especial nos Estados Unidos. Ufuk Akcigit, da Universidade de Chicago, descobre que pressões competitivas diminuídas estão tornando a economia dos EUA esclerosada. Em um artigo que apresentou na reunião do Federal Reserve de 2020, em Jackson Hole, Akcigit e sua colega Sina Ates escreveram:

> Dinamismo empresarial – o processo perpétuo de novas firmas se formando, crescendo, encolhendo e morrendo – e a consequente realocação de fatores para unidades mais produtivas é uma fonte fundamental de crescimento da produtividade agregada numa economia saudável. Uma variedade de regularidades empíricas indicam que o dinamismo dos negócios nos Estados Unidos vem se desacelerando desde a década de 1980 e, ainda com maior vigor, desde a década de 2000.[15]

Um estudo de 2019 do Open Markets Institute mostra que a quota de mercado combinada das duas maiores empresas de qualquer mercado cresceu de modo substancial em indústrias de todo tipo: reforma de casas, construção de barcos, prisões particulares, tabaco, drogarias, fabricação de colchões, lojas de artesanato, companhias aéreas, aluguel de carros, lavanderia industrial, processamento de carnes, classificações de crédito, fabricação de caminhões e ônibus, parques de diversão e cartões de crédito.[16] Esses são apenas alguns dos setores que experimentam destaque crescente, desde a primeira parte do século, a julgar pelo avanço de seus dois maiores empreendimentos.

Tal concentração é muitas vezes impulsionada por fusões, bem como por uma aplicação cada vez mais indulgente das leis antitruste por uma preguiçosa Comissão Federal de Comércio. As indústrias de saúde são particularmente propensas a conviver com esses novos tipos de poder de mercado, com inúmeros serviços de nichos específicos (de aparelhos auditivos e monitores de glicose no sangue até a prescrição de óculos, terapias odontológicas e articulações artificiais) dominados por números diminutos de firmas que usam barreiras regulatórias para manter estreantes a distância e, como resultado, acumular lucros desproporcionais.

É isso o que o futuro nos reserva? Não necessariamente. De fato, se o passado é uma indicação, o próprio sucesso dos vencedores provará sua ruína. O domínio corporativo é passageiro. Em 1990, as 10 maiores empresas americanas em termos de capitalização de mercado eram IBM, Exxon, General Electric, AT&T, Philip Morris, General Motors, Merck, Bristol Myers Squibb, Amoco e Dupont.[17] Nenhuma delas continua entre as dez primeiras. Na verdade, a lista de 2020 das maiores empresas dos EUA incluía Apple, Microsoft, Amazon, Alphabet, Facebook, Berkshire Hathaway, Visa, Tesla, Johnson & Johnson e Walmart.[18]

Livros de história econômica estão repletos de cadáveres de gigantes corporativos de ontem. No ápice de sua evolução corporativa ao longo do século passado, a Standard Oil Company parecia tão permanente e incontestável quanto a Amazon parece hoje. Seu fundador, John D. Rockefeller, foi tão insoldavelmente rico quanto Jeff Bezos hoje se tornou. Mas as coisas mudam. Em 2020, a Exxon Mobil, a maior das sucessoras da Standard Oil, saiu do índice Dow Jones e seu valor de mercado ficou mais baixo que o da Netflix, a companhia do *streaming* de vídeos. A Exxon Mobil não foi a única a ver sua posição ultrapassada pelos gigantes da tecnologia. Naquele ano, *cada uma* das cinco maiores empresas de tecnologia valia mais do que as 76 maiores companhias de energia *juntas*.[19]

Há muitos exemplos que apontam para potenciais reviravoltas e deslocamentos do poder corporativo. A Amazon está sendo desafiada pela Walmart, a maior empresa do mundo em termos de receita. Gigantes chineses, como o Alibaba, além de monopolizarem seu mercado doméstico, estão fazendo incursões em outros lugares da Ásia e em outros continentes. As empresas Fintech, que confiam em novas tecnologias de informação para desintermediar, automatizar e tornar mais eficiente a prestação de serviços financeiros, estão competindo de frente com os grandes bancos tradicionais.

O poder exercido pelos CEOs de grandes empresas também está mais frágil e efêmero. Segundo a consultoria PwC, "a rotatividade entre os CEOs das 2.500 maiores companhias do mundo disparou para uma alta recorde de 17,5% em 2018 – 3 pontos percentuais acima que a taxa de 14,5% em 2017 e acima do que tem sido a norma para a última década... A rotatividade de CEOs aumentou de modo notável em todas as regiões em 2018 e incluiu um grande aumento na Europa Ocidental".[20] Um estudo de 2018 da Equilar, uma empresa que coleta dados sobre conselhos de administração e altos executivos, descobriu que "nos últimos cinco anos, as transições dos CEOs tornaram-se mais comuns do que tinham sido nos cinco anos anteriores. Como resultado, a permanência média no cargo tem caído um ano inteiro desde 2013".[21]

As forças centrífugas que fragmentam e enfraquecem o poder corporativo são parte importante de uma história que não deixa de chamar a atenção para o imenso poder concentrado em uns poucos operadores. Novas empresas, tecnologias, modelos de negócios, concorrentes estrangeiros, mudanças no comportamento do consumidor, rivalidades geopolíticas, política doméstica ou acidente climático em grande escala podem alterar drasticamente a estrutura da indústria e desencadear uma mudança de poder que enfraqueça até mesmo as companhias mais solidamente entrincheiradas. A pandemia do novo coronavírus que atingiu o mundo em 2020 pôs indústrias inteiras de joelhos, incluindo muitos dos operadores até então dominantes. Empresas de cruzeiros marítimos, linhas aéreas, hotéis, varejistas, empresas de maquinaria pesada e *shopping malls* são apenas alguns dos setores que lutaram para sobreviver ao impacto da pandemia e suas consequências.

Mas enquanto algumas grandes e icônicas empresas estavam afundando, outras cresciam. A pandemia criou um aumento na demanda por *software*, transporte e logística, comunicações, recursos médicos e farmacêuticos, cuidados de saúde e tecnologia sem contato, entre muitas outras coisas. Em alguns desses setores em expansão, a concorrência era acirrada, enquanto empresas que operavam atrás de enormes barreiras à entrada em outros mercados ficavam protegidas contra competidores.

Tal arranjo, no entanto, não é estável nem permanente. No mundo de hoje, a dominação corporativa tem uma expectativa de vida curta, cada vez mais curta. A exigência popular para restringir o poder das grandes empresas, as intervenções do governo que daí resultam e a concorrência contínua acabarão tornando os gigantes da tecnologia menos dominantes. Eles continuarão a existir, a controlar significativas quotas de mercado e a exercer abundante poder. Mas também enfrentarão mais restrições sobre o que podem fazer com o poder que ainda terão. Assim como a Standard Oil e as companhias do Bell System de telefonia foram forçadas a fechar, parece muito provável que as grandes empresas de tecnologia de hoje serão forçadas a sair de certos mercados, livrar-se de algumas de suas ramificações e vender companhias que adquiriram para estimular barreiras de entrada e fortalecer seu domínio. Os gigantes da tecnologia continuarão a ser grandes e poderosos, mas menos do que foram ao longo das décadas iniciais de sua existência. Empresas que ainda não existem vão desafiar os operadores estabelecidos e conquistar uma fatia maior de mercado à custa dos operadores hoje dominantes. E uma enorme quantidade de novos campeões nacionais da China, de escala tão grande e tão assustadoramente capitalizados quanto seus rivais americanos, vão cada vez mais desafiar os estabelecidos gigantes tech.

Firmas desafiantes, competição estrangeira, mais forte ativismo antitruste, regulação mais rígida e inesgotável inovação tecnológica: essas tendências têm restringido durante gerações os líderes de mercado e é razoável esperar que seu efeito centrífugo sobre a concentração corporativa vá restringir o poder das grandes companhias.

As Consequências Políticas da Concentração Corporativa

Do mesmo modo que os economistas interessados nas amplas tendências que definem o comportamento e o desempenho da economia de uma nação presumiam que nenhuma empresa isolada poderia influenciar a macroeconomia, os cientistas políticos preferiam se concentrar nas amplas forças que moldam o sistema político em vez de voltar o foco para a influência política de uma única companhia.

O Facebook e o Twitter mudaram tudo isso. Sabemos agora que essas companhias e outras como elas (ou possuídas por elas) podem influenciar o modo como o poder político é adquirido, usado e perdido. Elas não são as únicas que exercem tal influência, mas sem dúvida estão entre as maiores e mais visíveis. Além disso, a Fox News e a Koch Industries não estão baseadas em empresas da internet, mas têm proprietários politicamente ativos que seguem, de maneira aberta, agendas políticas específicas. Outras, como Facebook, Twitter, Instagram e WhatsApp fornecem as plataformas e canais de distribuição para o conteúdo que atores politicamente motivados produzem. Em certos casos, os "atores politicamente motivados" são Estados-nação que atacam de modo furtivo seus rivais, usando tecnologias de informação inicialmente desenvolvidas pelo setor privado desses mesmos rivais.

O exemplo mais conhecido de um ator político estrangeiro que usou corporações americanas para disseminar mensagens que influenciaram atitudes políticas nos Estados Unidos é o Kremlin. Como concluiu um relatório de 2017 emitido pelas agências de inteligência dos EUA:

> Os esforços russos para influenciar a eleição presidencial americana de 2016 representam a mais recente expressão do desejo há longo tempo acalentado por Moscou de minar a ordem democrática liberal liderada pelos Estados Unidos, mas as atividades atuais revelaram uma escalada significativa na fixação do alvo, nível de atividade e abrangência do esforço comparado a operações anteriores. Constatamos que o presidente russo Vladimir Putin ordenou, em 2016, uma campanha de influência destinada à eleição presidencial americana. Os objetivos da Rússia eram minar a fé pública no processo democrático dos EUA e desqualificar a candidatura de Hillary Clinton prejudicando sua elegibilidade e potencial exercício da presidência. Constatamos ainda que Putin e o governo russo desenvolveram uma nítida preferência pelo presidente-eleito Trump. Temos grande confiança nessas avaliações.[22]

Os russos não estão sozinhos no uso de tecnologias de informação compradas (ou roubadas) de empresas americanas para influir na política de outros países. China, Índia, Turquia, Irã e Taiwan são alguns dos mais ativos nisso. Como não é de espantar, os Estados Unidos são também um ativo participante no ciberespaço politicamente armado e global.

Com certeza o ciberpoder dos países engajados nesse conflito global seria mais limitado se eles não fossem habilitados e capacitados pelo poder tecnológico dos gigantes para inovar. Além disso, o impacto de suas tecnologias é amplificado por seu poder de evitar tentativas governamentais de regular seu papel na disseminação de conteúdo político.

Embora o uso da mídia social para influenciar a política em outros países assuma muitas formas diferentes, essas intervenções costumam compartilhar um objetivo comum: semear uma desinformação que aprofunda a polarização que divide as sociedades. No Capítulo 8, voltaremos ao assunto da polarização política impulsionada pelo surgimento de "bolhas de informação", derivadas algoritmicamente, que protegem as pessoas de ideias que as bolhas não compartilham. Ao amplificar as vozes mais extremas e insatisfeitas, os gigantes da tecnologia contribuíram para difundir uma ardente e generalizada rejeição da política.

É para este fenômeno global – a antipolítica – que nos voltaremos agora.

6 ANTIPOLÍTICA: A ESTRADA PARA O POPULISMO

¡Que se vayan todos! Que vão todos embora! "Todos" significando qualquer um que tenha estado no poder ou mesmo perto dele.

Esse *slogan* não saiu de uma apresentação do PowerPoint feita por algum marqueteiro de Buenos Aires. De fato, não está inteiramente claro de onde veio. Talvez argentinos exasperados tenham lido as palavras cruamente estampadas num muro e começado a gritá-las em comícios de protesto. Ou foi o contrário? Não há modo de saber. Com apenas quatro palavras, o grito de guerra é curto demais para ser atribuído a uma fonte específica.

¡Que se vayan todos! tornou-se a palavra de ordem central entre o bater de panelas nos protestos que abalaram a Argentina em fins de 2001, quando as finanças públicas da nação oscilavam (mais uma vez) à beira do colapso. Desesperado para conter uma enxurrada de fuga de capitais e num esforço de última hora para evitar um completo colapso do sistema financeiro, o governo havia colocado duros limites aos saques de contas bancárias. As pessoas tinham perdido o acesso a suas economias.

A Argentina há muito fascinava os historiadores do desenvolvimento por sua involução única e distópica de país desenvolvido a país menos desenvolvido. Tendo rivalizado com a França em renda per capita na virada do século XX, a Argentina foi ficando mais pobre a cada década que se passava e, no alvorecer do século XXI, estava à beira do desastre.

¡Que se vayan todos! tornou-se o grito de guerra de uma geração: um grito primal de uma população que estava absolutamente cansada de todo o sistema de governo que há muito a vinha decepcionando. À primeira vista, poderia parecer recauchutagem de uma velha frase: "Malandros fora daqui!". Mas era diferente. Um malandro pode despertar afeto; a velha expressão americana parece dar como certo que o novo lote de pessoas será simplesmente tão ruim quanto o anterior.

¡Que *se vayan todos!* reverbera com um tipo diferente de sentimento. Jogue-os todos fora! Gotejando desprezo é uma exigência para as pessoas se livrarem não de um governo, mas de uma *classe* governante: não de um partido, mas de todos os partidos. Em sua austera simplicidade, ¡Que se vayan todos! é o manifesto fundador de um tipo de política que se opõe a toda política.

O espanhol tem há gerações uma palavra para isto: *antipolítica*. Já está mais que na hora de nossa língua recorrer a ela. Porque a antipolítica há muito tempo explodiu suas fronteiras geográficas e se tornou uma força animadora na vida pública do mundo inteiro.

É importante ter clareza sobre o que a antipolítica não é. Ela não é apenas uma expressão de populismo porque os populistas, por mais equivocados que estejam, se mostram dispostos a propor soluções políticas para problemas políticos. Ela também *não é* uma frustração profundamente arraigada com o governo. É frustração com o *status* político que é um dispositivo permanente da política democrática. Falar mal do governo é uma rotina normal, diária, em todas as democracias – e de modo mais furtivo em todos os países, não importa o regime político. A democracia, no entanto, tem uma resposta embutida para os frustrados: se não gosta das pessoas que estão no poder, vote em gente diferente!

Essa solução se desfaz quando a repulsa se amplia para abranger a classe política como um todo e todo o modo como a política é praticada à direita, à esquerda e no centro. É a essa rejeição da política como tal que estamos nos referindo quando falamos de antipolítica. Trata-se de uma poderosa força centrífuga que dispersa a capacidade de as velhas elites governarem de maneira efetiva, montando o palco para novas forças centrípetas que aspirantes a autocratas podem usar para concentrar mais uma vez o poder, só que então apenas em suas mãos. É por isso que a antipolítica, quando floresce, coloca o país na estrada para o populismo. O inverso é verdadeiro: o populismo, com sua ênfase em defender o povo contra as elites malignas, alimenta a antipolítica.

Pode-se afirmar que há um momento de antipolítica na fonte de praticamente todas as autocracias 3P de hoje. Na Argentina, por exemplo, o momento ¡Que se vayan todos! acabou por entregar a presidência primeiro a Nestor Kirchner, eleito em 2003, e depois à sua esposa, Cristina Fernández de Kirchner, que presidiu o país por dois mandatos de 2007 a 2015 (Nestor morreu de ataque cardíaco em 2010); em 2019, Cristina retornou ao poder como vice-presidente, prolongando assim, pelo menos em parte, o reinado de uma metade do casal original do poder 3P.

Mas o trio de populismo, polarização e pós-verdade não é a única destinação possível da antipolítica. Quando aspirantes a autocratas não conseguem se estabelecer no poder, a antipolítica pode se tornar um estado quase permanente, o novo normal para um sistema político em que eleitores cada vez mais desesperados se voltam para figuras ainda mais iconoclastas para tentar se livrarem das misérias infligidas a eles por *todos*, todos aqueles que até então estiveram no poder ou perto dele.

É claro que, uma vez eleito, cada novo conjunto de forasteiros torna-se o novo *todos* que precisa ser expulso. É o novo *status quo* que é preciso derrubar – e os titulares que montaram o cavalo selvagem da antipolítica se veem então desafiados pela próxima onda de contendores da antipolítica correndo atrás de qualquer poder que reste para ser agarrado. Vá bem longe nessa toca de coelho e política e governo se tornam permanentemente instáveis.

Os exemplos estão proliferando em todo o mundo. A Austrália – a próspera Austrália de classe média – desenvolveu um estranho tipo de aversão a seus próprios primeiros-ministros, experimentando cinco deles nos seis anos até 2019, quando um ciclo vicioso de lutas internas envolveu dois de seus principais partidos, levando a uma onda de golpes intrapartidários em meio a um crescente desgosto com toda a classe política.

Talvez, no entanto, porque a Austrália é próspera e classe média, as traições não se estenderam além de um elenco de políticos relativamente corriqueiros do *establishment*.

Países mais pobres, em meio a desacelerações econômicas e dizimados pela pandemia da COVID-19 e sua devastação econômica, raramente são tão afortunados. Vejamos, por exemplo, o caso do Brasil, a terceira mais populosa democracia do mundo. Uma incômoda crise econômica a partir de 2014 e um longo acúmulo de raiva com a corrupção generalizada da elite política colocou o país num caminho crescente de antipolítica sob um cenário de constante agitação social. Isso culminou, em 2018, com a eleição de um líder sem compostura e ideologicamente extremista. Na realidade, o Brasil teve uma presidente (Dilma Roussef) cassada em 2016, dois terços dos membros do Congresso investigados por uma extensa massa de escândalos inter-relacionados de corrupção, um presidente que já fora extremamente popular (Luiz Inácio [Lula] da Silva) julgado e preso por algum tempo em 2018 e o sucessor de Dilma (Michel Temer), também processado sob acusações de corrupção, embora um tribunal federal em Brasília o tenha absolvido em maio de 2021, mencionando evidências insuficientes.

O desfecho de todo esse tumulto vertiginoso foi a eleição de Jair Bolsonaro por meio da mãe de todas as campanhas antipolíticas: uma promessa explícita de governar de maneira mais ditatorial. Em março de 2021, a condenação de Lula foi anulada e ele agora está concorrendo à presidência.[*]

Contudo, nenhum país exemplifica a profundidade da ameaça colocada pela antipolítica melhor que a Itália, onde três décadas de antipolítica descontrolada produziram uma espécie de corrida armamentista, com partidos competindo para superar uns aos outros em termos da boa-fé de forasteiros. Desde 1994, a Itália tem, sem a menor dúvida, sondado as profundezas do vórtice da antipolítica com especial gosto. Mas não está sozinha. Nos Países Baixos, Alemanha, Áustria, Polônia, Grã-Bretanha e Espanha, a força eleitoral de partidos da antipolítica torna cada vez mais

---

[*] No momento em que este livro está sendo preparado para ser lançado no Brasil (dezembro de 2022), as eleições já ocorreram e Lula foi o vencedor. (N. da R.)

difícil para partidos políticos sitiados da direita e da esquerda formar governos, enquando no México, Colômbia, Peru e Brasil, a força de mensagens antipolíticas se mantém como ameaça contínua para os avanços democráticos, duramente conquistados, da geração anterior.

Finalmente, talvez nos casos mais intrigantes de todos, líderes como Narendra Modi, da Índia, e Benjamin Netanyahu, de Israel, conseguiram ganhar eleições de modo contínuo, colocando-se como veículos para sentimentos antipolíticos que ferviam em seus respectivos países – uma inversão paradoxal que mostra a ampla gama de modos como um populista astuto, que é um velho político profissional, pode manipular sentimentos antipolíticos e ter êxito em ganhar eleições se apresentando como o único candidato capaz fazer o trabalho de remover políticos da política. Uma boa razão, como argumentou Javier Corrales, para "tomar cuidado com o estranho".[1]

Esclerose Institucional: Uma Aflição Democrática

A antipolítica é um vírus das democracias. Numa ditadura, em que não há escolha de governo, a repulsa ao *status quo* normalmente dá origem a movimentos por reforma democrática. Em alguns casos, esses movimentos atingem seus objetivos e conseguem estabelecer um governo democraticamente eleito. Somente quando as eleições se tornaram totalmente estabelecidas e todas as opções passam a ser vistas como igualmente calamitosas pode o ¡Que se vayan todos! tornar-se um grito de guerra para os insatisfeitos.

A democracia liberal é muitas vezes frustrante. Os inevitáveis atrasos, compromissos e meias-medidas, inevitáveis em uma democracia, sempre estimularam cidadãos que estão descontentes com o governo. A democracia não é planejada para produzir vitórias permanentes. De fato, é exatamente o contrário que acontece. Os melhores sistemas democráticos se especializam em compromissos confusos que deixam todos um pouco – mas nunca muito – descontentes e insatisfeitos. Forçada a encontrar soluções que harmonizem os interesses de grupos amplamente diferentes, a democracia consegue no máximo remendar soluções que deixam todos resmungando, mas ninguém com ímpetos homicidas. Na melhor das hipóteses, é um sistema que exige um certo nível de resignação ante as realidades do mundo – uma compreensão lúcida de que não existem candidatos ideais, de que vitórias perfeitas nunca estão em oferta e que o sistema nada promete além de um razoável mecanismo para gerenciar desacordos de modo contínuo. É um sistema extremamente razoável, o que é outra maneira de dizer que é infinitamente insatisfatório.

Cada vez mais, porém, as democracias não estão no seu melhor dia. Em vez de compromissos confusos, mas viáveis, elas são dominadas por engarrafamentos perpétuos. Os compromissos, quando são alcançados, parecem às vezes tão mínimos que deixam todos os lados fervendo de desprezo. É quando isso acontece – quando a capacidade de solucionar problemas cai abaixo de um limiar crítico – que o terreno está pronto para o ¡Que se vayan todos!.

Há um crescente corpo de evidências de que a satisfação com sistemas democráticos está declinando não apenas neste ou naquele país, mas entre a maioria das democracias consolidadas, comuns em nações desenvolvidas. O Centro para o Futuro da Democracia da Universidade de Cambridge tem acompanhado as opiniões sobre a democracia desde 1995 e descobre que a proporção de pessoas de democracias desenvolvidas que estão insatisfeitas subiu de 48% para 58% em 2019, o nível mais alto jamais registrado.[2]

Por que as democracias estão precisando lutar com tanta garra para chegar aos arranjos de governo que costumavam ser o seu pão de cada dia? Como vimos, um fator importante é a estagnação e, em certos países, o declínio dos padrões de vida da classe média. Uma classe média recém-capacitada, mais bem informada, ansiosa e conectada, lutando para não cair de novo na pobreza, garante que os arranjos democráticos estarão em risco.

Em 1982, o renomado economista político Mancur Olson propôs uma teoria controversa que ajuda a explicar por que as instituições democráticas acham cada vez mais difícil manter uma base ampla de crescimento.[3] Chamou essa doença política de *esclerose institucional*. Isso se refere ao modo disfuncional, ineficiente e injusto pelo qual democracias há muito estabelecidas acumulam obstáculos que comprometem a capacidade do governo de entregar bens públicos.

Para Olson, quanto mais tempo um sistema político se mantém sem um grande choque – uma guerra, digamos, ou uma revolução – mais difícil será vê-lo proporcionar crescimento econômico. O crescimento econômico, ele explicou, tem muitos traços de um bem público – o tipo de bem que não podemos nos impedir de desfrutar, mesmo que não tenhamos feito qualquer esforço para produzi-lo. Ar mais limpo é o exemplo clássico, mas a mesma lógica se aplica a uma ampla gama de bens públicos.

Olson ganhou sua reputação na década de 1960 com um relato revolucionário das razões que tornam diabolicamente difícil granjear apoio político para obter bens públicos como ar limpo, educação pública ou crescimento econômico. Por sua própria definição, os benefícios dos bens públicos são difusos, mas os custos de fornecê-los estão concentrados num grupo menor. Além disso, investimentos em bens públicos produzem resultados a longo prazo, enquanto bens e serviços produzidos pela iniciativa privada proporcionam retornos mais rápidos.

No caso do ar limpo, todos se beneficiam, embora por uma soma com frequência imperceptível, mesmo quando alguns (como proprietários de centrais elétricas alimentadas por carvão) arcam com grande parte dos custos. Quando os benefícios potenciais estiverem amplamente disseminados em uma sociedade e os custos forem arcados por um grupo capaz de se organizar para defender o *status quo*, surge a esclerose institucional. Os benefícios do ar limpo são um bom exemplo: as leis de purificação do ar têm alguma importância para muita gente, mas apenas para um minúsculo punhado de votantes são o fator determinante. Ao contrário, políticas que tornam o ar mais sujo – digamos com o relaxamento dos padrões ambientais – podem de repente pôr ganhos inesperados em um pequeno número de bolsos e os que estão a postos para se beneficiarem acharão fácil se organizarem politicamente para garantir esses lucros inesperados.

É por isso que nos Estados Unidos o *lobby* do carvão é poderoso, prodigamente financiado, bem conectado e extremamente eficiente, embora apenas 0,03% da força de trabalho dos EUA esteja diretamente empregada na indústria do carvão. Embora isso não pareça evidente, números pequenos são uma vantagem em lutas políticas em que a intensidade de sentimento e a vontade de dedicar recursos para a luta são a chave para a vitória. Como resultado dessa assimetria entre beneficiários difusos e pagadores de custos concentrados, Olson explicou, o ar será com frequência mais sujo do que deveria ser em uma democracia, mais sujo do que a sociedade gostaria que fosse.

O problema vai muito além do ar puro. O próprio crescimento econômico, Olson argumentou, compartilha alguns atributos básicos de um bem público. De seu ponto de vista em 1982, ele poderia dizer, de modo plausível, que o crescimento beneficia um pouco a todos, enquanto muitas políticas que impedem o crescimento econômico têm benefícios concentrados apenas em alguns operadores. Grupos de interesse especiais, que recebem benefícios concentrados dessas políticas, terão um tempo mais fácil se organizando politicamente para fazer *lobby* por elas do que os grupos muito maiores que recebem difusos benefícios do crescimento.

Nas décadas seguintes, uma premissa da abordagem de Olson chegou a parecer datada. Nos anos 1960 e 1970, fazia sentido argumentar que o crescimento econômico ajuda um pouco a todos, mas a ninguém ajuda muito. Esse truísmo vem desde então se tornando cada vez menos aceito. A partir dos anos 1980, as fortunas econômicas da elite tornaram-se ainda mais dissociadas de todas as outras. Primeiro nos Estados Unidos e na Grã-Bretanha, e depois e mais lentamente em todo o restante do mundo desenvolvido, as famílias mais ricas passaram a captar parcelas maiores dos benefícios do crescimento econômico, aumentando a parcela que detêm da riqueza nacional, mesmo quando a maioria das pessoas via seus rendimentos e seu patrimônio estagnarem.

A visão básica de Olson ainda se mantém: em democracias estabelecidas, políticas que concentram os ganhos em poucas mãos e disseminam as perdas por meio de muitos têm uma vantagem natural, não importa se os ganhos totais superam as perdas totais. Do mesmo modo, políticas que ameaçam impor perdas a algumas pessoas no mesmo momento em que disseminam ganhos pela sociedade têm uma desvantagem estrutural – mesmo quando são boas do ponto de vista de uma sociedade como um todo.

A visão de Olson sobre a esclerose institucional joga luz sobre vários fenômenos políticos e econômicos interessantes. Vejamos, por exemplo, a "captura regulatória", situação em que indústrias, por meio de *lobby* e contribuições políticas, são capazes de exercer enorme influência sobre as agências reguladoras que deveriam examiná-las. Isso às vezes é visto como uma doença puramente americana, mas não é bem assim. Em todas as democracias maduras, bem organizados grupos de interesse cada vez mais "se apropriam" dos processos de tomada de decisões nas áreas polêmicas que lhes dizem repeito. É bem conhecido que é impossível para a União Europeia, por exemplo, fazer mudanças significativas em suas políticas agrícolas sem aprovação do agronegócio europeu. Interesses de mineração na Austrália, de telecomunicações no Canadá e de firmas de cimento no Japão, todos eles aperfeiçoaram as artes sombrias da captura regulatória, tornando-se de longe as vozes predominantes nos debates políticos de suas áreas. Wall Street, Hollywood e Vale do Silício não são apenas localizações geográficas; abrigam também as sedes de algumas das empresas que aplicam o aperto mais firme em seus reguladores.

Nos Estados Unidos, mais ex-lobistas foram nomeados para cargos em nível de gabinete durante os primeiros três anos da presidência de Trump que durante os 16 anos combinados de George W. Bush e Barack Obama no cargo. Uma análise da ProPublica e da Columbia Journalism Investigations descobriu que, na metade do mandato presidencial de Trump, sua administração havia empregado um lobista para cada 14 nomeações políticas feitas, colocando 281 lobistas em cargos de influência crucial.[4]

A lista de países em que lobistas de interesse privado tornaram-se formuladores de políticas públicas poderia ser expandida quase indefinidamente. Em todos os casos, interesses especiais se beneficiaram de modo generoso ao insistir em políticas que impõem custos, que passam quase desapercebidos, a imensos contingentes de habitantes desses países. Um pequeno aumento no preço do açúcar pode não despertar a atenção da maioria dos consumidores que compram açúcar, mas pode aumentar em centenas de milhões de dólares os lucros das empresas que dominam esse mercado. A incapacidade de conter a captura regulatória é pura e simples esclerose institucional.

Os argumentos de Olson precisam de uma atualização. Hoje a esclerose não se faz sentir na forma de baixo crescimento econômico. Na realidade, como a desigualdade de renda se aprofunda, o próprio crescimento tornou-se uma daquelas políticas que beneficia muito algumas pessoas e outras praticamente nada. Isso não significa que a esclerose não seja real; pelo contrário, ela está mais dominante que nunca. Encurraladas por um número maior de áreas da política que foram capturadas por interesses industriais, as democracias de hoje acham cada vez mais difícil encontrar respostas adequadas para as exigências dos eleitores. Isso é uma receita para o tipo de ressentimento que cresce de modo gradual e transborda de uma só vez.

A esclerose institucional prospera no sigilo, na opacidade, na cobertura proporcionada pela complexidade e pela obscuridade.Os lobistas trabalham em silêncio, protegidos pelo fato de que seu objetivo é moldar regras obscuras que só interessam a um punhado de pessoas. Políticos que apoiam seus interesses nunca trombeteiam seu apoio: também eles se movem de maneira furtiva para subverter os interesses da maioria. Qualquer uma das milhares de pequenas, rotineiras decisões burocráticas e administrativas envolvidas pode parecer inconsequente, mas juntas são tudo *menos* inconsequentes. Juntas, elas conspiram para excluir indivíduos de amplas faixas da população de posições que eles acham que deveriam ocupar na hierarquia. Essa frustração às vezes se expressa em apoio ao autoritarismo; outras vezes se apresenta como um desgosto visceral por todo o sistema, liberando a energia do ¡*Que se vayan todos!*, que alimenta a antipolítica pelo mundo afora.

Pior que isso. Ao mesmo tempo que a esclerose corrói o poder do Estado vindo da base, outras tendências fazem o mesmo vindo de cima. O caso de antipolítica na Itália é tão extremo que ilustra perfeitamente essa tendência global.

Espiral da Morte da Antipolítica da Itália

O desprezo dos italianos por seus governantes é tão antigo e tão arraigado que agora praticamente faz parte da identidade nacional, como macarrão e futebol. Alguns podem fazer remontar as origens desse desprezo à antiguidade – afinal, só 20 dos antigos 72 imperadores de Roma morreram de causas naturais, com a grande maioria dos outros enfrentado mortes horríveis, violentas.

Nos tempos modernos, a Itália tornou-se alvo de piadas pela célebre vida curta de seus governos (52 conquistaram e perderam o poder de 1946 a 1993 – cerca de um por ano em média). Mas a política da Itália começou a sucumbir à total antipolítica no início dos anos 1990, quando uma ampla investigação anticorrupção conhecida como "Mani Pulite" (mãos limpas) varreu a classe política, enredando praticamente todo mundo que tinha alguma importância.

Dia após dia, de 1992 a 1994, os italianos viram uma procissão chocante de infratores entrando no noticiário da noite. Eram prefeitos, membros do parlamento, banqueiros, ministros, funcionários, líderes empresariais e VIPs de todo tipo sendo levados a julgamento por uma lista interminável de crimes de corrupção. A Operação Mãos Limpas foi mais notável por seu bipartidarismo: enquanto um importante vetor da investigação estava revelando que o antigo líder do Partido Socialista, Bettino Craxi, comandava de seu ornamentado escritório romano o que equivalia a uma organização de extorsão, outra divisão estava no encalço de tantas figuras dentro dos Democratas Cristãos, de centro-direita, que o partido teve de ser dissolvido. A esquerda e a direita, foi fácil para os italianos concluírem, eram exatamente a mesma coisa: um bando incorrigível de trapaceiros.

Foi o choque da Mani Pulite que lançou as bases para a ascensão inicial de Silvio Berlusconi descrita no Capítulo 2. Mas então uma coisa engraçada aconteceu: no decorrer de vários anos, Berlusconi revelou-se ser não apenas exatamente tão venal quanto seus predecessores, mas exatamente tão incompetente. Problemas de longa data no modo como a Itália era governada passaram duas décadas sem serem abordados, visto que Berlusconi se revezava no poder com os remanescentes de uma centro-esquerda sombria que não poderia inspirar, não poderia reformar e não poderia liderar. O impasse político era a norma profundamente arraigada que tornava impossível para líderes italianos tomar quaisquer decisões fundamentais.

Durante anos, a opinião educada em Roma e Milão continuou convencida de que Berlusconi acabaria sendo um pontinho temporário na tela. Seus fracassos manifestos, as intermináveis excentridades, as condenações por senegação fiscal, as explosões racistas e os escândalos sexuais o fizeram parecer uma aberração – uma fuga estranha, mas de curta duração, da vida política normal, liderada por políticos austeros em ternos escuros.

Mas não funcionou assim. O insípido desempenho de Berlusconi no cargo deixou o crescimento econômico na Itália de fins dos anos 1990 e início dos anos 2000 mais anêmico do que em qualquer outra parte da Europa Ocidental. E padrões de vida em baixa são combustível para os incêndios da antipolítica.

Sem dúvida, fartos do circo Berlusconi, os italianos votaram duas vezes em governos da centro-esquerda sentimental – primeiro em 2005 e depois em 2013 – mas em vez de serem arautos de um retorno à normalidade política, esses governos serviram como demonstração viva, respirante, das ideias de Olson sobre esclerose institucional. Peguemos a questão, que se revelou surpreendentemente polêmica, de saber se os italianos deviam poder comprar acetaminofen (vendido nos Estados Unidos sob a marca Tylenol[*]) no supermercado. Por mais bizarra que possa parecer, essa pergunta colocou quase de joelhos governos de centro-esquerda em mais de uma ocasião. A proposta fazia parte de um conjunto mais amplo de reformas destinadas a liberalizar mercados ocupacionais e remover barreiras à competição que ajudavam um punhado de italianos à custa de muitos. Uma hipótese de Olson dizia que esse era precisamente o tipo de política em que as democracias se saíam pior.

O exemplo do Tylenol pode parecer estranho e misterioso, mas é bastante instrutivo. Logo após a Segunda Guerra Mundial, farmacêuticos italianos tiveram direitos de monopólio para vender todo tipo de medicamentos – mesmo aqueles remédios simples, vendidos sem receita, que pessoas do mundo inteiro estão acostumadas a comprar na loja da esquina. Turistas estrangeiros, lutando contra uma dor de cabeça induzida por uma excursão em Florença ou Veneza, descobriam que só um farmacêutico

---

licenciado poderia atendê-los. E se um pequeno exagero de *tagliatelle al ragù* nos deixava com um caso de azia após os horários habituais de fechamento das farmácias, bem, estávamos mesmo sem sorte.

Para os farmacêuticos, o monopólio era extremamente valioso. Não só lhes permitia vender medicamentos como aspirina e antiácidos a preços muito mais altos que o de seus parceiros por toda a Europa, mas ainda garantia um suprimento constante de tráfego de pedestres diante de suas vitrines, que poderiam atrair os clientes para comprar outras coisas.

Um poderoso e muito especial grupo de interesse, a Ordine Nazionale dei Farmacisti (Ordem Nacional dos Farmacêuticos), lutou ferozmente para bloquear as reformas que permitiriam a venda de medicamentos de qualquer tipo fora de uma configuração de farmácia. Eles se uniram a outros grupos que também desenvolviam uma luta severa para impedir reformas de sentido prático em suas áreas, reformas que beneficiariam a grande maioria dos italianos, embora prejudicassem alguns grupos bem organizados. Foram duas décadas esgotantes de luta para reformar as proteções a farmacêuticos e o acetaminofen só conseguiu fazer sua triunfante entrada nos supermercados italianos em 2012. Lutas como essa minavam o capital político de que os governos precisavam para realizar reformas mais consequentes.

Papel-chave entre esses grupos de interesse foi desempenhado pelos sindicatos – ainda poderosos na Itália e duplamente poderosos quando a esquerda estava no poder devido a um entrelaçamento de longa data. Propostas para reformar as leis trabalhistas da Itália, notoriamente rígidas, provocaram greves prolongadas, dispendiosas, e protestos amargos nas ruas, forçando os governos de centro-esquerda a diluir repetidas vezes suas propostas de reforma. A Itália se tornou um laboratório de esclerose: jogando um pingue-pongue interminável entre uma centro-direita populista, desinteressada de reformas, e uma centro-esquerda incapaz de concretizá-las.

Uma baixa precoce e inevitável foi a credibilidade do governo. Os investidores concluíram que se o governo – qualquer governo – não tinha o poder de colocar Paracetamol à venda em postos de gasolina, sem dúvida era também demasiado fraco para reformular as regulamentações sufocantes e as finanças inchadas do Estado italiano. A razão dívida-PIB da

Itália continuou a se elevar cada vez mais, atingindo um índice enlouquecedor de 130% em meados da década de 2010, o que significava que a dívida pública da Itália era equivalente a tudo que todos no país produziam em 15 meses e meio.[5]

Certamente não ajudou que a elite italiana fosse – e continuasse a ser – usuária pesada de paraísos fiscais *offshore* e entusiasta da evasão fiscal. Em 2015, um *think tank* associado à Confindustria, a Câmara de Comércio Industrial Italiana, estimou que os italianos estavam pagando menos colossais 122 bilhões de euros de impostos.[6] Se esse dinheiro pudesse ser arrecadado, a gigantesca dívida da Itália seria paga em menos de oito anos. Mas se essa era uma meta irrealista antes de as consequências econômicas da COVID-19 afundarem a maioria das economias, tornou-se uma impossibilidade dadas as repercussões econômicas da pandemia.

Juntamente com a esclerose política, esse débito alimentado pela evasão fiscal rompeu a barganha histórica entre o Estado italiano e os cidadãos italianos. Com tanto dinheiro alocado apenas para pagar os detentores de títulos, não sobrava o bastante para o investimento público. Fuga de capitais, evasão fiscal, pagamento de menos imposto por manobra contábil e crescimento econômico insignificante alimentaram os déficits crônicos do governo. E com um sistema político incapaz de reformar uma economia cheia de privilégios e ineficiências, como os que mantinham felizes os farmacêuticos na Itália, milhões de italianos viram seu padrão de vida não apenas estagnado, mas declinando de modo substancial. Entre 1990 e 2010, a renda familiar italiana caiu um quarto, de pouco mais de 40 mil dólares por ano para pouco mais de 30 mil, segundo pesquisa do Pew Research Center.[7] Não é de admirar que um cinismo amargo tenha se apoderado da esfera pública da Itália.

Os italianos estavam fartos, desesperados para se verem livres desse mal-estar, e se tornaram presa fácil de uma longa sucessão de mascates populistas felizes em colocar a culpa de todos os problemas em bodes expiatórios. Recriminações inundaram a esfera política, aguçando a polarização e borrando as linhas divisórias entre argumentação fundamentada e arenga superaquecida. Para as pessoas comuns, a intensidade da luta em si tornou-se um grande desencorajamento, levando a um sentimento tipo "todos têm culpa no cartório", por onde prospera a antipolítica.

Tudo isso contribuiu para um tipo venenoso de política. Eleitores italianos, frustrados com a esquerda e indignados com a direita, não foram depositar seu apoio atrás de uma figura mais tradicional. Fizeram o contrário: como já haviam tido o gosto da antipolítica, continuaram exigindo algo mais forte. Em 2018, o clima político havia azedado a tal ponto que as promessas dos populistas, os discursos públicos profundamente polarizadores e as mentiras descaradas – os 3 Ps – atingiram níveis nunca vistos na Itália. Tudo isso levaria a uma espécie de *reductio ad absurdum* da antipolítica europeia.

Em vez de se unirem ao redor de uma única tocha antissistema, os italianos se dividiram entre uma desconcertante proliferação de extremistas políticos. Nas eleições gerais de março de 2018, mais de 4,3% dos eleitores italianos (1,4 milhão deles) decidiram votar pelos Irmãos da Itália, o *reboot* pós-guerra do Partido Fascista original, de Benito Mussolini, que de certo modo era a opção antipolítica original. Outros 14 % (4,6 milhões) votaram em Silvio Berlusconi, ainda concorrendo aos 81 anos de idade e, de modo notável, ainda fazendo ruídos antipolíticos após mais de uma década como primeiro-ministro.[8]

Mas o maior número de votos na direita política foi para La Lega – uma estranha besta populista que recentemente deixara de vender o desprezo que os italianos do norte sentem por seus compatriotas do sul para apostar no desprezo que todos os italianos sentem pelos estrangeiros.

La Lega nascera como a Liga do Norte (La Lega Nord), um partido regional baseado na parte mais bem de vida, mais desenvolvido da Itália, o norte, e que se inclinara com força para o desprezo racialmente tingido que as pessoas em Milão e Turim sentiam pelo que percebiam como atrasados sicilianos e calabreses, sanguessugas do bem-estar. Em sua primeira década, o partido vacilou entre separatismo absoluto e austeridade fiscal.

A certa altura, La Lega defendeu um plano fantasioso para criar uma nova república ao norte do Rio Pó, a ser chamada Padânia. Quando essa ideia perdeu força, La Lega adotou exigências mais moderadas por um aumento do "federalismo fiscal", linguagem codificada para sinalizar um plano de parar de gastar dinheiro de impostos do norte em programas que beneficiavam o sul. A Liga do Norte se estabeleceu como um bem-sucedido movimento de protesto, com frequência obtendo mais de um terço dos votos nas cidades e subúrbios ricos de Milão, Turim e Veneza, onde o ressentimento das transferências fiscais para o sul era profundo.

Mas os limites dessa estratégia nunca deixaram de estar claros: a Padânia era vista com frequência mais como um projeto paralelo quixotesco que uma proposta separatista realista e o regionalismo do partido significava que ele nunca poderia esperar formar um governo nacional. Foi preciso a liderança visionária de um novo chefe do partido, Matteo Salvini, para ser percebido que o desprezo pelos sulistas era um jogo medíocre; Salvini poderia ganhar muito mais livrando daquele foco regional e concorrendo com base no nativismo e num enfoque nacional, pan-italiano.

A partir de 2016, Salvini lançou um arrojado movimento para relançar seu partido como um partido nacional de extrema-direita. Tirou a palavra "Nord" do nome original do partido, renomeando-o apenas como La Lega, e endureceu a linha partidária contra toda uma série de ameaças externas. Os imigrantes foram o primeiro alvo, com La Lega tomando uma posição intransigente contra o reassentamento de refugiados. Nisso eles foram sem dúvida inspirados por Donald Trump, cuja campanha de 2016 para a presidência dos EUA tinha sido abertamente apoiada por Salvini.

Mas a coisa foi além disso. A velha Lega Nord tinha muitas vezes pintado o norte como a parte mais nobre e civilizada da Itália, que se adequava naturalmente aos valores e instituições da União Europeia. Salvini, no entanto, sentiu que o clima de antipolítica recompensaria uma linha dura contra todas as coisas europeias, incluindo a própria moeda, e ele comprometeu o partido com o programa mais agressivamente eurocético de qualquer grande partido dentro da zona do euro. Salvini protestou contra as elites continentais e, depois de tomar fôlego, contra os refugiados que elas queriam forçar a Itália a reinstalar. Essa abordagem o tornou, de imediato, o líder de fato da ala direita da Itália.

Ainda mais desconcertante foi o sucesso de La Lega no sul, a região cujos habitantes La Lega desdenhava abertamente. Um partido que poucos anos antes havia se feito notar pelo desprezo racista, nauseante e marginal, pelos *terroni* – o insulto preferido para sulistas – estava de repente elegendo membros do parlamento por todo o sul da Itália.

Na ilha de Lampedusa, a província mais meridional da Itália, próxima da costa da África do Norte, onde atracavam muitos barcos cheios de pessoas, La Lega atingiu a impressionante marca de 15% dos votos. Na Calábria, a ponta do dedo do pé na bota italiana, chegou perto de 10% – um montante que parecia impensável para um partido há muito definido por seu venenoso desdém pelos calabreses. No total, quase um milhão de italianos do sul votaram em La Lega nas eleições realizadas no início de 2018.

Graças a esses votos sulistas, Salvini substituiu Berlusconi como chefe titular da coalizão de direita na Itália, que ficou então totalmente dominada por La Lega com o apoio exclusivo do Cinco Estrelas, ambos os partidos alimentados pela antipolítica. Dos 12 milhões de italianos que votaram por um dos quatro partidos da coalizão de direita em março de 2018, menos de metade de um milhão o fez pelo último partido de centro-direita do *establishment*: a última encarnação dos há muito tempo moribundos democratas cristãos, o partido que tinha dominado a Itália durante décadas após a Segunda Guerra Mundial. De modo surpreendente, os democratas cristãos receberam, em todo o país, menos de metade dos votos que La Lega obteve apenas no sul.

E no entanto essa tripulação heterogênea de adeptos de Berlusconi, neofascistas e e antigos separatistas do norte, de extrema-direita, não foram sequer os maiores antipolíticos na história das eleições italianas. Essa distinção coube a Beppe Grillo, que conhecemos no Capítulo 2, e para a desconcertante insurgência populista, impossível de definir melhor, que ele fundou, o Movimento Cinco Estrelas.

Tentativas de rotular o M5S ao longo do eixo familiar esquerda-direita estão condenadas desde o começo. O partido representa uma colisão de pontos de vista, posições e sensibilidades raramente vistas sob o mesmo teto em outros lugares. Ambientalismo radical é um ingrediente, assim como um desprezo desenfreado pela elite política corrupta da Itália, uma admiração por Vladimir Putin, profunda aversão pela União Europeia e absolutismo linha-dura em termos de proteção ao consumidor e de legislação antifraude, tudo temperado com um traço de sentimento anti-vacina e franca simpatia por Hugo Chávez.

Essa estranha mistura, mais do que qualquer processo deliberativo interno, moldou a plataforma do partido. De fato a ascensão do movimento teve a ver menos com declarações políticas e mais com a imagem não conformista de *bad boy* de Grillo e pelo modo virtuoso como o movimento usou a internet tanto como plataforma organizadora quanto como arma ofensiva contra seus detratores. A plataforma do partido parece criada especificamente com o propósito de não se encaixar em parte alguma do eixo esquerda-direita, refletindo a absoluta determinação de Grillo em não ser confundido com a esquerda ou a direita tradicionais.

Era também uma nova visão sobre a antipolítica: a rejeição das habituais categorias políticas estava incorporada à plataforma Cinco Estrelas. E funcionou. Em março de 2018, a estratégia iconoclasta de Grillo transformou o M5S no maior partido da Itália, com mais de 10 milhões de votos e 227 assentos no parlamento. Mas o M5S não tinha nada que se parecesse com uma maioria absoluta e a determinação de Grillo de nunca fazer um acordo com qualquer outro partido deixava a Itália essencialmente ingovernável, pois nenhuma coalizão viável conseguiria ultrapassar o umbral de 50% para formar um governo.

Seguiram-se meses de torturantes negociações, enquanto o Cinco Estrelas explorava até as últimas forças seu credo de nenhum-acordo-com-ninguém. A centralidade do sentimento anti-Berlusconi na base de apoio do Cinco Estrelas rejeitava qualquer coalizão que incluísse o Forza Italia, partido de Berlusconi, mas foram necessárias semanas de negociações para persuadir o resto da direita a considerar uma coalizão.

Na verdade, o Cinco Estrela ficou encurralado entre aspectos da estrutura 3P que são incompatíveis no contexto italiano. O populismo de Grillo descartou acordos com a elite corrupta, mas o sistema de votação da Itália tornava esses acordos inevitáveis para um partido em busca do poder.

O que resultou foi uma coalizão inicialmente impensável de La Lega e M5S: um híbrido bizarro, meio de extrema-direita, meio centrista, cuja política não se articulava basicamente em parte alguma, salvo em uma vaga fúria antipolítica contra todas as elites: financeira, nacional, europeia, médica. O desprezo por qualquer um que realmente soubesse o que estava fazendo era, em última análise, o único agente que impedia que o governo da oitava maior economia do mundo se desintegrasse.

O tamanho da economia da Itália e sua dívida pública já descomunal tornavam especialmente importante manter essa economia dentro das rigorosas normas antidéficit que restringem os países que utilizam o euro. Ao contrário da pequena economia da Grécia, a da Itália era grande o bastante para desvalorizar a moeda única da Europa se seus políticos continuassem numa farra de empréstimos sem limitações. Mas La Lega e o Cinco Estrelas viam as regras que os impediam de se endividar em demasia como camisas de força tecnocráticas criadas por eurocratas odiados, desatualizados, para impedi-los de fazer crescer a economia da Itália à maneira antiga: gastando muito mais (prioridade do M5S) e tributando muito menos (La Lega).

Por fim, Salvini exagerou. Tentando provocar uma eleição que ele acreditava que La Lega estava preparada para vencer, derrubou seu próprio governo ao recusar o apoio parlamentar. Temendo iminente catástrofe eleitoral, o Cinco Estrelas deu um giro para formar uma coalizão com pessoas que, sem dúvida, constituíam parceiros ainda mais bizarros: a descontraída centro-esquerda do *establishment*, o Partido Democrata. Para os *grillini*, que haviam criado uma identidade política principalmente por causa do exasperante desprezo pela política dominante, compartilhar um gabinete com os democratas – o partido italiano mais ligado ao *establishment* – era uma necessidade difícil de engolir. Para os democratas, que haviam passado anos advertindo dos perigos do populismo do Cinco Estrelas, juntar-se àquela parada de malucos em volta da mesa do gabinete não era menos incompreensível – um abandono de valores fundacionais.

Pouco a pouco, as regras constitucionais da Itália levavam todos os partidos a situações embaraçosas quando precisavam buscar acordos que há muito juravam estar fora de cogitação. A negociação alienava e irritava ainda mais os votantes italianos, que continuavam procurando por forasteiros cada vez mais estranhos para "enviar uma mensagem a Roma". Era a própria encarnação de uma espiral antipolítica.

Hoje a Itália serve como o mais claro sinal de alerta para aqueles que imaginam que a derrota de um forasteiro populista resultará naturalmente em um retorno à normalidade política. Na Itália, populismo, desordem fiscal e esclerose institucional se retroalimentaram em um ciclo vicioso que colocou a tradicional vida política do país cada vez mais longe do normal. Os últimos anos desfrutaram da visão bizarra de um comediante e de um agitador de extrema-direita tentando negociar os pontos mais delicados de um pacto de governo antes de se voltarem um contra o outro, dando lugar a uma coalizão ainda menos natural. Normal é coisa do passado.

A história da Itália ilustra claramente como a antipolítica se tornou a estrada para o populismo. O desgosto com a corrupção revelada pelas investigações da Operação Mãos Limpas lançaram os italianos em busca dos verdadeiros defensores do "povo puro", dispostos a lutar contra a elite corrupta. Mas essa caçada se mostrou enganosa, enviando a Itália para caminhos políticos cada vez mais perigosos. À medida que o conflito político se agravava e a polarização se ampliava, os eleitores italianos se viram de "namoro rápido" com forasteiros cada vez mais estranhos, que vergaram e distorceram a verdade em sua busca de votos. A era da antipolítica transformou o sistema político italiano na mítica ouroboros, uma serpente que come a própria cauda.

A lição italiana foi dura: não há nada de "natural" na normalidade política. Nenhum mecanismo automático garante que o fracasso dos partidos populistas anunciará um retorno à política como a costumávamos conhecer. Na realidade, é justamente o contrário. Os países podem ficar cada vez mais entrincheirados num padrão de votação de protesto que traz um elenco de personagens cada vez mais estranho aos corredores do poder, tornando estabilidade e bom governo uma memória distante.

A Itália mostrou como seria essa tendência se levada aos seus mais selvagens extremos. Mas não foi um caso isolado. Em toda a Europa, países que até pouco tempo eram dominados por partidos das moderadas centro-direita e centro-esquerda passaram a enfrentar uma selvagem proliferação de recém-chegados à extrema-direita, à extrema-esquerda e ao centro. O declínio dos grandes partidos tornou-se um fenômeno decisivo em grande parte da Europa continental após o referendo do Brexit. Na

Áustria, o Partido da Liberdade, de extrema-direita, juntou-se ao governo em coalizão e provocou seu colapso depois que se mostrou disposto a vender contratos para interesses russos. Na Alemanha, Holanda e Espanha, a extrema-direita começou a ocupar espaço no centro político, o que tornou cada vez mais difícil articular as coalizões habitualmente necessárias para formar governos nesses países. Na França, partidos há longo tempo estabelecidos também entraram em acentuado declínio. Nem os republicanos de centro-direita nem o Partido Socialista de centro-esquerda atingiram os dois dígitos nas eleições europeias de 2019 e os dois juntos não chegaram aos 15%. Com o colapso do centro, a política em todos esses países ficou mais parecida com uma batalha total entre extremos ideológicos do que com uma negociação gentil entre membros do mesmo *establishment*. Isso não surpreende porque a polarização sempre se alimentou do colapso do centro.

Na eleição de 2019 para o Parlamento Europeu foi atingido o ponto mais baixo para dois grandes partidos do Reino Unido, que colheram um combinado de 22%. Em parte isso aconteceu porque o Partido Trabalhista tinha passado por uma bizarra transformação sob a liderança de extrema-esquerda de Jeremy Corbyn e já era difícil considerá-lo um partido tradicional do centro. Mesmo assim, os dois juntos foram superados por um grupo antipolítico pró-Brexit liderado por Nigel Farage, que colheu 30% dos votos, muitos vindos de pessoas dispostas a pagar qualquer preço para arrancar a Grã-Bretanha da UE – mesmo, ao que parece, que esse preço seja a destruição da união da Inglaterra com a Escócia e com a Irlanda do Norte.

O sucesso de Farage acabou forçando os conservadores a se curvarem ao inevitável e eleger seu próprio agitador populista para a liderança partidária, impedindo que fossem flanqueados à direita. Boris Johnson "salvou" o velho e venerável Partido Conservador Britânico, mas ao custo de transformá-lo em um veículo populista.

Podemos fazer grande parte dessa decadência remontar ao referendo de 2016 que viu a Grã-Bretanha votar para sair da União Europeia. O Brexit será recordado como a destilação da essência da antipolítica em um avançado país ocidental. A tempestade de exageros, distorções, inverdades e mentiras no centro da campanha *Leave* [Saia] deixou marca permanente na política britânica, criando um clima venenoso de desconfiança entre militantes e alienando a ampla camada de um eleitorado britânico atormentado pela "fadiga do Brexit". A escalada da crise política de vários anos que se seguiu transformou-se, com o tempo, numa espécie de leilão antipolítica, com políticos britânicos lutando para sobrepujar o radicalismo uns dos outros ao propor modos cada vez mais imprudentes e economicamente destrutivos de desfazer os laços entre a Grã-Bretanha e a UE.

Nascido de um clima tóxico de desconfiança com relação à União Europeia, o processo do Brexit voltou-se contra a Grã-Bretanha, manifestando-se como um colapso da confiança na classe governante em Londres. A sufocante lógica de ¡Que se vayan *todos!* funcionou como expurgos paralelos de moderados, com a esquerda Corbynite limpando o Partido Trabalhista de centristas, enquanto os Brexiteers radicais em torno de Boris Johnson expurgavam os moderados das fileiras do Partido Conservador. O contraste com a França foi instrutivo: em vez de deixar que os partidos tradicionais votassem por adornos antipolíticos, os britânicos transformaram seus partidos tradicionais em veículos para a antipolítica.

Mesmo no raro país em que os partidos tradicionais ainda conseguem ganhar eleições, a súbita ascensão de grupos políticos radicais força os políticos em exercício a fazer concessões e a tentar ingressar no trem da alegria da antipolítica. Na Espanha, por exemplo, o PSOE, um partido socialista de centro-esquerda, ainda ganhou várias eleições, mas nenhuma rendeu votos suficientes para produzir uma maioria que pudesse formar um governo. Em 2019, o PSOE fez uma aliança com o Unidos Podemos, de extrema-esquerda, um grupo cujo radicalismo marxista o coloca mais próximo da política do ditador venezuelano Nicolás Maduro que da política da social-democracia escandinava. Isso alarmou a centro-direita e a direita, que viram seus temores de uma escorregada em direção à esquerda autocrática se materializando diante dos olhos. O tom de conflito político aumentou de modo alarmante, com a direita acusando a esquerda de hostilidade para com o próprio conceito de Espanha, enquanto a esquerda meditava de maneira sombria sobre as inclinações franquistas, criptofascistas, da direita.

Mas a centro-direita da Espanha foi incapaz de organizar uma alternativa plausível porque estava sangrando votos para seu flanco direito, os recém-chegados nativistas e anti-imigrantes do Vox, um partido recém-criado cujo surpreendente desempenho eleitoral provou que, meio século após o término da ditadura de Franco, os espanhóis não eram tão avessos a políticas extremistas e reacionárias como as pessoas chegaram a presumir. E no momento mesmo em que forças centrífugas empurram os espanhóis, em nível nacional, para os extremos, uma venenosa batalha sobre a independência da Catalunha coloca Madri contra Barcelona numa batalha emocionalmente carregada que viu líderes regionais da Catalunha serem presos por sedição. A crise foi um alvo demasiado tentador para adversários estrangeiros, que a viram como um convite à intromissão. Com *hackers* russos alimentando ativamente as divisões na sociedade espanhola, a desinformação *on-line* explodiu, criando um clima generalizado de pós-verdade. Na Espanha, ninguém sabe o que é verdade exceto por uma coisa: o outro lado é ruim.

É preocupante pensar que, mesmo em meio a tudo isso, a Espanha estava indo relativamente bem pelos padrões europeus – e *muito* melhor que certos países do sul global, onde a antipolítica, correndo solta, tem conduzido as pessoas ao desespero, levando-as a eleger alguns dos líderes mais extremos e problemáticos dos últimos tempos.

Da Antipolítica ao Extremismo Tropical

A esclerose institucional e governos nacionais sem poder parecem ser uma receita infalível para enviar países para a espiral da morte antipolítica. Os casos mais destrutivos, no entanto, ocorrem em países que compartilham três outros traços: corrupção desenfreada, crime generalizado e uma economia ruim. Aqui, a exigência por antipolítica cruza às vezes com um anseio por líderes autoritários, levando à eleição de alguns dos mais inquietantes líderes 3P do século XXI.

Já vimos como a frustração com a inabilidade do governo filipino para chegar a um acordo com o crime de baixo nível alimentou as exigências pelas antipolíticas radicais, encharcadas de sangue, de Rodrigo

Duterte. Um caso, no entanto, ainda mais inquietante de fascismo tropical, ocorreu no Brasil, onde o fracasso caótico de todo o sistema político deu origem a uma onda de apoio a um extremista com posições que são radicais mesmo na politicamente temerária América Latina.

A política brasileira tem sido marcada por uma combinação peculiar de corrupção endêmica e instituições judiciais relativamente fortes. Fernando Collor de Mello, o segundo presidente eleito democraticamente no Brasil após a queda da era de ditadura surgida nos anos 1960, foi deposto em meio a um escândalo de corrupção após dois anos de mandato. Em 2016, a presidente Dilma Rousseff foi removida do cargo depois de seu *impeachment*. Nos primeiros anos deste século, o Congresso brasileiro abrigou magotes de deputados que enfrentavam indiciamento por corrupção e outros crimes – para ser claro, a cultura de propinas talvez não seja mais praticada no Brasil que no restante da América Latina, mas como seus juízes investigativos são poderosos e independentes, essa corrupção acaba vendo a luz do dia com mais frequência. O resultado tem sido uma cena política continuamente agitada por investigações de alto nível. Primeiro houve o escândalo do *mensalão*, em que foi descoberto que operadores políticos do partido do presidente Lula da Silva estavam pagando propinas mensais regulares a membros da "oposição" no Congresso para que eles apoiassem o programa do governo. Mas esse escândalo, e muitos da mesma época, empalideceu em comparação com o que estava por vir: o extenso massivamente complexo festival multinacional de corrupção que veio à luz em 2014, quando investigadores da polícia federal brasileira se perguntaram como um dado posto de combustível, que contava também com uma instalação para lavar carros (um "lava a jato") em Brasília poderiam estar fazendo o volume de negócios que supostamente estavam fazendo. A Lava Jato*, lavagem de carros, logo revelou ser uma lavagem de dinheiro para a Odebrecht, uma gigantesca empresa brasileira de engenharia que usava a lavanderia para canalizar pagamentos de muitos

---

* Embora de acordo com as regras da língua portuguesa, o correto seja "lava a jato", a operação foi chamada, e acabou sendo conhecida, como "Operação Lava Jato". (N. da R.)

milhões de dólares a políticos e ministros em mais de uma dúzia de países na América Latina e África: propinas para aprovar propostas da Odebrecht para a execução de grandes projetos de infraestrutura, como barragens, aeroportos, pontes, linhas ferroviárias e assim por diante.

Os meandros bizantinos do escândalo da Lava Jato têm ecos das investigações da Operação Mãos Limpas da Itália, no início dos anos 1990, na medida em que envolveram toda a classe política. Quando os investigadores puxaram um único fio solto – um posto de combustíveis[*] que obviamente estava sendo usado para lavar dinheiro, estilo *Breaking Bad* –, começaram a desvendar um emaranhado de esquemas de propina, envolvendo a maior empresa de construção do país, que comprometia dezenas de membros da elite do poder do Brasil, incluindo todos os seis de seus ex-presidentes vivos. E assim como na Itália, o escândalo criou as condições perfeitas para a política do populismo, da polarização e da pós-verdade.

Mas ao contrário da Mani Pulite, o escândalo da Lava Jato no Brasil nasceu com abrangência internacional, envolvendo políticos em quase duas dúzias de países. Prejudicou de modo profundo as democracias da região, em parte porque coincidiu com uma recessão brutal, que durou anos, decorrente do colapso dos preços globais das *commodities* em 2014. Os latino-americanos se encontraram lendo uma história desanimadora de delito público em um jornal após outro num momento em que milhões de pessoas estavam perdendo seus empregos e o poder de compra dos salários entrara em queda. As expectativas de avanço econômico estavam sendo frustradas ao mesmo tempo que se ouviam histórias chocantes de funcionários enchendo os bolsos: uma combinação singularmente corrosiva. O espírito do ¡Que se vayan todos! não demoraria muito tempo para ser sentido.

O baixo desempenho econômico do Brasil em longo prazo deve muito à severa esclerose em seu sistema político. Um sistema de aposentadoria projetado para bajular os eleitores em detrimento do bom senso permitiu que milhões de funcionários públicos se aposentassem com pensões integrais enquanto ainda estavam em seus 40 anos ou no início dos

---

[*] Veja nota anterior.

50. Planos de previdência elaborados de modo expansivo, destinados a proteger pessoas viúvas da miséria na velhice, davam origem ao que os brasileiros, num tom malicioso, chamam de "efeito Viagra" – homens pensionistas na faixa dos 70 anos se casando com mulheres muitas décadas mais jovens que adquirem o direito de continuar recebendo os benefícios integrais do marido mesmo depois que ele morre. No topo de tudo isso, rígidas leis trabalhistas desencorajam o investimento, a criação de empregos e o crescimento. Tudo somado a déficits crônicos e a uma pilha crescente de dívida pública, absorvendo dinheiro que deveria ter ido para o investimento público. Analistas de esquerda, direita e centro compreenderam os problemas e concordaram com as linhas gerais de uma solução. Mas os políticos, reféns de interesses especiais do tipo identificado por Mancur Olson, estavam paralisados: uma esclerose típica mantinha o Brasil lealmente casado com um regime político que todos podiam ver que estava prejudicando o futuro de seu povo.

Quando um sistema político permanece por muitos anos tão disfuncional, os eleitores começarão naturalmente a esperar uma mudança radical. E se voltam para um populista singularmente posicionado para canalizar o irritado desprezo que os brasileiros, já há uma geração, estavam nutrindo por seus líderes: Jair Bolsonaro.

A despeito do que se possa dizer sobre o autoritarismo de Bolsonaro, jamais poderíamos chamá-lo de furtivo. Em vez de manter um perfil discreto, Bolsonaro grita, em todos os telhados, sua nostalgia pela ditadura. Ineficiente e antigo membro do Congresso após uma carreira militar de pouca notoriedade, tinha monopolizado o mercado para o tipo de retórica bombista que, no *establishment* do Brasil, o fazia parecer pouco mais que um palhaço. Desdenhando, de maneira agressiva, de todas as causas progressistas, de direitos dos *gays* à conservação da Amazônia, ansiava abertamente por um retorno ao tipo de regime irresponsável e intimidador que o Brasil suportou sob o domínio dos militares nos anos 1960 e 1970.

É fácil ver porque o paralelo com Donald Trump é feito com frequência: ambos compartilham um instinto infalível para dizer, a qualquer momento, a coisa mais incendiária possível e ambos lideraram ramos executivos rotineiramente vistos como caóticos, com elevadíssimo volume pessoal de negócios e intermináveis dramalhões no Twitter. Porém, Bolsonaro é um tipo de líder diferente de Trump: verdadeiro cristão evangélico[*], ele realmente odeia os alvos de suas tiradas, em vez de fingir odiá-los para ganho eleitoral como faz Trump com tanta frequência. E, o que parecia improvável, conseguiu vencer algumas importantes batalhas políticas iniciais como, entre outras, a reforma da previdência.

Jair Bolsonaro é o maior exemplo da onda mais recente de líderes da América Latina que ganham poder e governam explorando as oportunidades criadas pelos 3Ps. Impelido pela antipolítica desenfreada no contexto de colapso da confiança em instituições políticas, ele compartilha o instinto polarizador de todo novo autocrata de sucesso neste século. As tendências que possibilitaram sua ascensão ao poder o precederam de muito tempo, é claro, mas foi seu gênio para mobilizar os descontentes que garantiu o êxito político. E apesar da administração caótica, em que há muito conflito e poucos resultados, ele consolidou um dedicado círculo de adeptos entre os mais insatisfeitos com a política habitual: a antipolítica raiz [grassroots] do Brasil.

Há um Meio de Sair da Antipolítica?

"¡Que se vayan todos!" é um grito ouvido em todo o mundo. As forças da antipolítica estão em movimento em nível global. Como partidos políticos que já foram formidáveis implodem e improvisam, radicais não testados sobem ao poder e está começando a surgir a percepção de que isso não é um bip temporário, nem mero feriadão da política normal. Como os italianos descobriram, assim que desenvolve um gosto pela antipolítica, o público parece ficar dependente, exigindo um número maior e mais forte de doses da mesma coisa apenas para se sentir normal. A antipolítica é a pré-condição necessária para mais antipolítica.

Alguns países parecem ficar presos em um ciclo de antipolítica. Segundo o jornal mexicano El Universal, dos 42 presidentes que governaram

---

[*] Em 2016 Bolsonaro foi batizado no Rio Jordão, em Israel; ele mesmo tem se declarado como sendo católico; sua esposa é evangélica. (N. da R.)

Guatemala, El Salvador, Honduras, Nicarágua, Costa Rica e Panamá entre 1990 e 2018, 19 passaram pelo menos algum tempo na prisão após o término de seu mandato.[9] Como argumentei em *El País*:

> Na América do Sul, o Peru constitui um fascinante estudo de caso. O presidente Pedro Pablo Kuczysnki foi forçado a renunciar em 2018 e foi então condenado a três anos de prisão domiciliar. O ex-presidente Ollanta Humala também foi preso, assim como sua esposa, Nadine Heredia. Alejandro Toledo passou anos em uma prisão federal dos EUA enquanto sua extradição era processada. Sua esposa, Eliane Karp, é procurada com um mandado de prisão e está no exterior. Keiko Fujimori, líder da oposição, foi sentenciado a três anos de prisão domiciliar, enquanto seu pai, o ex-presidente Alberto Fujimori, continua a cumprir uma sentença de 25 anos. A prisão provavelmente teria sido o destino do duas vezes presidente Alan Garcia se ele não tivesse disparado um revólver contra si mesmo quando a polícia chegou à sua casa para detê-lo.[10]

Quando os peruanos gritam ¡Que se vayan todos!, eles não querem dizer apenas que os poderosos devem abdicar de seu poder. Eles os querem fora de vista para sempre.

Há uma saída para esse impasse? Podem os sistemas políticos recuperar um senso de normalidade depois de terem sido mordidos pelo vírus da antipolítica? Ou estão condenados a uma escalada futura da antipolítica, com cada arrivista estabelecendo um novo padrão de radicalismo que o próximo desafiante terá de tentar superar?

O registro não é animador. Embora a propagação da antipolítica tenha sido lenta e amenizada em alguns lugares, ela raramente foi revertida. Os italianos conseguiram algumas vezes rejeitar Silvio Berlusconi nas urnas, mas em vez de anunciarem um retorno à política normal, esses episódios são lembrados como interlúdios em um registro de aprofundamento da antipolítica. Na Argentina, o lugar em que nasceu a frase *¡Que se vayan todos!*, Mauricio Macri conseguiu uma breve interrupção do peronismo de 2015 a 2019, mas o fracasso em conter o secular declínio econômico da Argentina, deixou seu mandato marcado como mera pausa entre crises do peronismo.

De fato, o único caso em que a espiral de morte da antipolítica foi bem e realmente detida ocorreu na Tailândia, após o tumultuado período de Thaksin e Yingluck Shinawatra, uma dupla de irmão e irmã que ocuparam o cargo de primeiro-ministro desposando temas clássicos de antipolítica. Seguindo-se a oito anos de conflito em escalada, protestos de rua e polarização sem precedentes, o ciclo foi encerrado por um golpe militar. O *putsch* trouxe uma ditadura militar de longa duração, que lembrava mais a ação das velhas autocracias do século XX que das novas no século XXI.

¡Que se vayan todos! sem dúvida – só que nesse caso, principalmente para o xadrez.

Isso não é uma saída da antipolítica que alguém pudesse ativamente querer. Mas em muitos lugares, nos dias de hoje, parece ser a única em oferta. Mesmo assim, o êxito foi apenas parcial. Em 2020, um novo surto de estridentes protestos de rua sacudiram Bangkok, com jovens tailandeses pedindo abertamente a reforma da monarquia, apostasia impensável em um país em que insultar o rei é uma ofensa criminal. A chegada ao poder de um novo monarca excêntrico e, aos olhos de muitos, megalomaníaco – o rei Phrabat Somdet Phra Paramendra Ramadhibodi Srisinra Maha Vajiralongkorn Mahisara Bhumibol Rajavarangkura Kitisirisumburna Adulyadej Sayamindradhipeshra Rajavarodom Borommanat Pobitra Phra Vajira Klao Chao Yu Hua, para dar seu título oficial, ou apenas rei Rama X para os íntimos –, tem politizado o que muitos viam como a última instituição isenta da nação. A antipolítica não poupa nenhum país.

Na realidade, os caminhos que nos afastam da antipolítica e voltam a um consenso político democrático normal estão ainda para ser rastreados. Uma vez que o Estado tem sido esvaziado tanto a partir do fundo (por virar presa da esclerose institucional) quanto por cima (cedendo poder sobre mercados financeiros globais, instituições supranacionais e capital alojado em abrigos offshore), os eleitores dificilmente têm uma boa razão para voltar mais uma vez ao curral da política normal.

Uma vez que a fé nas instituições tenha sido corroída, reconstruir o consenso político requer um conjunto de habilidades que ainda ninguém parece ter descoberto. O desprezo fulminante pelas instituições e as elites cria metástases. Uma vez instalada essa dinâmica, pois é!, o próximo passo mais provável é a caquistocracia incondicional: governo dos piores cidadãos que uma sociedade tem a oferecer.

É por isso que, à sua maneira, a antipolítica é uma das mais perigosas ameaças à democracia contemporânea. A antipolítica é uma poderosa força centrífuga: destrói a base da política democrática, criando os espaços que os aspirantes a autocratas ocupam. É por isso que seus perigos são sistêmicos, pois a antipolítica corrói a capacidade de a sociedade tomar decisões em conjunto, resolver as diferenças de um modo calmo e institucional, e construir estruturas que incluam a todos. A antipolítica deixa atrás de si uma esfera política que só pode ser governada por imposição. Nesse sentido, a corrosão que exerce sobre as instituições tem poucos paralelos.

Sociedades nas garras da antipolítica muitas vezes descobrem que não podem mais concordar com um conjunto compartilhado de fatos objetivos. Essa é uma tendência amplificada e energizada pelo terceiro P: pós-verdade.

7
O PODER DEPOIS DA VERDADE

Os 3Ps no centro de nossa história não foram criados iguais. Os primeiros dois, populismo e polarização, têm longas histórias e foram amplamente documentados por estudiosos que ambos remontam à antiguidade. A pós-verdade é diferente: é um ataque frontal ao nosso senso compartilhado de realidade que nos pega inconscientes e, portanto, despreparados.

De modo instintivo, "entendemos" populismo e polarização de uma modo diferente de como entendemos a pós-verdade. Por quê? Primeiro, porque achamos difícil diferenciar a mera inverdade da pós-verdade, que é um conceito fundamentalmente diferente. Segundo, porque uma longa tradição no mundo ocidental conecta o tipo de niilismo que há no centro da pós-verdade a regimes totalitários que não sentem embaraço em tripudiar sobre a liberdade de expressão. No contexto de democracias, a pós-verdade é um fenômeno novo e assustador.

Políticos mentem. Têm mentido desde tempos imemoriais. Mesmo a velha história sobre George Washington e a cerejeira* – o mais estimado

---

* Diz a lenda que, quando era criança, George Washington ganhou um machado e sem querer acabou cortando a cerejeira favorita do pai. Quando o pai, irritado com a perda da árvore, o interrogou, Washington respondeu: "Não elogio dos Estados Unidos ao ato de dizer a verdade – foi uma farsa inventada por Mason Locke Weems, um ministro metodista itinerante obcecado por vendas e disposto a lucrar com o bom nome do general: como num *Infowars*[1*] do século XVIII. Propaganda e mensagens, meias verdades e embustes são tanto uma parte do processo democrático quanto revisão judicial e eleições periódicas.

De início, é importante esclarecer o que entendemos quando falamos em pós-verdade e como isso é diferente de uma simples mentira política. Jay Rosen capturou muito bem essa novidade, tuitando: "Frases como 'reescrever a história" e 'turvar as águas' não transmitem o que está em andamento. São uma tentativa de impedir que os americanos entendam o que aconteceu com eles por meio do uso estratégico da confusão".[2] É esse uso estratégico da confusão que torna a pós-verdade muito mais tenebrosa que a habitual desonestidade do poderoso. Não se trata da propagação desta ou daquela mentira, mas de destruir a possibilidade de verdade na vida pública.

Ao sacudir nosso senso compartilhado de realidade, a pós-verdade eleva o populismo e a polarização de um tipo normal de incômodo político para algo diferente e mais fundamental: uma ameaça existencial à continuidade de governos e sociedades livres. Como coloca Alan Rusbridger, ex-editor-chefe do jornal britânico *The Guardian*:

> Uma sociedade que não pode concordar com uma base factual para discussão ou tomada de decisões não pode progredir. Não pode haver leis, nem votos, nem governo, nem ciência, nem democracia sem uma compreensão compartilhada do que é verdade e do que não é. Naturalmente, uma base consensual de fatos é

---

sei mentir. Fui eu que cortei a cerejeira". Logo a irritação do pai se transformou em orgulho: "Prefiro", disse ele, "ter um filho honesto... a ter um pomar repleto das melhores árvores". (N. do T.)

* InfoWars é uma teoria da conspiração da extrema-direita americana e um *site* de *fake news* lançado em 1999 por Alex Jones, já condenado pela justiça. (N. do T.)

apenas o começo. Sociedades sem fonte independente de desafio ou escrutínio também não devem ser invejadas.[3]

Pós-verdade foi definida pelo *Collins English Dictionary* como o "desaparecimento de padrões objetivos compartilhados para a verdade".[4] É uma condição que surge na vida pública quando a linha divisória entre fatos e conhecimento, de um lado, e crença e opinião, do outro, se dissolve ou pelo menos quando esses termos são usados com tanta frequência de modo intercambiável que deixa de haver ampla concordância acerca deles. Ao contrário da mentira, a pós-verdade não é um fracasso moral individual. Não é falha pessoal de uma determinada figura pública. É uma característica da infraestrutura de comunicações da política e poder no mundo de hoje.

Para os filósofos, o lento desgaste de um senso compartilhado de realidade há muito era visto como um problema de ditaduras radicais. Muito de nosso pensamento sobre o problema vem de livros sobre a Alemanha nazista ou a Rússia soviética. É célebre o argumento da filósofa Hannah Arendt de que "o sujeito ideal do regime totalitário não é o nazista convicto nem o comunista convicto, mas gente para quem a distinção entre fato e ficção e a distância entre verdadeiro e falso não existe mais".[5]

Arendt, que sobreviveu por um triz ao Holocausto depois de fugir da Paris ocupada com um falso visto americano, concluiu que apenas a bota cruel de um regime totalitário poderia trazer um resultado tão horripilante. Contudo, os mais bem-sucedidos entre os autocratas 3P entenderam que a explosão absoluta de informação e mídia, *on-line* e *off-line*, cria oportunidades sem precedentes para engano, manipulação e controle. Hoje em dia, ninguém exige a antiquada censura ou controle rígido das mensagens que podem chegar às pessoas. Em vez disso, confiam exatamente no oposto: estratégias centradas em esgotar as pessoas com um completo dilúvio de informações que, pelo simples volume, sobrecarregam nossos filtros críticos. A seleção, com ajuda de máquinas, de mensagens baseadas nas crenças, preconceitos e preferências do destinatário amplifica, de maneiras sem precedentes, os impactos dessas mensagens.

Os autocratas 3P aprenderam a travar esse tipo de guerra explorando as características definidoras da arquitetura de informação de hoje: sua abertura radical, o papel fortemente reduzido que reserva para guardiões da informação e uma membrana cada vez mais permeável separando os meios de comunicação de "prestígio" das selvas desgovernadas da esfera pública digital.

O caso mais célebre é a interferência russa nas eleições americanas, mas o fenômeno vai muito além disso. Para começar, a Rússia se intrometeu nas eleições e na política por toda parte, não apenas nos Estados Unidos. Por outro lado, a desinformação deliberada *on-line* está rapidamente se tornando um componente-padrão do arsenal político usado pelos políticos em todo o globo. A pós-verdade, hoje, está em toda parte.

A Era das Medidas Ativas: Império da Dúvida de Putin

Para entender como a pós-verdade tornou-se uma força definidora da sociedade contemporânea, precisamos voltar às suas origens na União Soviética. Em 1923, os soviéticos criaram o Escritório Especial de Desinformação. O novo escritório foi uma iniciativa pessoal de Joseph Stalin e sua missão era "difundir informações falsas e enganosas, muitas vezes de caráter calunioso".[6]

Que Vladimir Putin, o mestre inquestionável da desinformação no século XXI, se revele como ex-agente da KGB não deve causar nenhuma surpresa. Muito antes do surgimento da internet, os soviéticos haviam expandido a missão do Gabinete de Desinformação e já tinham aperfeiçoado o uso de "medidas ativas": uma estratégia de guerra de informações centrada na implantação de informações falsas para desestabilizar oponentes democráticos no contexto da Guerra Fria.

Os soviéticos passaram décadas desenvolvendo um sofisticado conjunto de ferramentas destinadas a plantar histórias na mídia ocidental com o objetivo específico de minar a credibilidade das instituições ocidentais. As histórias que os agentes soviéticos fabricaram são fáceis de identificar como as precursoras das *fake news* de hoje. Quase sempre, elas procuravam explorar falhas geológicas nas sociedades que tinham como alvo e aprofundar as brechas existentes ou criar novas. E embora muitas caíssem por terra – por mais que tentasse, a KGB não conseguiu fazer ninguém acreditar que a CIA estivesse de algum modo por trás do suicídio em massa em Jonestown, em 1979 (o episódio que legou a expressão "drinking the Kool-Aide"*) – os soviéticos compreenderam que aquilo era um jogo de números: nem toda teoria pegaria, mas algumas delas pegaram e algumas dentre essas superaram os sonhos mais selvagens de seus criadores.

Algumas se mantêm até hoje como teorias da conspiração muitas vezes desmascaradas (e muitas vezes repetidas), quando não francas lendas urbanas. Hoje poucos percebem que, quando ouvimos nosso velho tio afirmar, de modo intransigente, que os pousos na Lua foram uma farsa, estamos ouvindo a fraca reverberação de uma campanha soviética de medidas ativas lançada décadas atrás para obter vantagem estratégica na Guerra Fria: para Moscou, a perda de prestígio que acompanhou a derrota na corrida para a Lua foi um sério revés na busca pelo prestígio global e espalhar rumores de que os americanos haviam fraudado a aterrissagem na Lua foi a tentativa feita pela União Soviética de reduzir o êxito das relações públicas estratégicas dos EUA como fruto da vitória na corrida. Se você já se encontrou defendendo os argumentos de alguém convencido de que a fluoretação da água faz parte de um experimento de controle da mente desenvolvido pelo governo dos Estados Unidos, que o vírus HIV foi desenvolvido como parte de um programa de armas biológicas americanas ou que a CIA estava de alguma maneira envolvida no complô para assassinar John F. Kennedy, você já teve experiência pessoal de ser ludibriado pelas medidas ativas da KGB.

O principal problema da desinformação soviética foi sempre o mesmo: os guardiões. Nos anos 1960 ou 1970, plantar uma história falsa envolvia enganar jornalistas profissionais e editores, profissionais de notícias treinados especificamente para separar o fato da ficção. Para ter uma

---

* "Tomando o *Kool-Aide*", alusão à garrafa do refrigerante em que o veneno teria sido posto. A expressão tem hoje o sentido de obediência cega a um líder ou a uma causa. (N. do T.)

chance de sucesso, as operações de desinformação precisavam ser assuntos relativamente caros, fraudes elaboradas que requeriam o tipo de investimento prolongado e substancial que apenas um superpoder poderia facilmente proporcionar. Os documentos tinham de ser forjados à mão, depois sacudidos por agentes humanos diante de editores céticos com o poder de decidir se o texto era publicável. Talvez fosse preciso arranjar e treinar testemunhas. Muita coisa podia dar errado e, mesmo que a operação fosse um sucesso, não havia garantia de que a história resultante teria o impacto pretendido. Os agentes poderiam trabalhar durante meses numa medida ativa que rendesse uma única reportagem, publicada uma única vez, que não conseguisse ser acolhida e amplificada por outros. Falhas dispendiosas eram comuns, os êxitos eram raros.

Peguemos, por exemplo, a campanha soviética de medidas ativas contra o senador Henry "Scoop" Jackson. Em 1976, o líder antissoviético ativista da bancada democrata do Senado dos EUA anunciou sua candidatura a presidente. Senador veterano do estado de Washington e anticomunista convicto, Jackson foi em determinado momento o favorito para ser indicado como o candidato democrata que desafiaria o presidente Gerald Ford. Sua candidatura fez soar os alarmes no Kremlin e logo a KGB foi encarregada de garantir que Jackson não pudesse vencer.

A campanha de medidas ativas concebida pela KGB era relativamente tosca. Uma série de documentos forjados, vindos supostamente do FBI, foram enviados anonimamente para uma série de meios de comunicação nacionais, bem como para algumas publicações da imprensa *gay*, então pequena, profundamente estigmatizada, e para as campanhas dos candidatos democratas rivais. Os documentos afirmavam que Jackson era um homossexual enrustido e membro de um *sex club gay* clandestino.[7] Os repórteres não deixaram de investigar a difamação, mas as histórias não puderam ser verificadas e foram rapidamente descartadas tanto pela grande imprensa quando pelas pequenas editoras *gays* que, tinham esperado os soviéticos, criticariam Jackson por manter sua homossexualidade em segredo. Embora se tratasse de um projeto prioritário para o Kremlin e recursos consideráveis tivessem sido despendidos nele, a campanha fracassou, sem ter exercido qualquer impacto discernível sobre a competição. Logo Jackson perderia a indicação para Jimmy Carter, então um pouco conhecido governador do estado da Geórgia. Mas nesse caso as medidas ativas da KGB contra Jackson foram apenas um motivo menor entre os muitos motivos por trás do fracasso de Jackson em garantir a indicação de seu partido.

Mas imaginemos como a história de Scoop Jackson poderia ter funcionado se 2,5 milhões de pessoas estivessem nas mídias sociais em 1976, como estão hoje. A simples semeadura da história em uma publicação *on-line* marginal teria sido suficiente para fazer a bola rolar. A partir daí, é provável que histórias inventadas sobre as perversões de Jackson pudessem ter sido induzidas a viralizar no Twitter com um gasto mínimo. Editores de publicações com o mesmo alcance das que rejeitaram a fraude em 1976 provavelmente teriam sido forçados a cobrir senão a história, pelo menos a conversa *on-line* sobre a história.

O simples fato de a história estar sendo comentada na imprensa de categoria daria origem a uma segunda onda de histórias na imprensa marginal e nas mídias sociais precisamente sobre o fato de que a grande imprensa estivesse então cobrindo o assunto. Paralelamente, um exército de robôs do Twitter poderia ter sido mobilizado para direcionar ativistas LGBTQIAPN+ para fazer mais pressão sobre Jackson. Poderiam ter sido criados grupos do facebook voltados para esse objetivo, reunindo a esquerda assim como a direita em torno da história. Coroando tudo, centenas de horas poderiam ser dedicadas a discutir a questão em canais de notícias a cabo. E tudo isso poderia ter sido realizado por uma fração do custo da fracassada campanha de 1976.

Mais ou menos na mesma época em que as medidas ativas da operação Scoop Jackson estavam sendo tomadas, um recruta de 24 anos se submetia a um treinamento inicial na 401ª Escola da KGB em Okhta, na área do que então era Leningrado. Vladimir Vladimirovich Putin sonhava em se tornar um oficial de inteligência desde a adolescência, pois fora criado em meio às histórias da propaganda soviética sobre a heroica bravura dos agentes da KGB em defesa da ditadura do proletariado. Nos 15 anos seguintes – cinco dos quais em serviço em Dresden, no que era então a Alemanha Oriental comunista – Putin se tornaria da cabeça aos pés um homem da KGB. Como era de se esperar, quase nada se sabe sobre os detalhes do trabalho que ele cumpriu como espião soviético, mas o que sabemos é que a KGB de seu tempo gastava imensos recursos em medidas ativas. Quando se reformou, em 1990, no posto de tenente-coronel, Vladimir Vladimirovich já tinha absorvido bem as lições.

Há fortes evidências sugerindo que a ascensão de Putin ao topo do Estado russo nove anos depois apoiou-se em uma das medidas ativas mais audaciosas, cruéis e sangrentas jamais registrada. A partir de 31 de agosto de 1999, a Rússia foi atingida por uma estranha onda de ataques terroristas. Durante um período de 17 dias, grandes bombas detonaram em um *shopping center* de Moscou e depois em quatro edifícios residenciais (a primeira em Buynaksk, no Daguestão, em seguida duas em Moscou, com quatro dias de intervalo, e por fim explode um caminhão com explosivos na frente de um prédio residencial de nove andares na cidade de Volgodonsk).[8] As bombas explodiram à noite, maximizando o número de vítimas civis. No total, cerca de 300 pessoas foram mortas e mais de mil ficaram feridas. Após uma investigação superficial, Vladimir Putin, então primeiro-ministro da Rússia, culpou os separatistas chechenos e usou os incidentes como um *casus belli** para justificar uma guerra brutal que subjugasse a indócil república de maioria muçulmana.

Mas havia sérias inconsistências na explicação oficial. A maior era que, embora quatro ataques tenham sido bem-sucedidos, três outros foram frustrados pelos vizinhos graças ao clima de extrema vigilância que se seguiu às primeiras bombas. Em um ataque frustrado, na cidade de Riazan, os perpetradores foram detidos. Estavam portando carteiras de identidade emitidas pela FSB, a agência que sucedera a KGB.

As autoridades não tiveram uma resposta coerente a dar para esse desdobramento. Após o elogio inicial ao povo de Riazan pela vigilância contra os terroristas chechenos, a FSB mudou de rumo quando seus agentes foram envolvidos e passou a descrever todo o incidente como um exercício de segurança. No decorrer dos anos que se seguiram, pedidos de

---

* Um acontecimento grave que pode ser usado como justificativa para guerra. (N. da R.)

uma investigação independente dos ataques foram sistematicamente recusados; e russos que questionaram a história oficial que culpava os chechenos foram perseguidos de maneira impiedosa.

Os mais famosos e obstinados deles, a jornalista Anna Politkovskaya e o ex-agente Alexander Litvinenko, foram ambos assassinados. Investigações independentes desses crimes apontaram para o envolvimento do aparato de segurança da Rússia.

Hoje, o consenso entre peritos independentes da Rússia é que os atentados aos apartamentos foram orquestrados pela FSB para consolidar a ascensão de Vladimir Putin ao poder. Os ataques à bomba parecem ter sido um híbrido peculiar: tanto uma operação com bandeira falsa projetada para atribuir a culpa pela ação terrorista a um grupo inocente quanto um tipo homicida de medida ativa, com o controle do Estado russo em jogo. O que não pode ser contestado é que a onda de fervor nacionalista que se seguiu aos atentados a apartamentos e a guerra de Putin contra o separatismo checheno levaram ao seu indiscutível controle da Rússia.

As bombas jogadas contra apartamentos em 1999 deviam ter deixado absolutamente clara a natureza do caráter de Vladimir Putin. Do ponto de vista de alguém inclinado a tomar medidas ativas nessa escala, a internet se torna, antes de mais nada, uma vasta força multiplicadora. A abertura radical do novo ecossistema de informação resolve basicamente todos os problemas que tornavam aquelas primeiras campanhas soviéticas relativamente ineficazes, e tudo a uma fração do custo. A mão da velha KGB no Facebook ou no Twitter é óbvia como a mão de uma criança numa loja de doces.

A mais conhecida medida ativa realizada em anos recentes foi o esforço bem-sucedido para influenciar a eleição de 2016 nos Estados Unidos. Foi notável por combinar os velhos temas da desinformação soviética com as ferramentas da era da internet. Mas sua notoriedade ofuscou a realidade de que se tratava simplesmente da medida ativa mais recente em uma lista muito comprida de campanhas russas de medidas ativas *on-line*.

Michael McFaul, embaixador dos EUA na Rússia da era Obama, relata como foi ter sido pessoalmente escolhido como foco de uma dessas campanhas de desinformação:

Na noite da eleição presidencial [russa] em 4 de março de 2012, uma conta falsa no Twitter que parecia idêntica à minha tuitou críticas aos procedimentos eleitorais antes mesmo de a votação ter acabado. A mídia russa enlouqueceu, assim como alguns funcionários do governo russo, acusando-me de interferir de modo flagrante no processo eleitoral. Essa manobra foi tão bem executada que demoramos um pouco na embaixada para perceber o que estava acontecendo. Mesmo eu de início pensei que um dos membros da minha equipe tinha virado um patife, enviando tuítes em meu nome. Finalmente entendemos – a conta falsa estava usando uma letra maiúscula L no lugar de uma letra minúscula l no nome associado a meu identificador do Twitter, @McFaul (@McFauL parece muito semelhante). Finalmente esclarecemos a origem dos tuítes espúrios, mas só depois de algumas horas de histérica cobertura jornalística.[9]

Era uma medida ativa da antiga KGB: cinicamente implantada para destruir qualquer possibilidade de um acordo EUA-Rússia. Foi, McFaul mais tarde refletiria, "a mancha que matou a reinicialização" – a tentativa abortada do governo Obama de remendar as relações bilaterais com a Rússia – tornando-a uma operação de medidas ativas cheia de consequências diplomáticas no mundo real. Para a Rússia, manufaturar a realidade é uma ferramenta de diplomacia.

A velocidade e eficácia de medidas ativas *on-line* encorajaram os russos a tentar jogadas mais ousadas. Considere as demonstrações de duelo que atingiram a Travis Street, no centro de Houston, ao meio-dia de 21 de maio de 2016. De um lado da rua, cerca de uma centena de manifestantes conservadores se reuniram para "deter a islamização do Texas". Diante deles, um contraprotesto dos Muçulmanos Unidos da América se concentrou para "salvar o conhecimento islâmico". A cena foi tensa, com insultos atirados em ambas as direções. Os dois protestos, como esclareceram investigações posteriores, resultaram de uma campanha russa de medidas ativas.

A operação na Travis Street provavelmente foi considerada um fracasso em São Petersburgo, onde a Agência de Pesquisa da Internet – a loja de medidas ativas que parece estar sob controle direto de Putin – havia planejado tudo. Idealmente, os protestos em duelo iriam escalar para a violência, atraindo a atenção da grande mídia e alimentando a polarização e a discórdia que eram os objetivos do Kremlin. Não aconteceu dessa vez, mas sem dúvida a operação não consumira muitos recursos. Revelando em 2017 uma investigação sobre o incidente, o presidente do Comitê Especial de Inteligência do Senado dos EUA, senador Richard Burr (R-NC), estimou que custou ao Kremlin apenas 200 dólares em anúncios no Facebook para orquestrar a coisa toda. Com o custo do fracasso tão baixo, a Agência de Pesquisa da Internet poderia se permitir uma espécie de abordagem probabilística das medidas ativas. Como um prospector de petróleo feliz em cavar uma centena de poços mesmo que 99 deles se mostrassem secos, os russos calcularam que poderiam tentar de tudo, falhar em 99% das vezes e ainda acabar ganhando muito dinheiro.[10]

Eles não estavam errados.

Como nas campanhas de desinformação soviéticas da Guerra Fria, o que os russos precisavam para que uma medida ativa fosse bem-sucedida era chegar à mídia respeitável.

O ecossistema fragmentado de mídia da era da internet torna esse caminho muito mais fácil de percorrer. Uma história poderia começar nas margens das mídias sociais e, se fosse compartilhada por um número suficiente de pessoas, seria recolhida por um recém-revigorado ecossistema de mídia de extrema-direita centrado em Breitbart ou em qualquer outro grande propagador de desinformação *on-line*. De lá, poderia ser apanhada por um veículo mais conservador da grande mídia, como a Fox News. Muitas vezes, o restante da mídia tinha pouca opção a não ser segui-la. O resultado é a constante opacidade da diferença entre diferentes tipos de notícias, tornando cada vez mais difícil para o leitor separar o jornalismo sério da franca desinformação. Como veremos, com o advento da tecnologia "*deepfake*", que permite que uma imagem ou vídeo existentes sejam reapresentados com a imagem de outra pessoa, a versão digital de medidas ativas tornou-se uma nova e aterrorizante ameaça estratégica.

A professora Melissa M. Lee, da Princeton University, descreveu esse tipo de abordagem como "diplomacia subversiva" – identificando a subversão como uma alternativa de baixo custo à força militar tradicional.[11] Nessa visão, novos tipos de subversão digitalmente habilitados criam uma zona cinzenta entre franca ação militar ofensiva e mera propaganda. É uma zona cinzenta onde os formuladores das políticas ocidentais ainda precisam descobrir como navegar.

Pesquisadores da RAND Corporation descreveram a nova abordagem como uma "mangueira de incêndio da falsidade" por causa de suas duas características distintivas: o "elevado número de canais e mensagens e uma descarada prontidão para disseminar verdades parciais ou puras ficções".* Eles observaram que a propaganda russa de hoje "é também rápida, contínua, repetitiva e, de modo crucial... sem compromisso com a consistência". A propaganda russa com alegria se contradiz de um dia para o outro, pois seu objetivo não é ser digna de crédito, mas ser repetida e, desse modo, ofuscar e confundir ao interromper a disseminação de relatos verdadeiros.[12]

Para implementar sua mangueira de incêndio da falsidade, a Agência de Pesquisa da Internet dependia fortemente de exércitos de robôs** para amplificar o impacto da desinformação *on-line*. Um exército de robôs é "um grupo de computadores, infectados com programas malignos através da internet, que podem ser controlados de modo remoto, por exemplo para montar ataques de negação de serviço".[13] São, sem dúvida, uma formidável arma da pós-verdade. Mas há perigos em exagerar o impacto desses exércitos de robôs.

Exércitos de robôs fizeram pouco mais que ajudar em um processo que muitos usuários da internet também gostam muito de ajudar. Sinan Aral, professor da MIT Sloan School of Management, descobriu que é cerca de 70% mais provável que usuários humanos retuitem histórias falsas que histórias verdadeiras. Uma história verdadeira leva seis vezes mais

---

* A mangueira de incêndio da falsidade é um recurso de propaganda em que um grande número de mensagens são transmitidas com rapidez, de modo repetitivo e contínuo, por diversos canais (como noticiários e mídias sociais) sem considerar a verdade ou a consistência dessas mensagens. (N. do T.)

** Exércitos de *bots* [*spambots*, robôs que enviam *spam*]. *Bot* é abreviatura de *robot* [robô]. (N. do T.)

tempo, em média, para atingir 1.500 usuários do Twitter em comparação com uma história falsa. Histórias falsas são retuitadas mais amplamente que declarações verdadeiras em cada nível de uma cascata de tuítes (uma cadeia ininterrupta de tuítes).[14, 15]

O estudo propõe uma explicação preocupante para esse achado: somos presas fáceis de novidades. Em vez de um viés a favor do falso, o que o ser humano exibe é um viés a favor do inesperado, do chocante e novo. Naturalmente, notícias falsas são com muito mais frequência inesperadas, chocantes e mais surpreendentes que notícias reais. Libertos da necessidade monótona de verificar a precisão, os mascates da desinformação fantasista estão liberados para produzir histórias tão chocantes e convincentes que fazem cócegas em todos os nossos gatilhos compartilhados.

Uma velha piada da redação dos jornais é rotular certas matérias como "boas demais para confirmar". Isto é, seriam tão perfeitas em sua forma corrente que pareceria uma vergonha verificar sua precisão e, muito previsivelmente, descobrir que a verdadeira história não era nem de perto tão convincente e compartilhável quanto dizia o informe inicial. Para editores profissionais, "bom demais para confirmar" é uma piada. Veículos sérios vão, é claro, checar. Têm de fazê-lo. As histórias entregues por um processo sério de verificação dos fatos são, com muita frequência, menos empolgantes – e menos compartilháveis – do que teriam sido sem a checagem.

Para os praticantes de desinformação, por outro lado, "bom demais para verificar" é uma declaração de missão, uma vantagem crítica que lhes permite criar histórias que as pessoas não resistem em compartilhar. A abertura radical da internet e o papel diminuído dos guardiões da informação tornam-se vantagens importantes, permitindo-lhes operar com um grau de liberdade antes inimaginável. Com as práticas e instituições que protegiam a sociedade da desinformação em frangalhos, os praticantes das artes sombrias da pós-verdade encontram-se chutando pênaltis sem um goleiro no caminho.

Para tornar as coisas ainda mais confusas, técnicas de propaganda estilo medidas ativas têm uma maneira de colonizar também os espaços de informação da grande mídia. Nos Estados Unidos, por exemplo, os noticiários locais das seis da tarde eram há muito encarados como um refúgio de reportagens "politicamente corretas", mas novos veículos, como a Sinclair Midia, fizeram a estratégica compra de estações de TV locais por todo o país e agora produzem um formato de TV que se parece com os noticiários-padrão, mas que é de fato agressivamente parcial em sua cobertura. Sinclair parece entender que sua missão reside principalmente em difundir os pontos de discussão do partido republicano – um padrão que se repete quando populismo, polarização e pós-verdade reinam sem freios.

Na Venezuela, figuras obscuras que se presume serem furtivamente associadas ao partido no poder compraram *El Universal*, o mais antigo jornal de grande porte, pró-*establishment*, da nação, assim como a Globovision, a principal rede de notícias 24 horas, e os transformaram, com rapidez, em porta-vozes do regime. Tiveram o cuidado de não alterar a aparência de qualquer produto: o tipo de letra e o *layout* do *El Universal* permaneceram os mesmos, assim como a música tema e o logotipo. E muitos jornalistas da Globovision foram mantidos. Para qualquer um fora de uma elite muito pequena, politicamente experiente, não era fácil perceber as alterações, mas o conteúdo foi mudando aos poucos, até que ficou difícil distinguir os dois veículos de outros canais de propaganda do regime.

Histórias semelhantes são encontradas no Egito, Hungria, Índia, Indonésia, Montenegro, Nigéria, Paquistão, Polônia, Rússia, Sérvia, Tanzânia, Tunísia, Turquia e Uganda, entre outros países. A metamorfose furtiva de empresas de mídia independente em porta-vozes governamentais tornou-se uma realidade comum em regimes furtivamente autocráticos. Em cada caso, a propaganda se veste com a roupagem exterior do jornalismo tradicional, emitindo um produto cuidadosamente calibrado para confundir e levar seu público à submissão.

As eleições para o Parlamento europeu, em 2019, viram gigantes das mídias sociais malhando em ferro frio ao tentar acabar com as notícias falsas com a mesma rapidez que os falsificadores conseguiam relançá-las. Em apenas um mês, maio daquele ano, o Facebook fechou 27 páginas com dois milhões de seguidores poloneses por compartilhar conteúdo descaradamente falso que era "antissemita, anti-islâmico, anti-imigrantes, anti--LGBTQIAPN+ e antifeminista".[16] Uma semana mais tarde, na Itália, havia fechado 23 páginas, em geral pró-governo, alcançando um total de quase 2,5 milhões de seguidores, por espalharem notícias falsas e conteúdo anti-imigrantes.[17] Em abril, tinham sido 17 páginas da Espanha, com 1,4 milhões de seguidores.[18]

Qualquer evento que polarize e divida as sociedades democráticas torna-se uma oportunidade para propaganda e a pandemia da COVID-19 não foi exceção. Em meados de 2020, pesquisadores do Oxford Internet Institute constataram que notícias e informações de veículos chineses, iranianos, russos e turcos com respaldo do Estado difundiam ativamente desinformação sobre a crise a usuários de mídias sociais de fala espanhola.[19] Os órgãos de propaganda de cada país enfatizavam um tipo específico de desinformação, com veículos chineses e turcos mais concentrados em dar destaque ao papel de seus países no enfrentamento do vírus, enquanto os meios de comunicação russos e iranianos procuravam mexer em águas passadas, semeando ativamente a discórdia nas sociedades receptoras e espalhando teorias de conspiração sobre a pandemia, muitas voltadas especificamente para públicos latino-americanos. Fosse qual fosse o objetivo da desinformação, o conteúdo dos veículos de propaganda respaldados pelo Estado alcançava, de modo consistente, "maior envolvimento médio por artigo que a informação vinda de destacadas fontes de notícias como *Le Monde*, *Der Spiegel* e *El País*".[20]

Em muitos desses países, a mídia tradicional ainda existe e tenta competir com esses fornecedores de desinformação. No entanto, competem com uma desvantagem crítica. O verdadeiro jornalismo, que tem de se conformar a padrões tradicionais de precisão e verificação nunca pode se equiparar à desinformação ao longo de um eixo crítico: a novidade. E, como observado, nosso cérebro está programado para buscar novas informações.

O resultado é uma espécie de disfunção jornalística que faz a má informação expulsar sistematicamente a boa. E se a situação é terrível na esfera pública, ela se mostra ainda pior no domínio ambíguo, quase privado, do *dark* social *.

---

* Compartilhamento de conteúdo por meio de canais privados que não podem ser monitorados. (N. do T.)

A Escuridão no Coração do WhatsApp

Embora plataformas de mídia social como Twitter e Instagram dominem a conversa nos países desenvolvidos, um tipo diferente de plataforma está crescendo em popularidade em outros lugares. Na Índia, Nigéria, México e Indonésia – para mencionar apenas alguns países – a desinformação viaja cada vez mais na forma de conteúdo compartilhável que, na melhor das hipóteses, estica a verdade e, com mais frequência, apenas a falsifica abertamente para obter vantagem política à medida que ela é transmitida por redes de mensagens privadas.

O rei dessas chamadas redes sociais obscuras, o WhatsApp, a plataforma de mensagens de propriedade do Facebook, mostrou-se explosivamente popular e impossível de controlar em todo o mundo em desenvolvimento graças à sua poderosa combinação de criptografia ponta a ponta (que impede o próprio Facebook de conhecer o conteúdo da mensagem que está sendo transmitida) e à imbatível etiqueta de preço com a palavra *"free"*.

Para ter uma ideia de como as mentiras podem ser prejudiciais nessas plataformas, olhe para a Índia. Desde 2017, uma série de rumores de rapto de crianças começaram a circular nas redes do WhatsApp na Índia, desencadeando um pânico moral que logo se transformou num espasmo de linchamentos quando grupos assustados de aldeões começaram a cercar pessoas que eles suspeitavam estar por trás dos sequestros. Nenhuma prova de que alguma criança tenha sido raptada jamais veio à tona – no entanto os rumores pareciam impossíveis de controlar. Um grande número dos aldeões que os compartilhavam mal sabiam ler e tinham pouco ou nenhum acesso a fontes alternativas de informação que os pudessem advertir de que os rumores eram falsos.

O custo do pânico sobre o sequestro de crianças na Índia foi contado em cadáveres. Em meados de 2018, mais de 50 diferentes ataques surgidos do pânico haviam sido registrados, com 46 pessoas mortas. Os rumores explodiam numa área, desencadeavam uma série de ataques e de repente morriam para ressurgir dias ou semanas depois em outro lugar, às vezes, a centenas de quilômetros de distância. As autoridades estavam visivelmente sem saber como reagir.[21] Em junho de 2018, o governo do estado de Tripura, da Índia, bloqueou o serviço de internet para todos os seus 3,7 milhões de habitantes por uma semana depois de um ataque – uma tentativa desesperada de estancar a enxurrada de rumores.[22] O Facebook acabou limitando o número de vezes que um conteúdo poderia ser compartilhado através da plataforma WhatsApp, numa tentativa de desacelerar a propagação da desinformação.

O pânico do sequestro de crianças não teve motivação política. Na realidade, parece ter se espalhado de maneira orgânica, quando pais assustados tentaram ajudar uns aos outros a proteger os filhos. Serviu, no entanto, de prova conceitual do quanto mensagens sociais obscuras podem ser poderosas no contexto indiano. No momento em que se aproximavam as gigantescas eleições nacionais de 2019 na Índia, onde votariam mais de 600 milhões de pessoas, o terreno estava fértil para uma explosão de *fake news*.[23]

Uma história disseminada no WhatsApp afirmava que Rahul Gandhi, líder do Partido do Congresso, pagaria grandes somas de dinheiro para as famílias de homens-bomba suicidas que tivessem atacado soldados indianos na Caxemira.[24] Outro internauta – um eterno favorito – afirmava que sua mãe, Sonia Gandhi, era mais rica que a rainha da Inglaterra.[25] E num país em que o hinduísmo político é forte e as vacas literalmente sagradas, insinuações de refeições com carne compartilhadas *on-line* arruinavam as perspectivas eleitorais de dezenas de políticos.[26] Grande parte – embora de modo algum a totalidade – da desinformação parecia ser gerada por uma agressiva campanha conduzida pelo partido nacionalista hindu BJP, o partido governante. A intenção era mobilizar os eleitores em torno de suas identidades religiosas pintando o opositor Partido do Congresso como pró-muçulmano, pró-paquistanês e insuficientemente hindu.[27] Deu certo e colocou o primeiro-ministro do BJP avançando suave para uma reeleição inesperadamente confortável e esmagadora.

O WhatsApp permite que pessoas identifiquem destinatários pela foto e torna fácil o envio de mensagens curtas gravadas (chamadas "mensagens de voz"), esquivando-se assim inteiramente da barreira da alfabetização, o que o transforma na primeira plataforma de mídia social a ganhar seguidores em massa entre pessoas analfabetas. Segundo *The Economist*, uma mensagem de voz afirmando que Atiku Abubakar, da Nigéria, um dos principais candidatos à presidência do país, fora endossado pela "Associação de Homens *Gays* da Nigéria" viralizou.[28] Não existe essa associação no que continua sendo um país profundamente homofóbico, mas os insultos *gays* desse tipo estão entre os mais duradouros e mais danosos na maior parte do mundo. O *design* do WhatsApp torna impossível dizer exatamente quantas pessoas receberam a mensagem, mas a história pegou e pode ter contribuído com a derrota de Abubakar para Muhammadu Buhari. Outro falso rumor sustentava que Buhari, um muçulmano, estava planejando ativamente matar cristãos nigerianos. Como um aldeão analfabeto, cuja principal fonte de notícias era o WhatsApp, poderia distinguir a verdade das mentiras?

No México, as fábricas de notícias falsas voltadas para as mídias sociais foram uma parte fundamental da campanha presidencial de 2018. Em uma análise da privacidade de dados no México, a ONG Artículo 12 encontrou cerca de três mil *sites* distintos sendo ativamente usados para gerar e disseminar novas histórias *fake* ou tendenciosas durante a campanha.[29] Foi descoberto que 55% das contas ativas do Twitter apoiando o candidato do partido governante eram *robôs* (programas de computador que simulam humanos na mídia social), muitos dedicados a espalhar notícias falsas. Algumas campanhas aparentemente bem orquestradas pareciam mais destinadas a semear confusão e caos do que a beneficiar qualquer partido político. No início de 2017, por exemplo, em meio a crescentes tensões sociais e protestos em todo o país contra um aumento recente dos preços do combustível, um exército de cerca de 1.500 contas de robôs começou a postar uma *hashtag* alarmante, #SaqueaUnWalmart ou #GoLootAWalmart [VáPilhar UmaWalmart], fazendo pessoas correrem para se trancarem em casa em busca de segurança quando se espalharam rumores de desordens em massa.[30] Setenta e nove lojas foram saqueadas nos dias seguintes, nenhuma delas Walmart. Ainda não se esclareceu quem lançou a campanha ou com que objetivo.

As eleições presidenciais de 2019 na Indonésia mostraram como as coisas podem ficar feias quando uma mídia social sombria [*dark social*] é usada para alimentar a tensão étnica num ambiente politicamente volátil. O principal candidato de oposição, Prabowo Subianto, concentrava grande parte de suas campanhas em apelos à solidariedade mulçumana juntamente com alegações de que o presidente Joko Widodo estava no bolso de interesses chineses.[31] É uma alegação incendiária porque as tensões étnicas entre nativos indonésios e a poderosa minoria étnica chinesa, que está desproporcionalmente representada na elite comercial do país, vêm abrindo há muito uma fissura na nação de maioria muçulmana. Vídeos circulando no WhatsApp afirmavam que o presidente Widodo estava planejando proibir a chamada muçulmana para a oração, bem como o uso de lenços islâmicos em público.[32] A desinformação também fluiu na outra direção, com um vídeo de desinformação viral afirmando que Prabowo estava planejando legalizar o casamento *gay*.[33] Histórias como essas se tornaram comuns, até mesmo rotineiras. É impossível monitorar toda a desinformação compartilhada *on-line*, claro, mas um relatório oficial do ministério indonésio das comunicações e informação documentou pelo menos 700 diferentes farsas relacionadas com eleições nas vésperas da votação.[34]

As coisas saíram do controle logo após a votação de abril de 2019. Em maio, as autoridades chegaram a bloquear o acesso ao Facebook e ao WhatsApp após tumultos se espalharem por Jacarta logo depois de uma eleição presidencial muito disputada. Imediatamente após a eleição de Widodo, teorias da conspiração se espalharam pelas redes de *fake news* da Indonésia. Falavam de soldados chineses secretos se fazendo passar por policiais ou policiais de choque, atirando em manifestantes que rezavam nas mesquitas, desencadeando tumultos em bairros muçulmanos mais pobres que deixaram pelo menos oito mortos e 700 feridos. Os manifestantes gritavam "Expulsem os chineses!" e "Cuidado com estrangeiros!" quando invadiram Jacarta no que só pode ser descrito como um *pogrom* antichinês.

Esses episódios mostram que o medo, a incerteza e a dúvida – MID, como o trio é chamado – tem uma facilidade toda especial para se difundir pelos canais sombrios da mídia. Se, como Marshall McLuhan já afirmou tantos anos atrás, "o meio é a mensagem", a mensagem contida nas redes de *fake news* é clara: o MID vence, e quanto mais estiver presente melhor.[35]

Essa nova paisagem midiática, em que a fronteira entre diferentes tipos de notícias é borrada, serve apenas a uma estratégia simples: inundar a área. Simplesmente gerar um volume enorme de mensagens – muitas falsas, quase todas desorientadoras – e levá-las para as pessoas por meio de canais desregulados (e não reguláveis) torna a desinformação funcionalmente impossível de derrotar. Mesmo os mais educados, mais sofisticados consumidores de mídia lutam para distinguir a verdade da mentira nesse ambiente – quem, dentre nós, minutos depois de tocar no botão de compartilhamento, não foi alertado de que, inadvertidamente, ajudou a difundir a desinformação? Se usuários de mídia tão instruídos não conseguem perceber isso, que esperança haverá para os aldeões do estado de Tripura ou os moradores das favelas de Jacarta?

E as redes de *fake news* são apenas parte desse ecossistema de informação radicalmente novo, ancorado com firmeza na pós-verdade – o terceiro dos 3Ps – e marcado por uma explosão dos canais de comunicação que dependem da internet e outras tecnologias. Juntas, essas tecnologias marginalizam os guardiões tradicionais e borram, de modo sistemático, a diferença entre diferentes tipos de notícias. Como caem os custos de alcançar cada vez mais gente através de mais canais, os guardiões que costumavam informar as pessoas de modo confiável que histórias podiam ser confiáveis e quais não podiam desapareceram. Neste novo mundo, limitar-se a produzir, de maneira incessante, mensagens baseadas no MID [medo, incerteza e dúvida] numa escala suficientemente grande para submeter o público torna-se uma estratégia vencedora – muito superior, em termos de custo-benefício, ao tedioso trabalho de convencer, de modo escrupuloso, um público com base em argumentos ponderados.

Além do MID: o Ridículo como Arma

Mas não são apenas países em desenvolvimento que são suscetíveis à peculiar política da pós-verdade e o MID (medo, incerteza e dúvida) não é o único meio de alavancar tecnologias de comunicação revolucionárias e colocá-las a serviço da confusão e do conflito. Em algumas das democracias mais consolidades e mais antigas do mundo, os líderes 3P descobriram como o ridículo pode ser mobilizado tanto *on-line* quanto *off-line* com efeitos devastadores.

Para ver esse mecanismo em ação, devemos fazer nossa mente voltar a meados dos anos 1990. Na época, atacadistas europeus de frutas e verduras tiveram um problema. Embora um grande e único mercado europeu tivesse sido declarado em 1993, sua implementação permanecia complicada. Pegue a humilde banana: diferentes países europeus tinham regras diferentes para avaliação e classificação de bananas no atacado. A maioria deles tinha uma nota máxima para bananas consideradas adequadas para venda a varejo e uma ou duas notas mais baixas para frutas machucadas ou deformadas, mas que ainda poderiam ser utilizadas no preparo de diferentes tipos de produtos com bananas processadas – purês, comida para bebê, bananas assadas. Mas o esquema de classificação na Bélgica não correspondia exatamente ao da França, que era diferente do da Itália, que por sua vez era incompatível com o da Grã-Bretanha. Um atacadista comprando bananas na África precisaria separar quatro vezes um carregamento para atender aos diferentes padrões de classificação de cada país. Não faria sentido ter um único sistema de classificação de bananas em nível europeu para que varejistas e atacadistas com operações em diferentes países não tivessem de continuar fazendo malabarismos para conciliar os diferentes códigos? A proliferação desnecessária de regulamentações ligeiramente conflitantes sobre bananas era, afinal, precisamente o tipo absurdo de atrito de mercado que o Ato Único Europeu estava projetado para prevenir.

Foi assim que o regulamento 2257/94 da Comissão Europeia nasceu.[36] Em 16 de setembro de 1994, a comissão estabeleceu um sistema de classificação simples, em três camadas, destinado a harmonizar a velha miscelânea de regulamentações nacionais. Bananas destinada à venda no varejo, estabeleciam os regulamentos, deviam estar "livres de curvatura anormal" e para serem vendidas a supermercados como de qualidade superior ("extra") deviam estar livres de defeitos na forma. Naturalmente, bananas de qualidade inferior (e preço mais baixo) podiam ser comercializadas mesmo que suas formas se distanciassem do padrão – mas só se fossem rotuladas como tal. Isso era a harmonização em ação – o tipo de minuciosa configuração-padrão regulamentar que, metodicamente realizada em milhares de mercados distribuidores, contribuía para uma ideia grandiosa: transformar toda a Europa em um único mercado.

Se em 15 de setembro de 1994, tivéssemos entrado nos escritórios de Bruxelas onde os funcionários da Comissão Europeia estavam finalizando o comentário sobre a diretiva relativa às bananas e tentássemos advertir que eles estavam prestes a cometer um erro potencialmente catastrófico, todos teriam presumido que não estávamos falando sério. As premissas com que trabalhavam não eram obscuras; eram rotineiras e pareciam inquestionáveis. O Regulamento 2257/94 não proibia ninguém de vender nada: na verdade, não criava novas regras. Tudo que fazia era simplificar e otimizar os diferentes conjuntos de regras que já existiam. E a ideia de que esse documento técnico e seco pudesse vir a ser de algum interesse para mais que algumas centenas de profissionais de mercado, de despachantes e de operadores atacadistas ativamente envolvidos no comércio internacional de frutas tropicais teria nos parecido tão ridícula quanto... bem, quanto bananas.

E no entanto o regulamento se tornaria uma causa célebre e daria origem a um início de jurisprudência na dinâmica da pós-verdade. A imprensa tabloide da Grã-Bretanha já estava fortemente envolvida em uma campanha que usava o termo "Bruxelas" como substituto para uma elite burocrática e distante, mas intrometida. Com suas camadas de burocracia, seu fetiche pela codificação, seu legalismo continental e seu mais puro *caráter francês*, a União Europeia poderia muito bem ter sido chocada num laboratório para submeter a engenharia genética o perfeito coadjuvante populista britânico. Fleet Street – lar da estridente imprensa tabloide da Grã-Bretanha* – foi uma precursora na caça a *fake news* que viralizavam, mas só na década de 1990 isso tomou a forma de uma corrida para incrementar a vendas de jornais.

---

* Fleet Street é uma rua de Londres que foi sede da imprensa britânica até os anos 1980. (N. do T.)

O pânico moral que os tabloides britânicos passaram a desencadear sobre "Bananas Muito Curvas" se tornaria o modelo para um fluxo interminável de histórias zombando dos contadores de feijão europeus*. *"Now They've Really Gone Bananas"* [*Agora Eles Realmente Piraram* foi a manchete do *The Sun*, o jornal diário de grande circulação de Rupert Murdoch, um lendário eurocético de carteirinha. O subtítulo? "Chefes do Euro Baniram Também o Excesso de Curvas."[37] O *Daily Mirror*, o *Daily Express* e o *Daily Mail* entraram também na onda das bananas curvas. Durante algum tempo, parecia impossível vender um tabloide na Grã-Bretanha se não houvesse pelo menos uma história alarmante sobre a regulação das bananas.

Nenhuma delas era verdadeira, é claro. Em conjunto com as alas mais respeitáveis da imprensa britânica (*"Putting the Banana Story Straight"* [Pondo sem Distorções a História das Bananas] foi a sóbria manchete em *The Independent* de 21 de setembro de 1994),[38] funcionários europeus ficaram um tanto enlouquecidos tentando conter o mito da banana curva. Mas já em 1994, essa manchete irresistível em termos virais viajou muito mais depressa e se estabeleceu na consciência pública com muito mais firmeza que qualquer história com os fatos checados. De certo modo, a visão de sóbrios e sérios mandarins europeus em belos ternos explicando seus pontos de vista sobre a curvatura das bananas só conseguiu fazê-los parecer ainda mais ridículos.

Com o tempo, as histórias dos "burocratas malucos de Bruxelas" tornaram-se uma espécie de gênero jornalístico em si, com a produção contínua de diretivas e regulamentos da UE proporcionando um fluxo interminável de material para *hacks* britânicos criativos tentando escrever a próxima história viral. Entre os mais enérgicos traficantes dessas histórias estava o jovem e ambicioso chefe da sucursal de Bruxelas do *The Telegraph*, um jornal de direita em formato grande. Seu nome era Boris Johnson.

---

*   *Bean counters*, em inglês, contadores de feijão, em português, são profissionais que correm atrás de minúsculas economias que poderiam se mostrar compensadoras quando os "feijões" poupados fossem somados. (N. do T.)

Tendo obtido sucesso com o mito das bananas curvas, a imprensa tabloide saiu à procura de outras histórias de curvatura de produtos. E logo deu início à sua próxima campanha: a suposta proibição na Europa de pepinos curvos. De novo uma regulamentação aprovada com as necessidades de transportadores e atacadistas em mente tornou-se o centro de um furor da imprensa populista (pepinos curvos nunca foram proibidos, mas uma diretriz europeia estabeleceu que pepinos excessivamente curvados tinham de ser rotulados e embalados em separado para vendas no atacado).[39]

Seguiu-se uma série de histórias semelhantes de "euromitos", cada uma mais absurda que a anterior. Pelo menos 500 delas terminaram sendo publicadas de uma forma ou de outra na imprensa eurocética da Grã-Bretanha. Conhecemos o número porque a Comissão Europeia, em mais uma tentativa condenada ao fracasso de rechaçá-las, acabou reunindo todas em um *site*, o melhor lugar para tentar desmascará-las.[40]

Entre as manchetes apresentadas se destacavam:

- Novas Regras Europeias proíbem Açougueiros de dar Ossos a Cachorro
- Regras da UE exigem que as Fazendas de Peixes Orgânicos tratem Quaisquer Sinais de Doença usando Homeopatia
- Funcionários da UE querem o Controle de suas Velas
- [Suas] Salvas de 21 Tiros são Altas Demais, diz Bruxelas à Artilharia Real
- CE proibirá Sanduíches de Lavrador[*]
- Sinos de Igreja são Silenciados por Medo de Lei da UE
- Sinais de Alerta devem ser Colocados nas Montanhas para que os Alpinistas saibam que estão no Alto
- CE vai padronizar Tamanhos de Caixão
- Pontos de Venda de Alimentos terão de oferecer Condimentos em Sachês não em Garrafas ou Tubos de Espremer

---

[*] Sanduíches de queijo e picles. (N. do T.)

- Artista de Circo deve andar na Corda Bamba de Capacete, diz Bruxelas
- UE pode proibir Orquestras de usar Tripa de Vaca nas Cordas

É fácil ver por que esse tipo de reportagem rendia dinheiro aos jornais: era um conteúdo compartilhável *avant la lettre*.* Boris Johnson transformou histórias como essas em uma especialidade pessoal, produzindo uma história atrás da outra que alimentavam os fogos eurocéticos apesar de terem pouca ou nenhuma base nos fatos. A Europa da imaginação de Johnson estaria impondo um único tamanho padronizado de preservativo. Proibindo a reciclagem de sachês com chá. Proibindo petiscos com sabor de coquetel de camarão. Proibindo crianças pequenas de estourar bolas de borracha. Nenhuma das afirmações resistia a uma verificação. Não importava: as histórias já haviam posto Johnson num caminho que, em 2019, acabariam no número 10 da Downing Street, quando ele se tornou o primeiro-ministro da pós-verdade.

A Comissão Europeia tentou diferentes modos de contra-atacar as histórias sem sentido – algumas reações são sérias e tecnocráticas, outras lacônicas, algumas quase suplicantes, umas poucas meramente sarcásticas. Diante do total absurdo, a comissão às vezes se limitava a conceder a si mesma permissão para alguns trocadilhos. A comissão chamou uma história em alta sobre uma diretriz puramente inventada para forçar as vacas a usar fralda nas encostas alpinas de "úbere *nonsense*".[41]

Funcionários europeus, no entanto, lutavam para combater os efeitos corrosivos de histórias como essas. Qualquer um que tenha enfrentado zombaria em um pátio de escola sabe que não há maneira simples de se opor ao ridículo. Não tem a menor importância que pouquíssimas histórias se revelassem inteiramente verdadeiras e que nenhuma fosse remotamente justa. Histórias desmoralizando a UE tinham uma devastadora eficiência ao retratar a sede de Bruxelas da União Europeia como um local onde uma elite ilegítima potencializava a complexidade como arma contra a pureza do público britânico. Era um populismo cru, sem

---

* Isto é, antes mesmo que viesse a existir. (N. do T.)

adulterações, e outro exemplo concreto usado por seus praticantes para mostrar como pessoas que há tanto tempo padeciam precisavam da proteção dos valentes líderes 3P.

Ler essas histórias é ter uma noção da potência política do ridículo como técnica para desmantelar a verdade. Seu poder de permanência desafiou repetidos desmascaramentos. Ainda no referendo do Brexit de 2016, mais de 20 anos depois que a história começou a circular e mostrou ser extremamente irreal, Boris Johnson continuava batendo na mesma tecla. "É uma completa doideira que a UE continue nos dizendo qual deve ser a potência de nossos aspiradores, que formato devem ter nossas bananas e todo esse tipo de coisa", disse ele numa entrevista a algumas semanas da votação.[42]

Alguns esperavam que o peso da responsabilidade associado ao cargo de primeiro-ministro de uma potência nuclear pudesse disciplinar Johnson, convocando mais uma vez o intelectual estudioso de Oxford que ele fora em sua juventude. Nada disso. Na véspera de sua eleição como líder do Partido Conservador Britânico – e, consequentemente, como primeiro-ministro – Johnson se postou na frente de uma multidão que o aplaudia segurando um *kipper* (um peixe defumado), dizendo que falara com um comerciante da Ilha de Man que se queixara em voz alta do regulamento europeu que destruía suas margens de lucro ao forçá-lo a transportar seus arenques em "almofadas de gelo". "Inútil, inútil, caro, prejudicial ao meio ambiente", o homem trovejou antes de acrescentar com um floreio: "Vamos trazer os arenques de volta. Ele é diferente da manjuba vermelha".[43] Nada disso era verdadeiro. Os regulamentos europeus não falavam absolutamente nada sobre almofadas de gelo ou sobre arenques. A Ilha de Man não faz parte da União Europeia... e nem do Reino Unido (é uma "dependência da coroa"). Nada disso importava. Contar histórias exageradas sobre as regulamentações europeias já tinha levado Johnson muito longe e ele não estava com vontade de parar.

Não foi, no entanto, Boris Johnson que tirou a Grã-Bretanha da UE – foi o arraigado sentimento de que a elite de Bruxelas e os plutocratas de Londres estavam separados por um abismo do senso comum do povo puro, o que criava as condições para o divórcio entre a Grã-Bretanha e a

Europa. Este sentimento foi costurado com o peso de duas décadas de histórias ridicularizando as regras da UE com base em uma desinformação sistemática. E nem precisaram da internet para trazê-lo à tona.

Mas embora essas pós-verdades táticas fossem possíveis na era da pré-internet, elas dependiam de jornais, revistas ou rádio e TV para disseminar amplamente suas mensagens. Agora não. A internet transformou todos os seus usuários em disseminadores de informação. Alguns desses usuários alcançam uma meia dúzia de amigos e parentes próximos. Outros alcançam milhões. Alguns são humanos e outros são robôs. A grande maioria das mensagens são anódinas, enquanto outras são parte de um esforço para obter e reter poder ou enfraquecer um rival.

Já se escreveu bastante sobre a propensão patológica de Donald Trump para a inverdade. Segundo os verificadores dos fatos do *Washington Post*, ao final de seu mandato o presidente Trump fizera publicamente 30.573 declarações que eram enganosas ou simplesmente falsas.[44] Como apontou Chris Cillizza, uma repórter da CNN, isso significou que o presidente dos Estados Unidos mentiu em público com mais frequência do que uma pessoa média lava as mãos.[45] Mas tão importante para a estratégia de pós-verdade de Trump é o uso sistemático do ridículo para menosprezar e humilhar adversários: do "baixa energia Jeb", "Li'l Marco" e "Hillary Torta" a Elizabeth "Pocahontas" Warren e "Dorminhoco Joe" Biden, Trump demonstrou um sentimento instintivo para o *bullying* e para a potência política da humilhação. O ridículo, ao que parece, é um complemento crucial para o medo, a incerteza e a dúvida.

Em cada um desses casos, a pós-verdade é sobre a rejeição da complexidade, nuance e razão. É sobre a adoção desembaraçada da manipulação como técnica de governo. É sobre a sistemática exploração dos preconceitos preexistentes das pessoas – seja a desconfiança dos cristãos nigerianos com relação aos *gays*, a animosidade dos hindus indianos com relação aos muçulmanos, a hostilidade dos indonésios com relação aos chineses ou a aversão inglesa por todas as coisas continentais. É sobre explorar o colapso das velhas fronteiras entre notícias reais e propaganda para ganhos cínicos de curto prazo. Tem como premissa a realidade desconfortável de que é muito mais provável que acreditemos numa mentira emocionalmente satisfatória que numa verdade emocionalmente insatisfatória. E à medida que diminui o custo de disseminar mentiras, torna-se fácil sobrecarregar o público com um número imenso de mensagens fraudulentas. É assim que a verdade desaparece e seu papel na vida pública é colonizado por conjuntos conflitantes de incompatíveis certezas tribais.

A Vingança de uma Ideia Perigosa

A ideia de que nada, em última análise, é verdadeiro tem uma longa história. Nos anos 1970 e 1980, um pequeno grupo de extrema-esquerda de intelectuais de um *campus* universitário, liderados por um sociólogo francês radical, Michel Foucault, começou a argumentar que o conhecimento era uma construção de elite: uma ficção como qualquer outra, criada pelos poderosos para que pudessem exercer seu poder.[46] "O conhecimento", segundo um dito famoso de Foucault em tom de gracejo, "não é para conhecer: o conhecimento é para cortar." Nessa visão pós-estruturalista, a realidade é uma sofisticada ficção – uma construção arbitrária montada pelos poderosos para justificar e perpetuar sua dominação sobre todos.

Expressas na linguagem enfática e impenetrável da academia pós-moderna, era extremamente improvável que as teorias dessa turma de intelectuais de elite viralizassem. Destinavam-se a impulsionar o debate científico sociológico e a exploração intelectual – e seus proponentes eram animados pela esperança abstrata de que, se a ideologia da verdade pudesse ser desmantelada, o domínio mortal de uma elite predatória sobre os trabalhadores poderia ser amenizado. Nas mãos de sociólogos como Bruno Latour, essa ideia foi estendida à ciência e à afirmação radical de que os próprios fatos científicos não existem "lá fora" no mundo, mas são meramente artefatos construídos pelo pensamento humano.[47]

O século XXI está provando que Foucault e Latour estavam certos – embora não da maneira que eles poderiam ter previsto ou que teriam saudado. Em vez de ajudar na libertação radical dos oprimidos, a ascensão da pós-verdade está permitindo o estabelecimento de furtivocracias em todo o mundo. Em todos os lugares, das aldeias da Nigéria à entrada da Casa Branca, "fatos alternativos" estão sendo usados para consolidar o poder dos governantes 3P interessados em exercer poder de maneira inexplicável e permanente.

Como mostra David Frum em seu livro *Trumpocracy* [Trumpocracia], essa atitude pós-estruturalista que descarta a verdade como nada mais que um constructo social foi, de fato, um dos princípios organizadores centrais do governo Trump. A enxurrada de meias verdades, enganos, exageros, distorções, inverdades e mentiras descaradas que saíam da Casa Branca pode ter sido inquietante para muitos americanos, mas era desconfortavelmente familiar para pessoas de todo o mundo com longa experiência de lidar com autocracias construídas na estrutura 3P. À medida que a Casa Branca aprofundava sua campanha de mentiras, dissidentes russos, venezuelanos, turcos, húngaros, iranianos, argentinos, indianos, filipinos, nigerianos, argelinos e nicaraguenses olham todos com atenção para seus irmãos norte-americanos como se dissessem: "Vejam com o que temos lidado por todos esses anos!".[48] Em cada um desses países, a ascensão de um novo tipo de autocrata coincidiu com o colapso da esfera pública como lugar para um debate racional sobre assuntos públicos.

A ideia perigosa de Foucault estava em uma segunda vida turbulenta. Deixada na natureza, ela mudaria de lado, sendo transformada em arma pelas forças mais retrógradas da sociedade visando cimentar seu domínio sobre o poder. Nas mãos dos autocratas 3P, a construção social da verdade transformou-se na era de "fatos alternativos" e *"fake news"*: uma época em que os poderosos não reconheciam quaisquer restrições quando se tratava de implantar o MID [medo, incerteza e dúvida] do topo.

Em 2017, as coisas tinham ficado tão fora de controle que até alguns dos proponentes originais da construção social da escola da ciência estavam tendo dúvidas. Em uma entrevista que fez ondas de choque circularem pela academia francesa, Bruno Latour argumentou que os intelectuais deviam ajudar a "recuperar um pouco da autoridade da ciência". Como Pandora olhando com tristeza para o pandemônio que ela havia soltado ao abrir sua caixa, Latour voltou-se para uma defesa convencional da ciência contra a falsidade construída: "Estamos de fato em guerra. Esta guerra é conduzida por uma mistura de grandes corporações e alguns cientistas que negam a mudança climática. Eles têm um forte interesse no assunto e uma grande influência sobre a população".[49]

Muito pouco, muito tarde.

Deepfakes e Mentiras Frequentes

O mais preocupante nessa discussão é a percepção de que só arranhamos a superfície em termos do potencial da pós-verdade para desestabilizar esferas públicas democráticas. Os tipos de manipulações e distorções que experimentamos até agora, por mais profundas que tenham sido, poderiam empalidecer em comparação com um futuro em que ferramentas de informação cada vez mais baratas, mais acessíveis e mais poderosas são liberadas na internet com perigosas consequências.

A maior atenção até agora tem sido focada na perspectiva de *deepfakes*. Usando inteligência artificial e outra tecnologia atualmente disponível, é possível – e cada vez mais fácil – produzir vídeos plenamente realistas de eventos que nunca ocorreram. Após começar com vídeos pornográficos pretendendo mostrar celebridades participando de atos sexuais que nunca aconteceram, as *deepfakes* começaram a se infiltrar na consciência pública e na esfera pública como uma tecnologia singularmente disruptiva no serviço da pós-verdade.

Deepfakes já viraram de cabeça para baixo a presunção de autenticidade que foi por muito tempo anexada à evidência em vídeo; agora isso é uma relíquia pitoresca de uma época passada. E vimos apenas o começo.

Democracias desenvolvidas, com um legado de instituições guardiãs ainda em funcionamento (jornais, noticiários sérios, etc) verão sua resiliência testada. Elas, no entanto, têm alguma chance quando governos e consumidores se tornam mais conscientes dos perigos colocados por *deepfakes*. Mais grave é a situação nas democracias em desenvolvimento com guardiões legados (ou inexistentes) e níveis mais baixos de confiança pública no geral. É preocupante perceber que os políticos que se tornam alvos de ataques *deepfakes* provavelmente estariam certos se calculassem que seriam mais bem servidos retaliando com suas próprias *deepfakes* contra oponentes do que se lançando em uma fútil tentativa de definir o registro correto.

Depois que uma tecnologia se espalha, é difícil domá-la ou conter sua difusão. Enquanto algumas formas de *deepfakes* continuarão a fazer parte dos truques sujos usados por políticos francamente ambiciosos e irresponsáveis, e por seus conselheiros, as novas tecnologias ajudarão a limitar seu impacto. Em 2020, por exemplo, a Microsoft lançou seu Video Authenticator, um *software* que analisa vídeos e fotos, fornecendo uma pontuação que indica as chances de que as imagens tenham sido manipuladas com o uso de inteligência artificial. A empresa também lançou uma tecnologia que permitirá que os criadores certifiquem que seu conteúdo é autêntico e informem usuários que a tecnologia *deepfake* não foi usada.[50] É seguro supor que, à medida que as *deepfakes* se tornarem mais populares e mais perigosas, a demanda por tecnologias que as neutralizem também aumentará.

E não se trata apenas de *deepfakes*. É também a normalização da mentira. Com alarmante regularidade, aspirantes a autocratas em todo o mundo se deparam com soluções semelhantes para o problema de restaurar alguma eficácia para seu poder. O obscurecimento da verdade tornou-se uma abordagem muito comum.

A revolução da desonestidade está no centro do desafio dos autocratas 3P ao *status quo*. Que tantas de suas práticas centrais tenham raízes na prática da era da propaganda soviética nos dá uma dica inquietante sobre a natureza do desafio e o núcleo autocrático de seus praticantes. No entanto, é importante compreender não apenas o que é o mesmo, mas também o que mudou na transição para uma arquitetura da informação baseada na internet. Quando os canais de mídia eram poucos e controlados de perto por guardiões profissionais, os autocratas costumavam temer os fatos e trabalhar de maneira febril para escondê-los. Hoje, como temos visto, eles praticam a "censura pelo ruído" – usando uma mangueira de incêndio da falsidade para abafar a verdade em um miasma de incerteza. Donald Trump aprendeu a lição e sua barragem de tuítes tornou-se um importante fator na política americana.

Como Peter Pomerantsev, jornalista e escritor britânico nascido na Ucrânia, registrou em seu livro *This Is Not Propaganda: Adventures in the*

War Against Reality, isso levou a uma sensação assustadora de que a verdade de algum modo perdeu sua adesão à realidade:

> Durante a *glasnost*, parecia que a verdade libertaria a todos. Os fatos pareciam dotados de poder; os ditadores pareciam tão assustados com os fatos que os suprimiam. Mas alguma coisa correu drasticamente mal; temos acesso a mais informação e evidências que nunca, mas os fatos parecem ter perdido sua força.[51]

As técnicas de desinformação aperfeiçoadas durante a Guerra Fria parecem agora tão brutas e sem sofisticação quanto os efeitos especiais num filme de ficção científica dos anos 1970. Os avanços de ponta foram imensos e o ecossistema da informação também se desenvolveu, dando aos que praticam tais técnicas vantagens preocupantes sobre seus concorrentes. Numa luta pau a pau pelo globo ocular do espectador, a cada momento as *fake news* estão batendo as notícias reais. E só podemos imaginar as tecnologias que, em duas décadas, farão as *fake news* de hoje parecerem tão pouco sofisticadas quanto as medidas ativas soviéticas dos anos 1970 nos parecem agora.

8 ESTADOS DA MÁFIA, GOVERNOS CRIMINOSOS

A história sombria do século XX deixou claro qual era o ponto final natural do velho poder autocrático. Quando levado aos seus extremos, o autoritarismo no século XX desaguou no Estado totalitário: centrais gigantes, todo-poderosas, que controlavam todos os aspectos das vidas pública e privada das pessoas, como as criadas por Adolf Hitler, Joseph Stalin, Mao Tsé-Tung e Fidel Castro.

Mas qual é o ponto final de um mundo de populismo, polarização e pós-verdade?

Deixada por conta própria e desenvolvida ao máximo, para onde leva a energia 3P? Neste capítulo, vamos explorar como a violência, que é a pedra angular do novo poder, dá origem a uma tomada criminosa do Estado, convertendo sutilmente o governo em uma conspiração criminosa cada vez mais ampla, centrada na extração predatória de lucros da sociedade. Os procedimentos dessa estratégia enchem os bolsos dos governantes, o de seus comparsas, e são usados para comprar o apoio político necessário em casa e no exterior.

Esse processo é gradual. No início, os líderes 3P apenas transgridem certas normas estabelecidas de propriedade pública – Donald Trump sobrecarregando o Serviço Secreto para ficar em seus hotéis, digamos, ou Viktor Orbán construindo um estádio de futebol luxuoso em sua cidade natal. Se essas transgressões iniciais são bem-sucedidas, os objetivos dos autocratas escalam rapidamente e o que vem a seguir é um esforço total para neutralizar leis, normas, hábitos e instituições destinadas a conter a má conduta. Bem-sucedido enfraquecimento ou eliminação completa das proteções existentes contra o crime cimentam o poder dos autocratas e confirmam que a transgressão compensa. Em vez de tentar estabelecer ditaduras no velho estilo, os autocratas esvaziam progressivamente o Estado como árbitro imparcial da lei e o transformam em aliado para garimpar a sociedade em busca de lucro.

Muitos confundem os negócios obscuros, amplamente utilizados hoje pelos autocratas 3P, com corrupção. Mas a corrupção se concentra em práticas que aumentam a riqueza de uma pessoa ou de um grupo. O que vemos hoje é diferente na medida em que há empresas criminosas sendo usadas como um apêndice do Estado.

Escrevendo em 2020 na revista *Foreign Affairs*, Philip Zelikow, Eric Edelman, Kristofer Harrison e Celeste Ward Gventer reconhecem que, embora a corrupção sempre tenha existido, ela adquiriu uma renovada potência. O que é novo, escrevem eles...

> ... é a transformação da corrupção em um instrumento de estratégia nacional. Em anos recentes, vários países – China e Rússia em particular – encontraram meios de transformar o tipo de corrupção que era anteriormente mero traço de seus sistemas políticos em uma arma empregada no palco global. Não é a primeira vez que países fazem isso, mas nunca na escala que vemos hoje. O resultado tem sido uma mudança sutil, mas significativa na política internacional. Rivalidades entre Estados têm sido em geral travadas em torno de ideologias, esferas de influência e interesses nacionais; pagamentos paralelos de um tipo ou de outro eram apenas uma tática entre muitas outras. Esses pagamentos paralelos, no entanto, tornaram-se instrumentos centrais de estratégia nacional, alavancados para serem obtidos resultados políticos específicos e para condicionar o ambiente político mais amplo em países-alvo. Essa corrupção armada depende de um tipo específico de assimetria.

Embora qualquer governo possa contratar agentes secretos ou subornar funcionários em outro lugar, a relativa abertura e liberdade dos países democráticos os tornam particularmente vulneráveis a esse tipo de influência maligna – e seus inimigos não democráticos descobriram como explorar essa fraqueza.[1]

Corrupção implica vermos um Estado normal atingido aqui e ali por violações de propriedade e ética. Corrupção implica desvio do estado normal das coisas. Porém, nos Estados criminosos, incubados por autocratas, apropriar-se de fundos públicos para fins privados ou promover insondáveis negócios lucrativos, que são ilegais por natureza e cujo lucro fica disponível para governantes e comparsas, tornou-se o estado normal das coisas. Basta pensar no conglomerado de "oligarcas privados" que controla as riquezas da Rússia e que existe sob o comando do Kremlin – e de Vladimir Putin.

Alguns verão isso como um retorno ao tipo de sistema estatal que dominou a paisagem global há quatro séculos. Era o que os cientistas políticos chamavam de "estado patrimonial". Ao longo da história, controlar o Estado tem significado disponibilizar seus recursos para serem usados para os fins pessoais do governante. A Grande Pirâmide de Gizé e o Taj Mahal não foram construídos para uso público, a não ser que encaremos os interesses do faraó ou do rajá como inteiramente indistinguíveis dos interesses do Estado.

Essa é uma situação que as democracias modernas pensavam ter deixado para trás. Supunha-se que os Estados modernos substituíssem esse tipo de governo personalista por burocracias racionais que administrassem a riqueza pública conforme o interesse público. Isso não significa dizer que não fossem vez por outra corrompidas por políticos inescrupulosos em conluio com líderes empresariais "privados", mas sim que a direção geral da viagem era clara. E muitos imaginavam que fosse também irreversível.

Retrocesso democrático, lubrificado por populismo, polarização e pós-verdade, envolvem com frequência um retorno a um tipo de patrimonialismo do século XXI a que os estudiosos costumam se referir como "neopatrimonialismo". Como argumentou Francis Fukuyama, a decadência do moderno Estado burocrático é tipicamente marcada pelo retrocesso a esse tipo de estrutura.[2] Partindo de alguma versão de burocracia racional, líderes 3P tentam voltar no tempo, recriando a regra personalista da antiguidade na era do Twitter e da inteligência artificial. Entregues aos seus próprios dispositivos, eles vão reverter décadas ou mesmo séculos de progresso rumo à criação de uma sociedade aberta, em que o poder é limitado por uma panóplia de freios e contrapesos; eles trabalharão para transformar o Estado numa conspiração criminosa em expansão. Em vez de criar um Estado para proteger seus cidadãos da máfia, transformam o Estado em uma organização semelhante à máfia, projetada para se apoderar dos ativos mais preciosos da nação, assumir o controle dos negócios mais valiosos e transferi-los para suas famílias e seus comparsas.

Os regimes políticos criminalizados estabelecidos sobre uma fundação 3P são fundamentalmente diferentes das ditaduras do velho estilo do século XX. Os Estados policiais severos, austeros, de um Francisco Franco ou de um Augusto Pinochet são de relativamente pouco interesse para a maioria dos autocratas do século XXI. Na realidade, o destino final é o Estado da máfia: um sistema predatório destinado a permitir que seus líderes disponham de máximo espaço para enriquecer com impunidade e possam virar o poder de fogo do Estado contra quem quer que os ameace em termos militares, eleitorais ou comerciais.

As Raízes de Submundo do Estado

Charles Tilly, sociólogo da Universidade de Columbia, argumentou de modo persuasivo que todos os Estados têm uma origem mafiosa.[3] Ele não estava sozinho em manter essa opinião. No meio acadêmico, as teorias da formação do Estado se esforçam para enfatizar que o Estado não é uma reação contra a ilegalidade, mas sim uma codificação da ilegalidade: os Estados se formam porque os escroques têm um interesse em tornar sua extorsão mais estável e mais sustentável.

Em seu influente artigo de 1982, "Warmaking and Statemaking as Organized Crime" [A Guerra e a Criação do Estado como Crime Organizado], Tilly argumentou que "os governos muitas vezes constituem as maiores ameaças aos meios de subsistência de seus próprios cidadãos". Eles operam, no essencial, da mesma maneira que os escroques. Citando o historiador Frederic Lane, Tilly argumentava que, como os escroques, os governos estão no negócio de "vender proteção... queiram as pessoas ou não". Extrair impostos de seus súditos lhes permite bancar forças armadas com efetivos suficientes para afastar rivais, tanto estrangeiros quanto domésticos. Em seu fundamento, a ocupação de estadista só difere em escala, não em princípio, da ocupação do bandido. "Neste modelo", Tilly escreveu, "predação, coerção, pirataria, bandidagem e extorsão compartilham um lar com seus primos honestos em um governo responsável."

Essa visão, por certo sombria, da origem do Estado tem uma longa linhagem. Sua história remonta aos louvores do século XVI à brutalidade no governo,[4] de Maquiavel, e ao *Leviatã*, de Thomas Hobbes, um tratado de 1651 sobre a necessidade racional de um poder capaz de suprimir qualquer desafio contra ele de modo a manter uma ordem social estável.[5] Para um apanhado mais contemporâneo, uma obra mais recente de Mancur Olson, contrastando a lógica do "bandido errante"com a lógica do "bandido estacionário", fornece uma perspectiva analítica útil. Na visão de Olson, na ausência de autoridade do governo, o vácuo é sempre preenchido por homens ambiciosos que aproveitam a oportunidade para se tornarem "bandidos errantes", viajando de um território para outro, roubando, saqueando e pilhando.[6] Enquanto estão em movimento, os incentivos dos bandidos são de uma deprimente simplicidade: pegue o máximo de saque possível usando a violência que for preciso. Mas imagine um bandido especialmente bem-sucedido que se cansa de viver no lombo do cavalo e decide se estabelecer em determinado lugar. No momento em que pendura as esporas e se torna um "bandido estacionário", seus incentivos se alteram de modo decisivo. Roubar o máximo que puder das pessoas que ele agora governa logo se revelará um procedimento autodestrutivo: todos morrerão de fome e não produzirão mais qualquer riqueza que ele possa roubar. Uma vez enraizado num único ponto, um bandido encontra motivos para oferecer um misto de proteção e espoliação: proteção contra outros bandidos, ainda itinerantes, que agora se tornam uma ameaça para ele, e espoliação, no modo de extorsão regular, pagamentos que, em círculos educados, passam a ser descritos como "tributação".

Para Olson, o bandido estacionário, interessado apenas em explorar aqueles que governa para seu prazer pessoal, começa inevitavelmente a fornecer alguns dos serviços de um Estado. Não faz isso porque é benevolente, mas porque é astuto. Seus interesses pessoais o levam a monopolizar a violência no território que governa, mantendo os invasores afastados e cobrando impostos que podem ser onerosos, mas nunca tão altos a ponto de colocar em risco os meios de subsistência de seus súditos (que agora duplicam, assim como sua base tributária).

À medida que seu poder amadurece, ele precisará estabelecer relações com outros bandidos estacionários em territórios vizinhos (assim nasce a diplomacia), e vai querer passar os frutos de seu esforço para seus filhos (é como são plantadas as sementes da monarquia hereditária). Os Estados, continua essa visão, se formam naturalmente não por qualquer acordo refletido entre indivíduos que firmam com liberdade um contrato entre si, mas graças à pior das tendências humanas: uma vontade de pilhar e dominar.

Com o tempo, reinos bem-sucedidos se tornarão maiores e mais complexos. Quando isso acontece, muitas vezes eles descobrem que hospedam mais de um bandido estacionário: duques e condes vão querer administrar seus próprios esquemas de proteção, embora em menor escala. O desafio, então, passa a ser como organizar essas várias empresas para que os escroques não pisem nos dedos dos pés uns dos outros e o conflito aberto não irrompa entre eles. O objetivo desses primeiros Estados era manter a paz entre os senhores, permitindo-lhes extrair rendas e privilégios dos camponeses sem tropeçar em rixas destrutivas e guerras entre si. Assim como toda máfia precisa de um *capo di tutti capi* (chefe de todos os chefes) para evitar que os capitães atirem uns nos outros, o Estado inicial se desenvolve não para servir as pessoas, mas para garantir que elas possam ser exploradas com relativa estabilidade.

O milagre da modernidade é precisamente que esse primeiro Estado predador tenha evoluído durante um período de cerca de 400 anos para as democracias modernas, pacíficas, em que a lei protege todas as pessoas de maneira igual. Pelo menos em teoria.

Como os Valores da Máfia Estão Reconquistando Estados

Em todo o mundo, da Rússia e Hungria à Venezuela, Nicarágua, Turquia e, surpreendentemente, Estados Unidos, novas elites têm pisado no freio do tipo de ordem moderna em que a República Holandesa e a Revolução Gloriosa da Grã-Bretanha foram pioneiras. Em seu lugar, estão criando o estado mafioso moderno: vastas empresas criminosas sediadas no palácio presidencial.

Essa é uma importante faceta do que Fukuyama chamou "decadência política" – um perigo sempre presente para as políticas avançadas. Para Fukuyama, a transição de um Estado patrimonial (em que os ativos do governante são indistinguíveis dos ativos do Estado) para um Estado moderno (em que os cidadãos são tratados de maneira impessoal e igualitária) é sempre precária e passível de retrocesso – que ele descreveu como "repatrimonialização" do Estado. À medida que é repatrimonializado, o Estado regride várias centenas de anos e se dedica mais uma vez a garantir que somente os amigos dos governantes tenham acesso a uma riqueza verdadeiramente grande.[7]

Uma maneira útil de pensar sobre isso é pensar nas *rendas* no sentido em que os economistas usam a palavra – benefícios que não resultam da criação de valor para a sociedade, mas que vêm mediante o poder político. Originado por Gordon Tullock em 1967,[8] o termo foi popularizado em 1974 por meio da obra da economista Anne Krueger[9], que explicava por que sociedades que se concentraram mais na distribuição de espólios que na criação de valor acabariam por estagnar e desaparecer, Os Estados mafiosos estão obstinadamente focados na criação e distribuição de rendas – nesse caso os benefícios ligados à proximidade com o poder político – e na exclusão dos politicamente desleais do acesso às rendas.

A ideia de que um foco renovado nas rendas seria sinal revelador de uma democracia em colapso já é amplamente aceita. Em *Why Nations Fail: The Origins of Power, Prosperity and Poverty*, Daron Acemoglu e James Robinson observaram que as elites atuais normalmente se sentem ameaçadas por sistemas políticos que permitem o fracasso dos grandes negócios que ficam aquém do esperado, o tipo de "destruição criativa" que estudiosos desde Joseph Schumpeter nos anos 1950 viram como o cerne da notável capacidade que tem o capitalismo de se reparar e renovar.[10] Essas elites com frequência haveriam de preferir substituir esse sistema instável por um que alavanca o poder do Estado para lhes garantir estabilidade no topo. Nações fracassam quando aqueles capazes de produzir riqueza perdem a fé na imparcialidade do Estado e começam a perceber que os frutos de seu trabalho provavelmente serão saqueados e transferidos para quem está politicamente conectado – algo que é praticamente uma declaração de missão para o Estado da máfia.

Um primeiro e incompleto estudo de caso dessa tendência ocorreu na Itália, onde Silvio Berlusconi mostrou que ela poderia atingir até mesmo o coração de uma potência industrial G7. Berlusconi mal se preocupou em esconder que viu a cadeira de primeiro-ministro como em parte passaporte para a riqueza, em parte cartão para se livrar do xadrez e em parte como elemento para mantê-lo como principal executivo do país. A partir de 1994, ele parecia se deleitar com os vertiginosos conflitos de interesse gerados por seu papel duplo como proprietário da maior parte da mídia privada da Itália e, como chefe de governo, fonte suprema de decisão para todas as emissoras públicas. Ele buscou de modo agressivo opções políticas destinadas a enriquecê-lo, incluindo movimentos bastante descarados para enfraquecer os regulamentos antitruste que limitavam a lucratividade de suas participações no setor financeiro e de seguros. No entanto, a falta de vontade (ou incapacidade) de Berlusconi para consolidar-se plenamente como autocrata limitou o impacto de tais medidas: depois que tudo foi dito e feito, ele se viu fora do poder e condenado em uma série de acusações de fraude fiscal, só escapando da prisão graças a uma combinação de idade avançada, manobra legal e extravagâncias do estatuto de limitações da Itália.

As surradas maquinações de Berlusconi – que incluíam supostos pagamentos para proteção de um alto *capo* da máfia siciliana – eram certamente embaraçosas para os italianos. Mas embora Berlusconi tenha abusado do poder para ganho pessoal, seria um exagero afirmar que ele transformou o Estado italiano numa plena organização criminosa. Sua visão era um tanto limitada e o impacto de seus truques sujos ficava mais circunscrito. O caos crônico da Itália também tornava mais difícil instalar e executar a governança altamente centralizada exigida por uma organização mafiosa. Embora tenha mostrado até que ponto um populista com talento para o *show business* podia corromper o Estado, Berlusconi não chegou exatamente a transformá-lo em uma empresa criminosa.

Os Estados mafiosos criados pelos mais autocráticos líderes 3P são muito mais ambiciosos. Em geral, esses novos autocratas tomam o poder em países que fizeram pelo menos algum progresso no sentido de criar um sistema político que tenha alguns dos ornamentos de uma democracia. Assim que chegam ao poder, no entanto, começam a trabalhar para reverter esse processo. Minam as instituições que sustentam a limitada, incipiente democracia usando as ferramentas que discutimos nos capítulos anteriores. Havendo tempo suficiente e margens de manobra, completam a metamorfose do Estado em uma organização criminosa.

O exemplo paradigmático continua sendo a Rússia. É, afinal, o país para o qual um diplomata anônimo dos EUA cunhou o termo "Estado mafioso" alguns anos atrás – como revelado num memo do WikiLeaks.[11] Vladimir Putin avançou mais no caminho da gangsterização do que qualquer um dos outros praticantes da estrutura 3P – e o Estado mafioso que agora opera do Kremlin desestabiliza países ao redor do mundo, do México à Polônia, de Kosovo à Espanha.

No entanto, a Rússia nem sempre foi um Estado mafioso. Apesar de toda as suas falhas imensas – até mesmo genocidas –, a União Soviética tinha pelo menos criado uma aparência de meritocracia socialista: qualquer cidadão soviético que fosse ideologicamente dócil e hábil em administrar as políticas mesquinhas do local de trabalho poderia ascender bastante, com base no talento, nas hierarquias do partido, das forças armadas e do Estado. O caos pós-soviético dos anos 1990 deu uma chance ao mais bem-sucedido praticante do poder 3P. Ao longo das duas décadas seguintes, Vladimir Putin apagaria de maneira impiedosa qualquer memória da hesitante tentativa de abertura da Rússia para criar o mais ambicioso, implacável e eficiente Estado mafioso do mundo.

As origens do Estado mafioso russo são bem compreensíveis. Ele deve suas origens ao nascimento da Rússia saída dos destroços da União Soviética: uma calamidade econômica e uma catástrofe social. Em uma atmosfera de ilegalidade generalizada e caos macroeconômico, e sob pressão dos Estados Unidos e da Europa para liberalizar e criar rapidamente uma economia de mercado, a Rússia lançou o que pode ter sido a maior transferência de propriedade das mãos públicas para privadas na história do mundo. Mas em vez de gerar um Xangri-lá à maneira de Thatcher, com empoderados cidadãos-proprietários, o processo foi rapidamente sequestrado por um pequeno quadro de jogadores bem conectados, com frequência pouco mais que vigaristas baratos que tinham dominado a arte de explorar contatos pessoais em proveito próprio. Em sucessivos *rounds* de procedimentos de privatização de formulação precária, eles se apropriaram do patrimônio industrial da União Soviética, ganhando controle de bens do Estado por uma minúscula fração de seu verdadeiro valor. Em pouco mais de dez anos, o processo transformou a Rússia em um dos mais desiguais países do mundo.

Os ativos soviéticos foram saqueados com um descaramento e numa escala que permanecem difíceis de entender. Os estudos de caso são abundantes. Veja Boris Berezovsky, um dos mais notórios desses atores politicamente conectados. Em poucos anos ele se transformou de medíocre engenheiro de software em um dos mais poderosos oligarcas da Rússia. Usando sua experiência de produzir software para fábricas soviéticas de automóveis, Berezovsky se apoderou de uma rede de revendedores de automóveis que, a certa altura, assumiu o controle efetivo da gigantesca companhia automobilística Avtovaz, capaz de produzir 740 mil veículos Lada por ano. Berezovsky arranjou um mecanismo para, no essencial, se apropriar dos lucros da Avtovaz sem assumir a propriedade real da empresa. Primeiro deixava o balanço ficar carregado de dívidas que se tornavam passivos do governo russo. Mediante uma série complexa de empresas offshore e aliados-chave plantados no primeiro escalão de gestão da Avtovaz, Berezovsky conseguia, de modo regular, comprar Ladas por menos que seu custo de produção e revendê-los com margens brutas de até 50% – cerca de dez vezes a norma global. Era um arranjo freneticamente lucrativo possibilitado pela conivência do Estado russo com o setor automotivo. E Berezovsky estendeu essa abordagem a outras partes da economia russa, da companhia aérea Aeroflot, transportadora de bandeira [*flag-carrier*] da Rússia, e da indústria do petróleo à televisão e à produção de alumínio. Às vezes parecia mais fácil listar os setores da economia em que Berezovsky não estava envolvido do que aqueles em que havia um dedo seu. Um de seus biógrafos concluiu que "nenhuma pessoa teve maiores lucros com o deslizar da Rússia para o abismo".[12]

Na atmosfera de submundo do crime do capitalismo russo nos anos 1990, não havia escassez de rivais se preparando para disputar um ou mais dos territórios extremamente lucrativos de negócios que Berezovsky havia cavado – o que culminou numa série de tentativas de assassinato contra o oligarca, uma das quais envolveu um carro bomba que matou o motorista de seu Mercedes blindado e deixou Berezovsky gravemente ferido.

Com lucros suculentos a serem obtidos a cada passo, os membros do pequeno e encantador círculo de ligações do Kremlin se viram sentados em poucos anos no topo de fortunas de bilhões de dólares. Mas com um número maior de disputas comerciais sendo resolvidas pelo uso do revólver (ou do carro bomba), nenhum deles podia se sentir inteiramente seguro em sua posição. O que os oligarcas mais precisavam era de proteção: um árbitro supremo capaz de resolver as disputas entre eles. Na Sicília, eles teriam dito que precisavam de um *capo di tutti capi*. Na Rússia, seu nome era Vladimir Putin.

A ascensão de Putin ao topo do estado russo se ajusta com incrível precisão à lógica estabelecida na estrutura de criação do Estado de Tilly como semelhante ao crime organizado. Como escreveu Ruth May, uma especialita em Rússia contemporânea:

> Os cerca de mais ou menos 20 oligarcas na Rússia de Putin não têm acesso a pessoas poderosas no governo por causa de sua riqueza, como acontece, digamos, com muitos doadores políticos da América, mas pelo contrário: os oligarcas russos têm acesso a somas obscenas de riqueza devido à sua afinidade com os que têm maior poder no governo. Os homens se tornam oligarcas na Rússia

(não há mulheres oligarcas) porque são leais à única pessoa no governo que importa: Vladimir Putin.[13]

Por meio desse punhado de oligarcas escolhidos, Putin conseguiu transformar o antigo sistema soviético, em que qualquer um disposto a ir tocando a linha do partido era capaz de escalar a hierarquia do poder, em um Estado mafioso. No sistema que Putin criou, um punhado de membros do grupo monopolizam o acesso à riqueza e privilégio... em segurança. O sistema soviético era tudo, menos um paraíso liberal, mas após a morte de Stalin abriu caminhos para um certo grau de bem-estar e segurança material para quem se dispusesse a ser um bom e leal comunista. O Estado mafioso de Putin, ao contrário, reserva segurança e extraordinária riqueza para uma minúscula elite que responde diretamente e somente a ele.

O resultado do ímpeto do choque de privatização da Rússia na década de 1990 é um estranho híbrido. Uma economia que está tecnicamente em mãos privadas é de fato um apêndice criminoso do Estado. Toda a economia russa, para todos os fins e propósitos, está comprometida com o ditador. Putin pode fazer ou quebrar um oligarca com um simples telefonema, um poder que tem se mostrado disposto a exibir para mostrar a outros magnatas o que pode acontecer àqueles que perdem a confiança do chefe.

A história de Boris Berezovsky mostra o sistema em ação com toda a sua brutal eficácia. Tendo acumulado bilhões de dólares por meio de obscuras práticas de negócios, ele cometeu o erro fatal de criticar a movimentação de Putin em prol de uma emenda à constituição russa dando poder ao presidente para demitir governadores eleitos. Votou contra a reforma e renunciou a seu mandato na Duma, o parlamento da Rússia. Desde fins do ano 2000, os veículos da mídia em posse de Berezovsky começaram a atacar Putin em uma variedade de frentes. O chefe não poderia deixar isso continuar e não o fez. Seguiu-se uma rivalidade cada vez maior, mas não havia muita dúvida sobre quem sairia vitorioso.

Em 2006, Boris Berezovsky foi forçado a vender todos os seus bens russos e a fugir para um exílio dourado em Londres. Acabou falido, esquivando-se de inúmeros planos de assassinato e, ao que parece, sofrendo de depressão clínica antes de cometer suicídio em 2013. Em um fecho patético para uma vida de extravagâncias, um de seus atos finais foi enviar uma carta a Vladimir Putin, implorando que lhe fosse dada permissão para voltar à Rússia e se desculpando por seus "erros".

O tipo de ordem que Vladimir Putin havia criado na Rússia dependia do consentimento inquestionável dos oligarcas aos seus ditames. Para Putin, destruir Boris Berezovsky não foi um ato de vingança, pelo menos não em seu fundamento. Ser visto como o destruidor de Berezovsky era, na realidade, um ato de estadista: um exercício de poder necessário para garantir a estabilidade do arranjo geral. É por isso que não seria realmente exato chamar o complexo de economia estatal que Putin lidera de "corrupto". Criminalidade e ato mafioso não são desvios da norma: são um traço central do sistema que Putin criou.

Estados da Máfia: Além da "Corrupção"

O caso russo ilustra o problema de usar a linguagem da "corrupção" para descrever as doenças dos Estados mafiosos. Corrupção – mesmo quando é generalizada – implica afastamento da norma. Estados da máfia fazem algo diferente. Eles vão além de meramente tolerar arranjos criminosos. Eles os anexam à força, incorporando a criminalidade à estrutura do Estado. Na realidade, transformam o crime em uma ferramenta de administração do Estado – praticar o poder por meios criminosos num movimento que Philip Zelikow e seus colegas apelidaram "corrupção estratégica".[14] O modo como as redes criminosas podem ser usadas estrategicamente para garantir e exercer o poder é visto com clareza em narcoestados: Estados mafiosos especializados no tráfico de drogas. Na Venezuela, o que começou como alguns oficiais militares corruptos fechando os olhos para o tráfico de drogas em troca de propinas acabou com uma tomada estatal das rotas do tráfico através do país. Como o premiado jornalista brasileiro Leonardo Coutinho informou, o serviço diplomático venezuelano, por exemplo, tornou-se um canal barato e seguro de distribuição internacional de drogas. Segundo o piloto boliviano que voou pessoalmente em dezenas dessas missões, centenas de quilos de cocaína eram transportados regularmente em malotes diplomáticos resguardados pelo direito internacional de inspeção ou controle por funcionários do governo. Os pacotes seriam transportados semanalmente da Bolívia para a Venezuela e, às vezes, para Havana: uma confederação de três Estados mafiosos conspirando para pôr recursos do Estado a serviço do grande tráfico de drogas em troca de grandes lucros para os que comandam a nação.[15]

Mas a mescla entre o Estado venezuelano e uma organização criminosa vai além do tráfego de drogas. Na Guiana, a sudoeste da região mineira da Venezuela, oficiais militares têm estado profundamente envolvidos no negócio notoriamente violento, perigoso e espoliador da mineração ilegal do ouro. "Manter a ordem" em regiões imensas, escassamente habitadas e ricas em ouro sempre foi um negócio sangrento. Em anos recentes, oficiais militares locais entregaram cada vez mais toda a detestável tarefa a grupos criminosos. De início, eram com frequência gangues de prisões locais, com oficiais militares efetivamente terceirizando o controle das minas para eles. Os chefes das gangues pagariam aos militares uma espécie de taxa de licenciamento pelos direitos de manter a ordem em locais específicos de mineração. Nas minas, uma violência implacável seria aplicada para assegurar que mineiros cruelmente explorados entregassem todo o ouro que extraíssem às gangues da prisão. Massacres de mineiros suspeitos de reter parte do ouro eram comuns e a região é tão remota que, com frequência, as mortes nem chegavam a ser informadas. Enquanto isso, os oficiais do exército instalados no topo do sistema eram transportados de um restaurante caro para outro a bordo de luxuosos SUVs.

Mais tarde, quando o conflito entre os chefões de gangues de prisão rivais ameaçou a estabilidade do arranjo, os militares foram se voltando cada vez mais para o ELN, o grupo de guerrilha colombiano, para o controle das minas – adicionando uma camada adicional de "gestão criminal" à cadeia. Nos campos de mineração controlados pelo ELN, todos os aspectos da vida cotidiana são administrados em proveito do ELN. De mercearias, salões de bilhar e restaurantes a bordéis e clínica de saúde, todo negócio é administrado diretamente por agentes do ELN ou paga

dinheiro de proteção a eles (conhecido como "vacina"). A não vacina-
ção, como todo mundo sabe, pode ser prejudicial à sua saúde.

Não há a menor possibilidade de que a polícia investigativa ou os
tribunais de Nicolás Maduro consigam fazer muita coisa para reprimir
esses acordos. Marca distintiva básica de um Estado mafioso é o modo
como as funções investigativas do Estado são assumidas por elementos
criminosos que passam a agir como facilitadores essenciais do sistema.
Essa é uma razão que, de modo paradoxal, explica por que os Estados mafiosos são raramente atingidos por escândalos de corrupção. Em geral, só
uma medida do poder judiciário é capaz de impulsionar uma história de
irregularidades, tranformando-a em um escândalo público sustentado. A
progressão normal dos processos criminais, da investigação e do indiciamento ao julgamento, fornece uma estrutura em torno da qual os jornalistas podem produzir uma série de reportagens que, em conjunto,
constituem um escândalo. Onde os investigadores se recusam de maneira
resoluta a investigar, é raro que histórias de irregularidades cheguem ao
nível do escândalo.

Embora Estados mafiosos em ascensão sempre planejem criar uma
pequena oligarquia de empresários conectados e de confiável lealdade,
Viktor Orbán, da Hungria, se distingue pela franqueza com que persegue
esse objetivo. Na Hungria, colocar o quadro de empresários conectados
preferido por Orbán na ponta receptora das linhas mais lucrativas de negócios é um objetivo político explícito – empoderar o capital nacional
húngaro. Orbán fala com surpreendente franqueza sobre isso, descrevendo abertamente como tem procurado criar uma camada de empresários
conectados que devam a ele cada aspecto de sua boa sorte e falando da
necessidade de escolher nacionalistas atuantes para o papel. Que os mecanismos que esses "capitalistas nacionais húngaros" usam para enriquecer a si próprios fossem considerados criminosos em qualquer outro lugar
não é mencionado na propaganda de Orbán, mas está inteiramente claro
para qualquer um que se preocupe em olhar mais de perto para a riqueza
deles e suas origens.

Uma investigação de março de 2018 feita pela Reuters destaca a
espantosa audácia do *modus operandi*.[16] Segundo as regras da União

Europeia, a UE – uma organização que Orbán ataca com virulência numa base quase diária – tem o compromisso de fornecer bilhões de euros em assistência ao desenvolvimento das regiões mais atrasadas da União. Na Hungria, centenas de milhões de ajuda da UE foram destinados ao desenvolvimento de uma infraestrutura turística em Keszthely, um *resort* abandonado na ponta sul do Lago Balaton, o maior espelho d'água da Europa central. Nos meses que precederam esse anúncio, porém, um grande número de oligarcas próximos a Orbán começou a comprar hotéis decadentes na beira do lago a preços de liquidação – propriedades cujo valor se multiplicaria assim que os fundos de ajuda externa vindos da Europa fossem investidos em rodovias, energia elétrica, saneamento, parques e outras melhorias. Provavelmente os contratos para a implementação dessas obras públicas acabariam nos bolsos dos mesmos empresários. Viktor Orbán aperfeiçoou a arte de protestar toda manhã contra a UE e passar a tarde toda enchendo os bolsos de seus comparsas com dinheiro da UE. E a corrupção em Keszthely não é exceção: segundo o independente Centro de Pesquisa da Corrupção, de Budapeste, 90% da renda total dos contratos públicos financiados pela UE na Hungria acabam sob o controle dos aliados de Orbán, com estouros de orçamento que podem ser de duas a dez vezes o valor das estimativas originais.[17]

Até aqui, tudo bem rotineiro – em nada diferente das centenas de arranjos corruptos em todo mundo. Os US$ 3 bilhões furtados por Dmitry Firtash de ativos de gás russo sob o patrocínio do Kremlin vêm à mente, assim como muitos outros negócios corruptos em todo o mundo. O elemento mafioso entra quando percebemos que as pessoas que enriqueceram com esses arranjos são indispensáveis para manter o governo no poder. Como qualquer bom chefe de máfia, Órban espera que seus capitães chutem uma parte do saque acumulado no andar de cima sob a forma de favores que solidifiquem o controle do chefe sobre o poder. Em troca, o chefe fornece imunidade geral contra procedimentos judiciais graças ao controle de ferro que mantém sobre os tribunais e promotores do país.

Seguindo o modelo russo, os comparsas de Orbán atuam como agentes para expandir o poder de Orbán: financiando suas campanhas e comprando jornais regionais para garantir que nunca critiquem o primeiro-ministro.

Em 2018, uma dúzia de proprietários de mídia independente entregou o controle de mais de 400 *sites* de notícias, jornais, canais de TV e estações de rádio à Central European Press and Media Foundation, uma entidade de fachada controlada pelos aliados de Orbán.[18] Recentemente, os comparsas de Orbán ampliaram sua área de atuação comprando veículos de notícias no restante do Leste Europeu para que o alcance ideológico de Orbán se estendesse além das fronteiras da Hungria. Todo o arranjo funciona como máquina em sintonia fina para extrair, de maneira ilícita, valores adicionais dos contribuintes húngaros e europeus, assegurando a impunidade dos que propiciam isso e a estabilidade do chefe supremo. Aqui, como em muitas outras coisas, Viktor Orbán é um aluno exemplar de Vladimir Putin.

Ilícito: o Mundo de Hoje Tornou-se um Lugar Mais Seguro para Grandes Cartéis Criminosos Transnacionais?

Em termos rigorosos, Estados mafiosos, no molde venezuelano, são fenômenos extremos. Países que desenvolvem um Estado baseado no domínio da lei raramente revertem às variedades de empreendimentos criminosos que estiveram na raiz do Estado. Contudo, o surgimento de Estados mafiosos tem tornado a vida imensamente mais fácil para cartéis criminosos transnacionais, que agora encontram portos seguros dentro de Estados que eles próprios administram.

Em parte como resultado disso, estamos vivendo uma espécie de era de ouro das redes criminosas transnacionais. Cartéis mexicanos da droga são cada vez mais poderosos, fornecendo uma gama mais ampla de narcóticos num tráfico e redes de distribuição cada vez mais sofisticados. No Norte da África e nos Bálcãs, gangues criminosas especializadas em contrabandear qualquer coisa, de cigarros a pessoas, encontram crescentes oportunidades de negócios numa fronteira europeia porosa, patrulhada de modo errático. Territórios precariamente governados e semirreconhecidos, da Abkhazia e Ossétia do Sul (Geórgia) à Transnístria (Moldávia) e

Kosovo (Sérvia), descobriram que seu *status* crepuscular, tanto dentro quanto fora do sistema internacional, torna-os valiosos *hubs* no tráfico de armas. E ditaduras tradicionais, de Mianmar à Coreia do Norte, acham que seu *status* de Estados lhes permite apelar para tudo, de falsificação de dinheiro à produção de metanfetaminas, com níveis de impunidade que não estão ao alcance de atores não estatais.

Tem havido, em anos recentes, um aumento acentuado da preocupação com a globalização, que estaria "andando para trás" como resultado de atritos comerciais entre os Estados Unidos e a China, com a desunião europeia e a sensação de que o consenso em torno do multilateralismo, do livre comércio e da integração global se desgastou. Com certeza, a pandemia do coronavírus desacelerou a viagem internacional de pessoas e produtos. Contudo, no submundo do crime, a globalização continua avançando a toda velocidade, ajudada por mudanças estruturais subjacentes que têm acelerado a mobilidade de pessoas, dados, ideias e capital. E onde várias vertentes da história que temos contado começam a se entrelaçar, as coisas se tornam perigosas.

A teocracia iraniana, por exemplo, mantém vínculos ativos com organizações criminosas que funcionam como seus agentes. O Hezbollah, seu representante libanês, é conhecido por ser ativo no tráfico de armas e drogas, no financiamento de operações terroristas, em lavagem de dinheiro e numa série de outras atividades ilegais. O Hezbollah encontrou um conveniente porto seguro na Venezuela, onde uma antiga comunidade árabe levantina permite que os agentes se misturem com os habitantes locais. Naturalmente, o narcoestado venezuelano encontra um grande espaço para uma colaboração com o Hezbollah.

É particularmente complicado detectar as redes criminosas transnacionais. Elas permitem a colaboração entre empresas criminosas e por entre geografias que pode ser difícil descobrir. E têm efeitos em cadeia que podem ser difíceis, senão impossíveis de prever. A rota do contrabando de cigarros de hoje pode ser usada amanhã para transportar imigrantes ilegais, terroristas na semana que vem e mísseis terra-ar no próximo ano. Uma vez que haja procedimentos em vigor, as palmas das mãos direitas lubrificadas e os contatos cimentados, a propensão natural do empresário para a diversificação, passando de uma oportunidade de negócios para a próxima, se consolida e torna-se impossível prever o futuro.

No extremo do populismo, da polarização e da pós-verdade se encontra um sistema internacional repleto de atores que veem a ilegalidade como a condição normal da humanidade, atores muito felizes em traficar qualquer coisa e tudo em função do lucro. É provável que a noção de que sociedades livres possam aprender a coexistir lado a lado com uma proliferação de Estados mafiosos se torne uma miragem. A ilegalidade em qualquer lugar é uma ameaça à segurança de todos.

Bárbaros Dentro dos Portões: A Russificação da Interpol

Redes criminosas transnacionais têm vantagem sobre seus adversários na aplicação da lei tradicional porque elas são precisamente isso: transnacionais. Em um mundo de jurisdições nacionais formalmente segmentadas, sua capacidade de transportar facilmente pessoas, contrabando e dinheiro através de fronteiras porosas deixa as autoridades numa perpétua brincadeira de pegar na colcha de retalhos da polícia nacional.

As equipes responsáveis pela aplicação da lei acham difícil manter a coordenação através das fronteiras e essa fricção está embutida nos modelos de negócios dos sindicatos criminosos mais bem-sucedidos. A transnacionalização tem os seus próprios riscos: como a Odebrecht descobriu, quanto mais jurisdições você estiver corrompendo, em mais lugares você pode ser exposto. Os sindicatos da máfia são sempre mais seguros quando permanecem enraizados em países nos quais as autoridades foram compradas e pagas. No entanto, o dinheiro realmente grande sempre atrairá aventureiros dispostos a correr grandes riscos.

O principal organismo internacional encarregado de restabelecer esse equilíbrio, a Interpol, tem falta de pessoal e recursos insuficientes praticamente desde a sua criação. Quando aplica seu melhor potencial – e a Interpol raramente o faz – ela se destina a atuar como uma câmera de compensação para informações confidenciais entre órgãos de polícias nacionais. Mas nos estados mafiosos, essas polícias nacionais estão com frequência, elas próprias, profundamente envolvidas em atividades criminosas, o que significa que qualquer informação que as autoridades nacionais passem para a Interpol tem uma chance bastante razoável de ser de novo filtrada para as pessoas que se pretendia ter como alvo. Não há como contornar o fato de que, quando estamos compartilhando informações por meio da Interpol, nós a estamos compartilhando com os criminosos que governam Rússia, Hungria, Bulgária, Montenegro, Burma, Guiné Equatorial, Venezuela e todos os outros estados mafiosos que encontramos no meio deles.

Como resultado, poucos investigadores sérios confiam na Interpol. É compreensível que se mostrem relutantes em compartilhar sua melhor informação com uma equipe sobre a qual existe a ampla presunção de vazar como uma peneira. A presença nos níveis mais altos da Interpol de representantes oficiais de nações-Estado administradas por governos criminalizados solapa a eficiência da única entidade global concebida para assumir a luta contra redes criminosas transnacionais.

Mas não se trata apenas que os estados mafiosos estejam de prontidão para se beneficiarem do acesso à informação compartilhado via Interpol. O problema é que o principal Estado mafioso do mundo, a Rússia, empreendeu uma campanha de vários anos para virar a Interpol de cabeça para baixo, usando-a como instrumento para ampliar o alcance do poder de Putin para além das fronteiras da Rússia.

Durante anos, o mais elevado funcionário russo na Interpol, Aleksandr V. Prokopchuk, tem usado seu acesso à organização para assediar os críticos do Kremlin ao redor do mundo. Usando o sistema do "aviso vermelho" da Interpol – algo parecido com um mandado de prisão internacional – tem continuamente procurado prender dissidentes russos para onde quer que eles viajem. Para o empresário americano Bill Browder que converteu-se num ativista anti-Putin, esquivar-se dos avisos vermelhos da Interpol tornou-se uma espécie de modo de vida, com a organização, em sua estimativa, tendo acenado contra ele por meio dos avisos vermelhos "dezenas de vezes".[19]

A maioria dos países para onde Browder viaja conhece os antecedentes da história e desconsidera os avisos vermelhos, politicamente motivados, emitidos contra ele. Mas nem todos. Em maio de 2018, Browder tuitou ao vivo sua prisão na Espanha pelas mãos de oficiais que viram sua identidade indicada numa base de dados da Interpol. Embora os espanhóis tenham rapidamente percebido o erro e soltado Browder, a campanha russa contra ele minou a credibilidade do sistema de alerta vermelho, comprometendo o que poderia ter sido um dos mais úteis meios de dissuasão do crime internacional e transformando a Interpol numa espécie de piada para muitos dos que trabalham na aplicação da lei.

Mais no final de 2018, no que deve ser contado entre as mais ousadas operações internacionais do Kremlin em anos recentes, a Rússia se empenhou em um *lobby* para conseguir eleger Prokopchuk presidente da Interpol e o apoio que acumulou foi quase suficiente para isso. Apenas uma campanha de último minuto a favor de Browder e uma investida diplomática dos aliados ocidentais impediu sua indicação. Mas só apenas: Prokopchuk foi nomeado vice-presidente da Interpol.

Na prática, a presidência da Interpol é um cargo em grande parte cerimonial. Mas a indicação de Prokopchuk cumpriu um valioso papel de sinalização. O circo que envolveu sua nomeação corroeu ainda mais a confiança que agências de aplicação da lei em todo o mundo tinham na Interpol. E um mau funcionamento da Interpol é um resultado altamente desejável para os Estados mafiosos do mundo.

9 OS AUTOCRATAS 3P SE TORNAM GLOBAIS

Os praticantes 3P não se contentam em apenas solidificar silenciosamente o poder sobre suas próprias sociedades. Eles também são pioneiros em um novo tipo de colaboração internacional, criando redes de vínculos formais e informais destinadas a consagrar sua legitimidade, ganhar dinheiro, aumentar sua segurança nacional e pessoal e, o mais importante, assegurar seu controle do poder. Com frequência suas *joint ventures* internacionais, alianças e atividades compartilhadas com outros líderes que também utilizam estratégias 3P, são conduzidas sob um manto de extremo segredo. Esse novo tipo de diplomacia ultrassecreta visa criar laços de solidariedade entre governantes que podem diferir marcadamente em sua ideologia, mas compartilham uma reconhecível concepção de poder como algo permanente e como inaceitáveis e evitáveis quaisquer inspeções sobre eles.

As alianças entre nações são a base das relações internacionais. Não deve, portanto, haver nada de especial nos líderes que confiam no populismo, na polarização e na pós-verdade para se manterem no poder e entrar em alianças com outros Estados, como fazem os outros líderes. A diferença é que as alianças buscadas pelos líderes 3P, em vez de exporem uma preocupação com o interesse nacional, visam dinamizar e proteger seus interesses pessoais.

Os governantes 3P não demoram a entender que não podem sobreviver isolados. Em um mundo interconectado, o poder isolado é sempre precário. Se eles querem ser capazes de manter um controle firme do poder, precisam projetar esse poder além de suas fronteiras, o que conseguem explorando a solidariedade com líderes afins. Esses aliados estrangeiros lhes permitem criar coalizões iliberais que os defendam contra os esforços liberalizantes de partes importantes da comunidade internacional.

Esses arranjos transnacionais entre autocratas atuam como um sistema de apoio mútuo. A colaboração com outras nações autocráticas e seus tão parecidos líderes 3P cria fontes estrangeiras de apoio e, muito importante, estimula a legitimidade em casa.

Mas não são apenas as alianças autocráticas que se tornaram globais; foi também a própria repressão. O *think tank* Freedom House chama isso de "repressão transnacional", definindo-a como o que acontece quando "os governos atravessam fronteiras para silenciar a dissidência entre diásporas e exilados, inclusive por meio de assassinatos, deportações ilegais, sequestros, ameaças digitais, abuso da Interpol e intimidação familiar".[1] Freedom House documentou mais de 600 casos desse tipo nos últimos anos, afetando dissidentes de 31 diferentes países indo do Sudão e da Rússia à Guiné Equatorial e ao Uzbequistão.

Tornar-se global abre novas e atraentes oportunidades para líderes 3P e seus comparsas. Eles podem juntar forças com as ditaduras da velha escola, com líderes democraticamente eleitos que possuem tendências autocráticas ou com ambos, cada um ajudando de diferentes maneiras a pôr um verniz de legitimidade diplomática em modos de governo fora da norma liberal.

Apesar de todas as bravatas contra o globalismo, os autocratas 3P formam cada vez mais sua própria rede global paralela – uma espécie de versão de cabeça para baixo da ordem liberal. Podemos chamá-la de *pseudointernacionalismo*, encarnação global do pseudodireito. Para esses líderes, o pseudointernacionalismo significa o respaldo mútuo em cenários formais: apoiando as prioridades uns dos outros, as nomeações de pessoal e as posições em instituições internacionais da Interpol e do Tribunal Penal Internacional, bem como as indicações para a FIFA, a Federação Mundial de Xadrez e várias agências das Nações Unidas. Significa promover os pontos de vista mútuos sobre os órgãos de propaganda de uma parte e da outra e promover os interesses mútuos por meio de todo o espectro de instrumentos diplomáticos, dos convencionais (discursos, pareceres, conferências, cúpulas, oportunidades de fotos) aos decididamente suspeitos (exércitos de robôs do Twitter, medidas ativas, embargos contornáveis, subterfúgios financeiros). Significa unir forças para lançar sofisticados sistemas de transmissão que irradiem propaganda diretamente para as casas de pessoas que vivem em sociedades abertas. Significa conferir publicamente a legitimidade simbólica uns dos outros, reunindo os recursos para manter privadamente o poder.

Os autocratas 3P parecem achar fácil estabelecer laços pessoais com seus pares, construindo vínculos fortes, mesmo ao cruzar amplos abismos ideológicos, com aqueles que adotaram os 3Ps e promovem, como chaves para acumular e exercer o poder, o enfraquecimento ou mesmo o total cancelamento de freios e contrapesos. É assim que o poder 3P se torna global – criando uma rede de parcerias táticas, descentralizadas e com frequência furtivas entre nações governadas por líderes não liberais para ajudar a promover os interesses comuns de uns e de outros. Como opera essa irmandade? Quem a comanda? Como? E que diferença isso faz?

"NÃO PARABENIZAR":
A Política da Chamada da Noite da Eleição

Foi um momento que sintetizou o inquietante novo normal da rivalidade das grandes potências dos dias de hoje. Em 18 de março de 2018, Vladimir Putin teve uma vitória esmagadora em uma eleição que praticamente ninguém julgou digna desse nome. Embora tivesse desqualificado, prendido ou exilado todos os seus mais respeitados adversários e os excluído inteiramente da TV e do rádio, ainda assim Putin sentira a necessidade de apoiar sua vitória em milhões de urnas abarrotadas de votos, que lhe proporcionaram um indecoroso 76,7% dos votos na charada quinquenal de democracia da Rússia.

As democracias estabelecidas do mundo entenderam que não poderiam fazer grande coisa para retardar processos como esse. Tudo que podiam fazer era reter a legitimidade simbólica que vem com o reconhecimento internacional. Isso se tornara claramente uma questão de preocupação em Washington, onde funcionários do Conselho de Segurança Nacional compartilhavam o consenso mais amplo que via a Rússia como ameaça estratégica a ser contida na sequência de sua violenta anexação da Crimeia em 2014 e sua interferência nas eleições presidenciais dos EUA. Infelizmente, esses mesmos funcionários do Conselho de Segurança Nacional tinham se tornado muito conscientes de que o presidente Trump raramente lia os materiais informativos preparados para ele com o maior cuidado. No final, a solução foi simples: eles escreveram "NÃO PARABENIZAR" em letras grandes no topo das notas informativas do presidente. Não funcionou. De fato, o tiro saiu pela culatra. Dias depois de receber o *briefing*, o presidente Trump ligou para Putin para estender as felicitações que sua equipe tinha tornado uma prioridade reter. Foi um crucial e cobiçado sinal de aceitação americana que, entre outros gestos semelhantes, deu a Putin a confiança necessária para reformar a constituição da Rússia em 2020 a fim de permitir que ele permanecesse no poder até 2036.

O vazamento do memorando "NÃO PARABENIZAR" fornece uma pista fascinante para a dinâmica da economia dos parabéns. Em um cenário mundial em que os autocratas estão cada vez mais ansiosos para se fazerem passar pelo que não são, toda a questão do telefonema de congratulações pós-eleição passou, em graus impensáveis apenas há alguns anos, de rotina educada para um campo minado diplomático.

As felicitações na noite das eleições muitas vezes revelam mais sobre os líderes que as apresentam que sobre aqueles que as recebem. Via de regra, os autocratas 3P felicitam tanto os eleitos convencionalmente quanto seus companheiros autocratas – um meio sutil de apagar a distinção entre os dois. Mas é assimétrico: os líderes das verdadeiras democracias evitam felicitar pessoalmente os eleitos em circunstâncias questionáveis. Quando a necessidade diplomática impõe um reconhecimento, é comum delegá-lo ao ministro das Relações Exteriores, preservando uma pequena distância. E mesmo para ministros, isso pode ser arriscado: em seu papel como secretário do exterior do Reino Unido, Boris Johnson foi duramente criticado por parabenizar Victor Orbán pela vitória nas eleições de 2018. Em certos casos, como na famosa mensagem que Angela Merkel enviou a Donald Trump na véspera das eleições de 2016, eles vão contrabandear um aviso sutil entre as felicitações:

> A Alemanha e a América estão vinculadas por valores comuns – democracia, liberdade, bem como o respeito pelo Estado de direito e a dignidade da cada pessoa, independentemente de sua origem, cor da pele, credo, gênero, orientação sexual ou opiniões políticas. É com base nesses valores que desejo oferecer estreita cooperação, tanto comigo pessoalmente quanto entre os governos de nossos países.[2]

Não é preciso ser um mestre em diplomacia para ler aí a mensagem nas entrelinhas.

Para os autocratas 3P, acumular chamadas de congratulações é um meio valioso de projetar força – e quanto mais elevado o perfil do congratulador, melhor. Quando, em 2017, Recep Tayyip Erdoğan ganhou um referendo para reformular a Constituição turca a fim de aumentar seu poder, ele recebeu telefonemas de felicitações do presidente do Azerbaijão, Ilham Aliyev, do emir do Catar xeique Tamim bin Hamad Al Thani, do presidente palestino Mahmoud Abbas... e de Donald Trump. Não é difícil ver que mensagem terá feito mais para fortalecê-lo.

Essa conversa sobre congratulações pode parecer frívola e enigmática; não é. Os líderes 3P são, quase por definição, inseguros sobre a legitimidade de sua liderança e têm como preocupação central valorizá-la. Nessas condições, questões de protocolo e ritual podem se tornar uma obsessão.

O poder que repousa sobre esses líderes precisa, criticamente, ocultar o núcleo autocrático: é por isso que eles dedicam recursos consideráveis para sustentar uma narrativa que os legitime, por mais obviamente desmentida pelos fatos que ela seja. Qualquer sentimento de que estejam fora de sintonia com o *mainstream* internacional é uma ameaça muito séria. Precisam convencer seu próprio povo de que o resto do mundo os respeita, aceita suas práticas de governo e os trata como iguais. Quando sustentar uma ilusão de ordem democrática normal é uma prioridade, devemos tomar cuidado para que a fricção internacional não desfaça as conquistas duramente alcançadas da propaganda doméstica.

As armadilhas são reais. Quando em 2018 o venezuelano Nicolás Maduro ganhou uma eleição amplamente vista como fraudada, a questão de saber quem emprestaria uma pátina de legitimidade dispondo-se a participar pessoalmente de sua posse tornou-se uma espécie de fixação. Na realidade, somente um punhado de personalidades estrangeiras foram testemunhar a charada, a maioria delas lideranças latino-americanas de extrema-esquerda. Do resto do mundo só foram dois líderes: Anatoly Bibilov, presidente da Ossétia do Sul, e Raul Khajimba, presidente da Abkhazia. Ambos são fatias separatistas da Geórgia que agem, efetivamente, como Estados marionetes da Rússia. Sua independência não é reconhecida por quase ninguém no resto do mundo, salvo a Rússia e um punhado de seus clientes: Síria, Nicarágua, Venezuela e Nauru. Longe de fortalecer a posição de Maduro, sua dramática incapacidade para atrair líderes de maior envergadura só ressaltava como sua fraudulenta eleição não conseguia produzir a legitimidade democrática que ele tinha em mente.

O aperto em que Maduro se viu aconteceu com outros. Em muitos casos, os líderes 3P podem produzir apenas uma tênue fachada de regime democrático. É uma construção artificial que não resiste a muito escrutínio porque não é projetada para pessoas interessadas em muito escrutínio. A necessidade que eles têm na arena internacional não é muito profunda: apenas o suficiente, em termos de validação internacional, para poder reforçar a charada democrática doméstica.

É por isso que Putin parabeniza Duterte, que parabeniza Orbán, que parabeniza Daniel Ortega, que parabeniza Nicolás Maduro, que parabeniza Putin em um círculo fechado de solidariedade autocrática. Esse círculo – chamemos Autocratas Sem Fronteiras – está se tornando cada vez mais um fator relevante nos assuntos internacionais.

Os laços internacionais criados pela diplomacia congratulatória tornam-se tangíveis pelo contato pessoal. Especialistas em encenação e na projeção do poder, os autocratas 3P aprenderam a respeitar o poder da imagem. Reunidos com outros autocratas 3P ou com ditadores da velha escola, a cúpula manipulada torna-se um ativo-chave em uma tentativa de dissipar qualquer dúvida sobre a legitimidade de seu poder.

Às vezes, as tentativas de fazer isso dão espetacularmente errado, desenhando um ridículo impiedoso. Na primeira viagem ao exterior do presidente Trump, em maio de 2017, ele foi fotografado ao lado do rei saudita Salman bin Abdulaziz Al Saud e do presidente egípcio Abdel el-Sisi manuseando uma esfera que tinha um brilho misterioso e parecia saída diretamente do covil do vilão de uma história em quadrinhos. A ocasião foi a abertura oficial do Centro Global de Riad para o Combate à Ideologia Extremista, mas pouco importava: o que havia no alto da imagem ia junto com a foto, transformando aquilo numa instantânea sensação de mídia social e evocando comparações com todas as coisas de *Star Trek* e Harry Potter ao conclave das bruxas em *Macbeth*.

Mais tarde, nos bastidores da cúpula do G7 em Biarritz, França, Donald Trump saudaria El-Sisi do Egito com um efusivo "onde está meu ditador favorito?"[3] – um exemplo do tipo "dizer em voz alta a parte do silêncio" pela qual o presidente americano estava se tornando conhecido. No passado, isso teria sido visto apenas como uma gafe diplomática. No mundo dos autocratas, porém, é assim que os presidentes de verdade, realmente machos, "dão o seu recado".

Essa *performance* de *showman* de má qualidade jamais seria tolerada na Moscou de Putin. Como em tantas outras coisas, o presidente russo lidera quando se trata de exibir poder por meio da pompa e circunstância de cúpulas, encontros bilaterais e "conferências" internacionais cuidadosamente encenadas. Em uma série de reuniões tripartidas, altamente coreografadas, com os líderes do Irã e da Turquia, o Kremlin mostrou como o domínio do visual pode não apenas reforçar a legitimidade, mas levar a reais avanços diplomáticos no terreno.

Mas seria um erro pensar que os autocratas 3P se voltam para a arena internacional apenas por razões estratégicas, quer internacionais quer domésticas. Para muitos, o ego é um poderoso condutor. Todos os políticos, de qualquer safra, compartilham uma tendência sinalizada para o narcisismo. A esse respeito, no entanto, os autocratas costumam ser mais explícitos em deixar o mundo saber que possuem talentos especiais e únicos, destacando-os do resto da humanidade. Um dos riscos ocupacionais de ser um autocrata 3P é ser iludido pela crença de estar destinado ao cenário mundial, de ter um gênio e um peso histórico vastos demais para serem contidos em um único país. O narcisismo, ao que parece, pode ser uma ferramenta de poder.

Veja o ALBA, de Hugo Chávez, a tão alardeada Alternativa Bolivariana para as Américas.[4] Oferecida como alternativa à malfadada ALCA, Área de Livre Comércio das Américas, a Alternativa Bolivariana foi vendida como rampa de saída do neoliberalismo, encarnação palpável do velho lema da esquerda dizendo que "outro mundo é possível". Nunca tímido para dar voz às suas ambições, Chávez promovia a ALBA em termos grandiosos como o primeiro passo para realizar o sonho alimentado por Simón Bolívar no século XIX de uma união de nações latino-americanas fortes o bastante para proporcionar um contrapeso aos Estados Unidos. Enquanto até a primeira década do século XXI, a Onda Rosa de governos de centro-esquerda e esquerda chegava ao poder, as reuniões da ALBA tornaram-se o *"it"* do calendário diplomático da região: o local onde o sonho seria construído.

Seguiram-se propostas faraônicas. Chávez anunciou que construiria uma linha férrea entre Caracas e Buenos Aires, um projeto gigantesco cuja viabilidade dos objetivos financeiros, ambientais, de engenharia e comerciais ninguém fizera uma tentativa séria de avaliar, mas que ainda assim rendeu manchetes irresistíveis. Mais tarde foi um gasoduto transandino de gás natural projetado para contornar o Brasil, aparentemente porque o governo brasileiro havia expressado ceticismo quanto ao projeto. Que os projetos realmente não fizessem nenhum sentido, exceto como dispositivos para sinalizar de modo atraente as ambições da ALBA, era algo que parecia incomodar muito pouco. Os anúncios atuavam mais como mensagens, placas sinalizando uma direção estratégica e, em especial, como afirmações nada reservadas de poder desenfreado, não de planos reais para projetos do mundo real.

Nenhum desses projetos chegou a ser concluído. Quaisquer quantias que tenham sido atribuídas a eles nunca foram contabilizadas, desaparecendo no sopro de corrupção que envolveu todas as grandes iniciativas da era Chávez. As promessas serviram de cobertura para um grande ato de furto estatal, sim, mas fizeram mais que isso. Projetaram uma grandiosa narrativa ampliada para atender ao ego do autocrata.

Uma Invasão de Exércitos de Robôs: Catalunha e Além

Para ver essa ambição russa em ação, pense na abordagem *"sharp power"* que foi usada para minar o Estado espanhol.* A expressão, cunhada por Christopher Walker e Jessica Ludwig, abrange o tipo de campanhas disruptivas de medidas ativas que a Rússia de Putin transformou em sua marca registrada.[5] E embora o "poder acentuado" tenha sido implantado em todo o mundo, poucas implantações foram tão bem-sucedidas quanto a guerra *on-line* que a Rússia coordenou, em fins de 2017, em torno das malfadadas ações de separatistas catalães para tornar-se independentes da Espanha.

O nacionalismo catalão era precisamente o tipo de falha geológica social que o Kremlin adora expor e explorar: uma fissura de longa duração, pronta para ser aproveitada em busca de vantagem geopolítica. Sem dúvida os russos não o criaram, mas seu *modus operandi* sempre foi procurar, de modo oportunista, falhas geológicas sociais que surgem de maneira espontânea e depois se projetarem nelas como vingança.

O Kremlin havia percebido que a Espanha estava a caminho de uma grande crise, com nacionalistas populistas da Catalunha promovendo uma grande mobilização em prol de uma secessão que poderia desestabilizar uma das maiores economias da Europa ocidental. Moscou tinha acumulado vasta experiência conduzindo esse tipo de operações de influência *on-line*, identificando grandes fissuras internas dos países e explorando todo o seu potencial de desestabilização. Eles eram bons nisso.

Porém, na Catalunha os russos tiveram um problema espinhoso. Seus robôs [*bots*] estavam no idioma errado. Durante anos, o Kremlin vinha construindo um exército de robôs *on-line* customizados para causar

---

* *Sharp Power*, ou Poder Acentuado, é o uso feito por um país de práticas diplomáticas manipuladoras para influenciar e/ou minar o sistema político de outra nação. (N. do T.)

estragos a uma opinião pública falante de inglês. Esses robôs tinham sido programados para seguir as contas uns dos outros na mídia social, cada um ajudando o outro a simular ter um grande público, o que os ajudava a construir um séquito substancial de seguidores com seres humanos reais. Mas os robôs ingleses eram inúteis para entrar no debate sobre a Catalunha que estava se tornando o ponto crítico da linha de falha na Espanha. Obviamente não era possível desestabilizar o público espanhol com milhares de robôs tuitando e postando em russo ou em inglês. Eles precisavam de um exército diferente de robôs, *en español*.

Alguns robôs tinham sido reunidos de maneira apressada, mas para criar o restante o Kremlin se apoiou num aliado. Durante a maior parte de uma década, o ministério das comunicações da Venezuela vinha acumulando seu próprio exército de robôs. Ele fora projetado para manipular a opinião pública da Venezuela, não da Espanha, mas estava conectado com muitos humanos. E humanos que sem dúvida falavam espanhol.

Logo a campanha começou. Aumentado pelos robôs venezuelanos, o exército russo de robôs desencadeou uma tempestade de tuítes, mensagens e *links* para histórias *fake*, tudo minuciosamente calculado para aprofundar a crise separatista catalã. As ferramentas de manipulação clandestina haviam estourado as fronteiras nacionais e se unido para promover um interesse comum em semear o caos e minar por toda parte as instituições democráticas.

Robôs russos e venezuelanos tinham se juntado para semear o MID: medo, incerteza e dúvida. Histórias de policiais espancando velhinhas na fila para votar eram exageradas, sensacionalistas e repetidas de modo incansável. Histórias infundadas sobre Madri estar planejando aplicar a lei marcial em Barcelona eram geradas por veículos russos de propaganda e repetidas até se tornarem amplamente dignas de crédito. Atacando com base em falhas reais da sociedade espanhola, algumas dezenas de pessoas em Moscou e Caracas, no comando de um maciço exército de robôs, foram capazes de desestabilizar de modo agressivo uma consolidada democracia ocidental.

O movimento de pinça russo-venezuelano de 2017 na esfera pública da Catalunha mostra apenas um dos modos pelo qual os 3Ps podem se afirmar voltando os pontos fortes da democracia contra ela mesma. O Twitter tinha sido criado como uma platorma aberta para o debate, um lugar sem barreiras à entrada em que qualquer um poderia se envolver com qualquer outra pessoa em torno de qualquer tópico. Essa força poderia se revelar sua ruína.

Os exércitos cibernéticos desenvolvidos para a Venezuela estenderam o uso dessas ferramentas muito além da Catalunha. Primeiro fizeram um borrifo no México, onde a campanha eleitoral presidencial de 2018 foi repleta de acusações e contra-acusações de interferência digital estrangeira. Com o presidente que sai, Enrique Peña Nieto, já conhecido por empregar exércitos de *trolls* e *bots* (memoravelmente apelidados de "Peñabots") para caluniar os adversários, a campanha de 2018 foi logo inundada com alegações não verificáveis de que havia gente de fora, *outsiders*, tentando influenciar os 71,3 milhões de usuários da internet no México. Os apoiadores de Peña cobraram tanto isso quanto o fato de 83% do conteúdo da mídia social favorecendo o vencedor, Andrés Manuel López Obrador (AMLO para seus muitos seguidores), ter se originado na Rússia e na Ucrânia.[6] A campanha de AMLO rebateu dizendo que os *bots* do partido no poder ainda estavam ativos em nome do candidato do partido no poder, José Antonio Meade. A névoa de acusações e contra-acusações produziu precisamente o tipo de impenetrável sensação de incerteza com que os vendedores de desinformação prosperam.

Mas talvez o uso mais desestabilizador dos exércitos de *bots* [robôs] russos-venezuelanos tenha vindo no final de 2019, quando um espasmo de agitação social tomou conta de grandes áreas da América Latina. Como tantas vezes acontece, os *bots* não começaram o problema. Na realidade, eles identificaram cedo a agitação crescente e surfaram a onda com prazer. De acordo com uma pesquisa da Constella Intelligence, uma empresa espanhola de análise de dados:

> Durante as semanas que se seguiram à emergência das crises sociopolíticas, os analistas da Constella identificaram um pequeno número de contas que gerou um grande volume de publicações relacionadas aos protestos de rua. Na Colômbia, 1% dos usuários

analisados gerou 33% dos resultados analisados e, no Chile, 0,5% dos usuários geraram 28% dos resultados. Esses perfis de alta atividade inundam o debate público digital com seus comentários e conteúdo e são considerados estatisticamente anômalos dado o nível de frequência de sua atividade no período analisado. Isso é um indicador-chave de desordem da informação... Análise da Constella identificou um total de 175 identidades anômalas que estiveram participando ativamente de ambas as crise. Ao pesquisar a geolocalização pública indicada por esses usuários ou perfis, 58% dos que compartilham publicamente sua geolocalização foram geolocalizados na Venezuela.[7]

Muitas dessas contas suspeitas são especializadas em amplificar conteúdo dos órgãos de propaganda do Estado russo e venezuelano: RT, Sputnik, Telesur e meios semelhantes.

Além do universo do exército russo-venezuelano de robôs, a intromissão digital é abundante. Uma Israel cada vez mais polarizada e populista sob o governo de Bibi Netanyahu alavancou seus próprios veteranos militares para formar a espinha dorsal de uma indústria de ciberinteligência que criou um software altamente sofisticado, vendido com frequência a autocratas para espionar seus próprios dissidentes. Uma extensa investigação do *Ha'aretz*, o principal jornal de centro-esquerda de Israel, encontrou indícios de firmas israelenses vendendo software de origem militar para servirem a fins repressivos ao redor do mundo, do México e Angola ao Azerbaijão, Etiópia, Indonésia, Uganda, Usbequistão e outros lugares. Em muitos casos, o software foi usado para espionar opositores do regime. Embora as transações comerciais fossem legais e as empresas israelenses envolvidas fossem privadas, a tecnologia tem origem militar e promover exportações é uma prioridade do governo.

Especialização em contrainteligência cubana, equipamento chinês de controle de distúrbios, ciberinteligência israelense, interceptador de comunicações eletrônicas russo, identificador de sanções do Irã e expertise em *dark-banking*: cada autocracia do velho estilo se especializou em produzir alguns dos bens e serviços de que os autocratas precisam para cimentar seu poder. E estão felizes em compartilhar. O comércio global de meios de repressão está envolto em sigilo e é difícil conceber sua escala. Mas há algo que não requer adivinhação: os autocratas de hoje podem adquirir todas as ferramentas de que precisam para se manterem indefinidamente no poder apenas com algumas ligações para capitais amistosas em todo o mundo. Os novos autocratas gostam de sua globalização.

À medida que os 3Ps se tornam globais, o silêncio tem sido redescoberto como princípio orientador da ordem internacional. Trabalhando com uma visão pré-Segunda Guerra Mundial da ordem internacional, consideram sagrado o princípio da autodeterminação nacional. Ou melhor, eles recorrem de modo indiscriminado à fraseologia de não interferência como álibi de uso versátil para minar qualquer desafio internacional à legitimidade de um governo autocrático.

Esse amor declarado pela não interferência precisa ser interpretado procurando informações sobre a confiabilidade de suas fontes. Que é superficial e não o que pretende ser parece quase evidente. Os autocratas 3P não hesitam em se imiscuir nos negócios de seus vizinhos quando isso convém aos seus interesses. Embora Recep Tayyip Erdoğan seja rápido em culpar a intromissão ocidental nos assuntos turcos por qualquer revés que seu governo enfrente, tropas turcas têm ocupado sem titubear um pedaço de 3.460 quilômetros quadrados da província de Alepo, no norte da Síria, desde 2016. Hugo Chávez, da Venezuela, fez da denúncia ritual da interferência norte-americana em assuntos venezuelanos uma peça central de sua retórica, mas continuam surgindo evidências de que seu governo bancou movimentos de extrema-esquerda por toda a parte, da Argentina e Equador à Espanha e Líbano, com a ocasional descoberta de malas cheias de dinheiro sendo contrabandeadas por alfândegas estrangeiras de maneira ingênua para fornecer um cômico alívio. Já se escreveu bastante sobre a intromissão russa em eleições estrangeiras ao redor do mundo, um pouco menos sobre os sistemáticos esforços da China para apoiar autocratas por meio de lucrativos empréstimos e projetos de desenvolvimento. E a rede global de influência do Irã, em grande parte nas mãos do Hezbollah, seu representante libanês, tem sido usada para fazer todo tipo de coisa, de explodir a embaixada israelense em Buenos Aires e um centro comunitário judaico na mesma cidade a traficar armas no Paraguai, lavar dinheiro em Vancouver e vender no atacado cocaína colombiana destinada à Europa.

A oposição de princípio dos autocratas 3P à "intromissão estrangeira" é um ardil: prestidigitação usada para esconder uma agenda demasiado sórdida para ser reconhecida. Aquilo a que os autocratas 3P se opõem não é a interferência em abstrato, mas sim um tipo bastante específico dela: o uso de normas e padrões internacionais para restringir a capacidade de um governante exercer seu poder de maneira arbitrária. Os autocratas querem, acima de tudo, exercer o poder sem impedimentos. Na medida em que as normas internacionais se tornem um obstáculo, eles se unirão para enfrentá-las.

É essa hostilidade às normas que os cercam que está na raiz da confederação informal dos autocratas 3P, que eu imagino como Autocratas Sem Fronteiras. Sob a bandeira da não interferência, os autocratas 3P defendem um tipo oco de internacionalismo: solidariedade sem restrições.

A ordem internacional liberal está, segundo o mantra repetido milhões de vezes, "baseada em regras" – e não há nada a que os membros das autocracias 3P se oponham de modo mais decidido do que a regras destinadas a restringi-los. Do enorme desdém dos defensores do Brexit pelas regulamentações da banana europeia ao desprezo de Rodrigo Duterte pelos tratados internacionais sobre os direitos humanos que impedem policiais de matar pessoas por alguma ou nenhuma razão, a rejeição dos limites internacionais ao poder soberano é uma obsessão dos autocratas.

Exércitos Invisíveis, Ilhas Artificiais e Homenzinhos Verdes

Uma maneira de evitar ser constrangido é evitar ser visto – ou, se visto, evitar ser identificado – e a esse respeito as capacidades furtivocráticas desenvolvidas pelos autocratas de hoje brilham em sua pretensão. Durante grande parte da história humana, fora dado como certo que operações militares em grande escala não podiam ser mantidas em segredo. Exércitos são coisas grandes, barulhentas; se os colocarmos em movimento, as pessoas vão notar. Hoje, porém, o gesto furtivo tem se movido para cobrir até mesmo o mais impossível de esconder dos domínios.

Pegue a China e sua agressiva iniciativa de construir bases militares nas partes do Mar da China Meridional que ela reclama como suas, uma reivindicação que não tem o reconhecimento internacional. É uma clássica lição de como o poder pode de algum modo ser ao mesmo tempo claramente óbvio e envolto em mistério.

Comércio de trilhões de dólares passa a cada ano pelas rotas marítimas do Mar da China Meridional. A área é um corredor inevitável para navios transportando mercadorias entre algumas das mais dinâmicas economias do mundo: China, Cingapura, Malásia, Indonésia, Vietnã, Taiwan, Filipinas e o pequeno e rico em petróleo sultanato de Brunei. Algumas dessas movimentadas rotas marítimas precisam ser dragadas para serem mantidas abertas à navegação. A China há muito percebeu que, depositando o lodo que resulta da dragagem no fundo do mar, em alguns pontos de águas rasas, poderia criar ilhas artificiais que poderiam ser usadas para projetar seu poder e fortalecer suas reivindicações territoriais no Mar da China Meridional.

A política era profundamente controversa: ilhas estavam sendo construídas em partes do mar sujeitas a uma multiplicação desnorteante de reivindicações que se sobrepunham. China, Brunei, Vietnã, Filipinas e Taiwan, cada um deles reivindicava soberania sobre as áreas onde a China "criou" essas novas ilhas de lodo. Os Estados Unidos, cuja supremacia naval no Pacífico tem sido há muito tempo o elemento decisivo dos arranjos de segurança na região, recebeu com alarme a construção de ilhas, advertindo que isso poderia colocar toda a região em um curso de guerra.

A resposta da China foi bem típica do século XXI. Como não poderia exatamente negar que estava construindo as ilhas – o gigantesco projeto de engenharia era visto com clareza pelos navios, aeronaves e satélites que passavam –, ela se decidiu por uma política de ofuscamento: negou, contra tudo que fosse plausível, que o projeto tivesse fins militares. Descreveu a primeira ilha artificial como um abrigo para barcos de pesca locais.[8] À medida que a coisa crescia, a desculpa sofria uma metamorfose. Em 2018, um porta-voz da Academia Chinesa de Engenharia já descrevia o que havia se transformado em uma rede de 14 ilhas artificiais, seis delas grandes o bastante para abrigar instalações militares, como um complexo destinado a servir ao "monitoramento meteorológico marinho, incluindo alerta, prognóstico inicial, previsão e pesquisa científica".[9]

O absurdo da explicação era, de certo modo, o cerne de seu apelo. Muito depois de a China ter construído com sucesso três grandes e sofisticadas bases aeronavais em atóis, feitos pelo homem, da região – bases equipadas com instalações portuárias, recursos aéreos e de vigilância, turbinas eólicas e grandes quartéis e prédios administrativos – seus funcionários continuavam a sustentar que estavam apenas construindo estações meteorológicas e abrigos para pequenos barcos de pesca.

No início de 2019, quando Pequim começou a deslocar sofisticadas instalações de mísseis terra-ar e terra-mar pelas bases – facilmente visíveis em fotos de satélite das ilhas – sua tomada maciça e furtiva do mar era, no geral, um fato consumado: a China agora controla de fato, se não de direito, o Mar da China Meridional. Mesmo assim, o regime continua a repetir sua alegação de estar apenas extremamente empenhado na pesquisa meteorológica.

Observe de novo aqui a justaposição de espetáculo e furtividade. Desnecessário dizer que a China não esperava que suas negativas fossem dignas de crédito. Fotos de satélite e fotos aéreas dos locais não deixavam qualquer margem para dúvidas sobre suas intenções. No entanto, uma política de emissões inexpressivas de negativas francamente absurdas mostra a sinergia entre discrição e pós-verdade. Funciona como as repetidas declarações do Facebook de que a privacidade do usuário é uma preocupação crucial, as piedosas declarações de preocupação de Sepp Blatter sobre governança limpa no futebol mundial,[10] e as intransigentes declarações de Kris Kobach de profunda preocupação com a fraude eleitoral.[11] O propósito de declarações desse tipo não é, exatamente, torná-las dignas de crédito – pelo menos não além do universo de uma pequena franja de partidários comprometidos com um interesse material na mentira. São, na realidade, instâncias da pós-verdade, projetadas para gerar confusão e dúvida suficientes para criar espaço de manobra numa tentativa de alcançar ou manter o poder.

A aquisição efetiva do Mar da China Meridional pela China também não é o caso mais flagrante de furtividade militar. Essa coroa vai para a Rússia e sua invasão furtiva, incrivelmente eficaz, do território de seu vizinho do sul, a Ucrânia.

Em março de 2014, após a derrubada do que equivalia a um regime fantoche russo na Ucrânia, a Rússia atacou com um movimento agressivo para anexar a península da Crimeia, então pertencente à Ucrânia. Os comandos que logo se espalharam por Simferopol, a capital da Crimeia, e outras partes da região não agitavam uma bandeira russa. As fardas de combate não tinham insígnias de identificação. De fato, embora os uniformes se parecessem exatamente com os uniformes-padrão, verdes, usados pelo exército russo, eles tinham sido despojados de quaisquer traços de identificação, fossem quais fossem, ao ponto de os habitantes locais terem começado a se referir aos soldados como "os homenzinhos verdes".

Voltando a Moscou, uma agressiva campanha de ofuscamento público já estava em curso. Em 3 de março de 2014, o ministro das Relações Exteriores da Rússia, Sergey Lavrov, descreveu as unidades como "forças de autodefesa" da Crimeia, criadas por russos étnicos locais para dissuadir supostas ameaças feitas a eles pelos ucranianos locais.[12] Faltava à explicação qualquer aparência de verossimilhança: ninguém do local conhecia aquelas pessoas. Seu avanço era nitidamente coordenado e executado com eficiência profissional. Que a Crimeia estava sendo invadida pelo exército russo não podia ser seriamente posto em dúvida... mas isso não poderia ser admitido em público, pelo menos ainda não.

Quando as tropas russas tomaram o pequeno aeroporto de Simferopol, o embaixador da Rússia na União Europeia continuou o ofuscamento. "Absolutamente não há tropas russas na Crimeia", disse ele.[13] Mais uma vez a questão não era tanto fazer com que acreditassem naquilo, mas turvar as águas por tempo suficiente para a operação militar ser bem-sucedida.

Essas forças de "autodefesa" moveram-se com inabitual presteza para organizar um esquema de segurança para um "referendo" em 16 de março sobre se os crimeanos queriam se manter como parte da Ucrânia ou preferiam se juntar à Federação Russa. O referendo foi projetado para fornecer uma pátina, fina como papel, de legitimidade pseudolegal para o que todos podiam ver como uma ocupação de terras por militares russos. Ninguém da comunidade internacional reconhecia aquilo como legítimo: como seria possível reconhecer quando se esperava que as pessoas votassem em seu próprio futuro no meio de uma invasão, sem cobertura adequada e sob o olhar atento de soldados fortemente armados que todos sabiam que eram do exército russo?

Não importava. Quase 97% dos crimeanos, foi o que nos disseram, votaram para se tornarem parte da Rússia. No dia seguinte, Vladimir Putin "aceitou" o pedido da Crimeia para se juntar à Federação Russa. Em menos de três semanas, a Rússia tinha se tornado o primeiro país a anexar o território de um vizinho pela força das armas desde a invasão do Kuwait, em 1991, por Saddam Hussein.

Com a Crimeia como prova de acerto conceitual, Putin intensificaria uma campanha agressiva de conquista territorial contra a Ucrânia, embora negasse com firmeza estar fazendo tal coisa. Em 2015, Putin iniciou uma guerra secreta para ganhar controle sobre as regiões mais orientais da Ucrânia: a área da Bacia do Donets conhecida como Donbass. Ao contrário da Crimeia, que historicamente fora parte da Rússia e onde os russos étnicos constituíam uma esmagadora maioria, o Donbass era misto: os russos étnicos constituíam uma grande minoria na região, cerca de 38%, mas eram a maioria nas áreas urbanas, incluindo as importantes cidades de Donetsk e Lugansk, que receberam grandes efetivos de trabalhadores russos durante o período soviético. Era para essas áreas que Moscou se voltaria com mais decisão numa guerra que, em termos oficiais, não estava sendo travada.

A ideia inicial parece ter sido executar mais uma vez o manual de estratégia usado na Crimeia, afirmando que eram russos étnicos locais que estavam no banco do motorista de uma luta pela autopreservação. Claro que na Ucrânia continental, tentando tomar a segunda maior cidade do país, se depararam com uma resistência muito mais determinada. O resultado foi uma guerra de dois anos que deixou mais de 10 mil mortos e deslocou cerca de 1,4 milhão de ucranianos de suas casas. No final, embora a Rússia tenha contido as anexações, a Ucrânia havia perdido o controle de suas duas maiores cidade do leste.

Até hoje o Kremlin continua a manter a ficção de que suas tropas não estão envolvidas na luta. A negativa tem sido mantida contra uma esmagadora montanha de evidências, incluindo a evidência de que só unidades militares russas poderiam ter estado em posição de disparar o sofisticado Buk terra-ar, o míssil que abateu um jato de passageiros da Malásia em 17 de julho de 2014.[14] Oficialmente, a Rússia continua a negar ter até mesmo levado qualquer bateria antimíssil para a Ucrânia ou participado de algum tipo da guerra no Donbass. Essa abordagem alucinante com a pós-verdade de ao mesmo tempo saber e não saber é especialmente visível na guerra do Donbass: um decreto presidencial assinado por Vladimir Putin em maio de 2015 classifica as "mortes em tempo de paz" sofridas por militares russos como um segredo de Estado, o que transforma em crime discutir (ou mesmo reconhecer) as baixas de uma guerra em que, oficialmente, a Rússia não está em absoluto envolvida.[15]

No entanto, o que Vladimir Putin deveria fazer? Já em pleno século XXI, é diplomaticamente insustentável um país exibir abertamente seu poder militar em um território vizinho. Para projetar poder militar no contexto atual, é necessário encobri-lo com uma nuvem de sigilo que não precisa ser minimamente digna de crédito desde que cumpra seus objetivos.

Ou pegue o Irã. Embora trancafiado num confronto diplomático de imensa tensão com os Estados Unidos, o Irã não é um poder militar considerável em qualquer sentido tradicional. Sim, a República Islâmica tem há muito tempo trabalhado para garantir a posse de uma arma nuclear, mas há uma enorme lacuna, um "elo perdido" entre a ambição nuclear e sua postura militar convencional. Desde o catastrófico disparate da Guerra Irã-Iraque na década de 1980, os mulás compreenderam que sua vantagem comparativa não poderia estar nas forças militares convencionais. E assim desenvolveram a Força Quds, uma ramificação da Guarda Revolucionária Islâmica, um grupo de elite que fora descrito como a força auxiliar talvez mais sofisticada do mundo: um exército invisível que está presente na maior parte do mundo islâmico e além dele, com estimativa de um total de 250 mil combatentes.

No início da década de 2020, forças auxiliares iranianas controlavam grande parte do Líbano e do Iêmen, assim como partes importantes da Síria, dos territórios palestinos e do Iraque. Sua mais ambiciosa e avançada força auxiliar, o Hezbolllah, comanda células em toda a América Latina. Outras ramificações operam livremente em partes com governos fracos do Sudeste Asiático, como áreas remotas da Indonésia e nas Filipinas. Através de suas ramificações, o Irã tem atacado alvos em Buenos Aires e planejou explodir o embaixador saudita no Café Milano, um restaurante popular de Washington, DC, entre as elites do poder na cidade. O Irã tem um exército convencional de terceira classe, mas uma capacidade de primeira para exibir força militar em todo o mundo de maneira invisível.

A projeção do poder do Estado, no entanto, não precisa ser militar. Cuba foi pioneira no uso de médicos, enfermeiros e treinadores esportivos como pontas de lança de complexas operações de influência estrangeira. Sob a bandeira de um programa chamado Internacionalismo Médico Cubano, Cuba envia dezenas de milhares de trabalhadores qualificados – cerca de metade deles médicos – para trabalhar em comunidades do mundo inteiro.

Muitos são de fato pseudomédicos, treinados de maneira rápida, precária, e recebendo diplomas de médicos para que possam ser peões da diplomacia cubana. Integrando um esquema em parte de ganhar dinheiro (o regime comunista retém a parte maior dos pagamentos que os países fazem por essa ajuda), em parte operação de influência, os médicos cubanos concentram-se em áreas de interesse estratégico para o regime de Havana. A certa altura, mais de 40 mil deles estavam trabalhando só na Venezuela, um aliado cujos carregamentos de petróleo forneciam quase toda a energia de Cuba, além de prestar apoio ao governo. Embora os profissionais de inteligência presumam que alguns desses profissionais médicos sejam, de fato, espiões passando valiosas informações para Havana, o porcentual exato é desconhecido. O que se sabe, porém, é que o Internacionalismo Médico Cubano forneceu a Havana um grau sem precedentes de isenção plausível, mesmo que amplie substanciais potenciais para coleta de inteligência ao redor do mundo. Afinal, quem seria tão cínico a ponto de suspeitar de um médico?

Aurora das GONGOs: O Flagelo das Falsas ONGs

Um espectador casual, sem acesso ao pano de fundo, seria bastante pressionado para identificar Mundo Sem Nazismo com qualquer coisa, menos o que ela pretende ser: uma organização da sociedade civil dedicada a combater o ressurgimento da ideologia nazista na Europa. E quem poderia se opor a isso?

Cuidados consideráveis foram tomados para sustentar essa percepção. Como James Kirchick lembrou em um artigo investigativo marcante sobre o grupo, "na superfície, World Without Nazism (WWN) tem todas os adornos de uma organização não governamental internacional (ONG) comprometida a combater os flagelos do preconceito e do antissemitismo: Publicou Glitzy [Brilhante], conferências em capitais europeias, e Dry [Seco], relatórios de mil páginas cheios de dados. E discursos preocupados de seus líderes pedindo vigilância".[16] Mas WWN não é uma organização da sociedade civil. Na realidade é uma GONGO: uma organização não governamental organizada pelo governo. Uma falsa ONG.

No caso da WWN, a agenda traz todas as marcas que você esperaria, dado o *pedigree* de medidas ativas tomadas por ela na era KGB. Ao que parece, o *modus operandi* da WWN é rivalizar com as ações de governos opostos a Moscou e atacá-los quando forem decorrentes de um oculto programa neonazista. O procedimento se encaixa diretamente na linha de propaganda do Kremlin relativa aos conflitos em suas fronteiras, em que qualquer movimento da Ucrânia ou de um dos estados Bálticos para estabelecer alguma distância diplomática de Moscou é atribuído a uma sinistra, fascista agenda oculta. Talvez percebendo que seria difícil vender essa linha no Ocidente se ela estivesse sendo propagada somente por órgãos do Estado russo, o Kremlin se deu ao considerável trabalho de simular uma ONG de direitos humanos para torná-la mais atraente fora das fronteiras da Rússia.

Como qualquer boa campanha de medidas ativas, a WWN foi bem-sucedida porque continha um grão de verdade. A Ucrânia realmente tem um movimento neonazista que se mobilizou no conflito com forças apoiadas pela Rússia desde 2014. Grupos como Setor Direito e o Batalhão Azov (milícia ucraniana extremista) desposam uma ideologia extremista que pode ser justificadamente descrita como neonazista. A propaganda russa e a WWN descreveram esses grupos por tudo que eles poderiam representar, exagerando enormemente seu tamanho e influência e retratando-os como a mão oculta guiando todo o movimento ucraniano de reforma. Isso foi respaldado por fabricações evidentes: em outubro de 2014, por exemplo, foram simplesmente inventadas notícias de ataques antissemitas a judeus idosos, residentes em Odessa, por iniciativa do Setor Direito, e o WWN devidamente comentou que estava indignado. Mas o relatório, como salientou o rabino-chefe da Ucrânia, era uma mentira deslavada.[17,18]

Ou então olhemos para Chongryon, a Associação Geral de Residentes Coreanos no Japão. Nominalmente uma ONG, supervisiona dezenas de escolas coreanas e até mesmo uma universidade coreana no Japão. A Chongryon tem seus próprios bancos e, segundo algumas estimativas, cerca de um terço dos *pachinkos*, salões de jogo que estão em toda parte no Japão. A Chongryon publica suas próprias revistas e um jornal diário, patrocina atividades culturais e equipes esportivas de coreanos vivendo no Japão, além de uma associação para ciência e tecnologia; ela ainda opera uma agência de viagens e administra três restaurantes coreanos. Juntos, os negócios da Chongryon podem render centenas de milhões de dólares por ano.

E o que acontece com todo esse dinheiro? Ele é remetido de volta para o verdadeiro dono da Chongryon: a República Popular e Democrática da Coreia (DPRK). A Chongryon é uma GONGO ligeiramente disfarçada – sem dúvida um braço quase oficial do governo norte-coreano no Japão. Cinco funcionários seniores da Chongryon têm assentos na Suprema Assembleia Popular da DPRK. A sede da Chongryon em Tóquio serve como uma espécie de embaixada não oficial da Coreia do Norte, fornecendo serviços consulares básicos, como emissão de passaportes e vistos norte-coreanos. O debate sobre a legitimidade da Chongryon é um dos pilares da polêmica política japonesa, especialmente entre a direita.

Ou tomemos então a grandiosamente intitulada International Organization for Relief, Welfare, and Development – IORWD [Organização Internacional para Ajuda Humanitária, Bem-estar e Desenvolvimento]. Essa agência de ajuda islâmica administra programas para pessoas desfavorecidas em todo o mundo muçulmano: financiamento de hospitais para vítimas da guerra civil síria, escolas para os pobres do Sudão e mesquitas em vários países. Por meio de suas filiais na Indonésia e nas Filipinas, fez também algo um tanto menos louvável: ajudou a bancar os ataques de 11 de setembro.

A IORWD é uma GONGO saudita de segundo grau que depende quase por completo para seu financiamento de donativos de outra GONGO saudita, a Liga Mundial Muçulmana, que recebe essencialmente todos os seus fundos do Estado saudita e sua família real. Conhecida até recentemente como Organização Internacional de Ajuda Humanitária Islâmica – International Islamic Relief Organization (IIRO), atua como braço humanitário e de desenvolvimento da Liga Mundial Muçulmana, que tem estado profundamente envolvida com a difusão da tendência Wahhabi da Arábia Saudita, vertente do islamismo presente no mundo inteiro desde sua criação em 1962. Que Osama bin Laden, ele próprio um produto da elite saudita, tenha descoberto uma maneira de usar partes dessa organização para financiar suas ações terroristas realmente não causa nenhuma surpresa. Na verdade, em 2006, o Departamento do Tesouro dos EUA classificou as filiais indonésia e filipina da IIRO como organizações terroristas.

As GONGOs são às vezes postas a serviço de um determinado tipo de mentira estratégica: para simplesmente abafar as vozes de ONGs legítimas sobre alguma questão. Durante a Universal e Periódica Avaliação das Nações Unidas sobre os Direitos Humanos na Venezuela, realizada em 2016, a ONU convidou organizações da sociedade civil a encaminharem relatórios sobre a situação no país. Foram completados 519 relatórios de tamanho astronômico sobre a Venezuela, a grande maioria preparada por ONGs das quais ninguém tinha ouvido falar e que, coincidentemente, tinham apenas elogios entusiásticos ao histórico de direitos humanos do regime venezuelano. O secretário-geral da ONU, Ban Ki-moon, e o Alto Comissariado das Nações Unidas para os Direitos Humanos acabaram por denunciar aquilo como "fraude em escala maciça", mas em última análise a tarefa de distinguir as verdadeiras ONGs venezuelanas das falsas derrotou os burocratas da ONU, que acabaram produzindo um relatório evasivo, que não gerou pressão para que a Venezuela realmente melhorasse suas práticas de direitos humanos.[19]

As GONGOs podem ter uma ampla variedade de usos. Daniel Baer, embaixador americano da era Obama na Organização para Segurança e Cooperação na Europa (OSCE), descreveu de que modo os governos usam as GONGOs para obstruir o trabalho da OSCE. Em reuniões destinadas a permitir que ativistas da sociedade civil interajam diretamente com diplomatas da OSCE, enxames de GONGOs agem como equivalentes personalizados de *trolls* da internet, dispersando continuamente as conversas com discursos retóricos com pouca relevância para as questões em pauta. Baer descreve como funcionários das GONGOs reservam salas de reunião da conferência sem planos de utilizá-las, apenas para privar as ONGs legítimas do espaço. Ele mesmo descreve GONGOs fervilhando ao redor da mesa de refrescos no início de cada pausa para o café e levando cada resto de comida. Isso é um incômodo, é claro, mas é mais que isso. "Em eventos paralelos preparados por organizações de boa-fé da sociedade civil", explica Baer, "os Estados às vezes despacham suas GONGOS para intimidar defensores dos direitos humanos enviando uma mensagem do 'big brother': 'Palavras e ações dos valentes advogados estão sendo monitoradas e informadas às suas capitais'".[20]

As GONGOS vêm em todas as formas e tamanhos, desde as pequenas e obscuras organizações enviadas para atrapalhar as reuniões da OSCE até nomes familiares em nível global, como Hezbollah, que sob certos aspectos é pouco mais que uma GONGO iraniana.

Claro, não são apenas as autocracias que usam as GONGOs. O US National Endowment for Democracy [Dotação Nacional para a Democracia] (NED), em cujo conselho trabalhei, é sem dúvida a definição de livro-texto de uma GONGO. O NED define a si próprio como "fundação privada, sem fins lucrativos, dedicada ao crescimento e fortalecimento das instituições democráticas em todo o mundo", e posso atestar que guarda com zelo a independência política. No entanto, embora possa não ser *controlado* pelo governo, é inegavelmente *financiado* pelo governo, recebendo quase todos os seus recursos do governo americano. É justamente o sucesso obtido por organizações como o NED no cumprimento de sua missão que torna o modelo atraente para ser tomado como exemplo por oponentes autocráticos da ordem liberal, que camuflam as agendas 3P ressaltando uma semelhança superficial com organizações como o NED.[21]

As GONGOs funcionam bem para autocratas 3P porque, no ambiente atual da mídia, a distinção entre os diferentes tipos de veículos noticiosos e diferentes tipos de fonte ficou embaçado. Apelar para a autoridade moral de uma ONG é um mecanismo poderoso para manipular opinião. Nos capítulos anteriores, vimos como os autocratas 3P compram meios de comunicação existentes para colocá-los fora do alcance de seus críticos. Trata-se de uma fórmula vencedora no âmbito doméstico, mas quando o objetivo é projetar poder além de nossas fronteiras, as GONGOs podem desempenhar um papel semelhante.

GONGOs têm sucesso graças ao mesmo tipo de mimetismo isomórfico que torna tão difícil detectar o pseudodireito. Essas pseudo-ONGs pegam carona na legitimidade de organizações reais da sociedade civil para sustentar precisamente o tipo oposto de valores.

O panorama torna-se especialmente confuso quando as GONGOs colocam um boné de jornalista. Nesse caso, enunciar as diferenças entre um repórter legítimo com credencial de seu país e um agente de propaganda imitando um jornalista é um exercício particularmente tenso. Afinal, se a Grã-Bretanha tem a BBC, a Alemanha a Deutsche Welle e o Japão a NHK, por que não deveria a Rússia ter Russia Today, a Venezuela e seus aliados latino-americanos a Telesur e o Irã a Press TV? A resposta honesta ("porque as primeiras são verdadeiras organizações coletoras de notícias e as segundas são veículos de propaganda") é ao mesmo tempo verdadeira e trivialmente fácil de contrariar com a acusação: "Eu não sou *fake news*, você é *fake news*".

Autocracias 3P com ambições internacionais aprenderam que vale a pena imitar a aparência e o tom das notícias internacionais. É como passarmos a propaganda que criamos como notícias verdadeiras para consumidores receptivos instalados em suas salas de estar ao redor do mundo. A equipe da KGB na era da Guerra Fria, com suas medidas ativas, dificilmente teria acreditado que isso fosse possível.

Atenção ao Ponto de Virada: da Autocracia 3P ao Novo Normal

É notável a rapidez com que o retrocesso autocrático conseguiu chegar tão longe neste século. O utopismo tecnológico do início dos anos 2000, quando a disseminação da internet e a ascensão das mídias sociais sugeriam um problema insuperável para as autocracias do mundo, parece hoje história da antiguidade. Da Rússia à China, as principais autocracias de hoje dominaram a internet como uma ferramenta de controle – um propósito para o qual ela se revela muito mais adequada que a libertação.

Nos primeiros anos do século, as poucas democracias que parecessem estar escorregando para alguma sugestão neopatrimonial surgiam como esquisitices. A Itália de Berlusconi e a Tailândia de Thaksin eram vistas como curiosidades, não ameaças à ordem global. Seus lideres pareciam isolados, não ameaçadores.

Eram os bons tempos de antigamente.

Nos anos seguintes, os autocratas se fecharam em uma massa crítica: um ponto de inflexão em que muitas vozes, em muitos lugares, passaram a tratar a autocracia como algo tão normal que é o outro lado que começa a se sentir isolado.

Dos 25 países mais povoados da Terra, quatro são autocracias que não chegaram ao poder com base em estratégias 3P (China, Egito, Vietnã e Tailândia) e 10 viram líderes ascender ao poder por meio da implantação do populismo, da polarização e da pós-verdade: Índia, Estados Unidos, Brasil, Rússia, México, Filipinas, Turquia, Irã, Reino Unido e Itália. São países grandes, poderosos. A estrutura 3P foi implantada com diferentes graus de sucesso em três países membros do grupo das sete nações mais industrializadas. Em 2019 e 2020, quatro dos cinco membros permanentes do Conselho de Segurança da ONU eram liderados por autocratas ou populistas. Só a França tem resistido até agora, mas suas perspectivas não são seguras. Ou colocando de outro modo: dos 5,7 bilhões de pessoas que vivem nos 25 países mais povoados do mundo, 4,3 bilhões estavam vivendo em países submetidos a uma autocracia ou a um desvio autocrático.

Tal desvio não é o fenômeno marginal que parecia uma década atrás. E embora muitos desses países tenham mobilizado forças sociais enormemente fervorosas como contrapeso, hoje está longe de certo se os democratas dessas sociedades terão meios de restaurar a normalidade democrática. Como vimos, a experiência da Itália desde 1994 deixa amplo espaço para o pessimismo. É inteiramente possível que mais alguns países caiam em alguma variação dos males que descrevemos até aqui, seja uma espiral antipolítica, uma autocracia 3P ou um Estado mafioso totalmente desenvolvido.

Não se trata de um apelo ao fatalismo. Longe disso. As forças centrífugas que contra-atacam esse impulso para o desvio autocrático ainda estão em operação. As forças que tornaram o poder mais difícil de conquistar, mais fácil de perder e mais difícil de usar em circunstâncias normais não desapareceram.

10 PODER E PANDEMIA

A pesquisa para o que se tornou este livro começou anos antes do primeiro caso de um tipo novo e estranho de pneumonia ser relatado em Wuhan, China, no final de 2019. Durante 2020 e 2021, quando a pandemia da COVID-19 ocupou o centro das atenções em todo o mundo, foi fascinante assistir a como cada um dos temas desenvolvidos nos capítulos anteriores se manifestou em um mundo sitiado. Trazendo à superfície quer os efeitos da polarização ou da pós-verdade, do pseudodireito ou do aventureirismo militar estrangeiro, da desigualdade econômica ou do populismo acerca dos cuidados de saúde, a epidemia do coronavírus ilustra com perfeição as operações da estrutura 3P em circunstâncias extremas e sem precedentes.

Como crises anteriores já haviam mostrado, os efeitos em longo prazo das grandes rupturas se dão com frequência mais em função da reação (e super-reação) governamental a um evento desestabilizador que em função do evento em si. A resposta vasta e global que os Estados Unidos deram aos ataques terroristas de 11 de setembro de 2001 transformou muito mais o mundo que os ataques em si. As mudanças na economia e na sociedade de muitos países provocadas pelas reações à crise financeira de 2008 foram mais profundas e mais duradouras que os efeitos do acidente financeiro inicial propriamente dito.

O coronavírus será lembrado do mesmo modo. A pandemia foi, é claro, um grande evento global com efeitos duradouros. Contudo, as respostas políticas, econômicas, militares, corporativas, sociais e internacionais ao vírus tiveram um potencial de transformação maior que o do impacto imediato da pandemia.

À primeira vista, é fácil ver a pandemia como uma nova e poderosa força centrípeta que concentra poder nas mãos daqueles que já o têm. A realidade inquietante de um vírus desconhecido e mortal grassando fora de controle por cada continente colocou os governos no centro da resposta e revelou o que aqueles no poder podiam e não podiam fazer. Na maioria dos lugares, a emergência do coronavírus deu uma grande expansão à gama de ações governamentais que as pessoas estavam dispostas a tolerar e até mesmo a exigir. Das exigências de uso de máscaras faciais e *lockdowns* generalizados a intervenções econômicas extremamente expansivas ou à vigilância até então inaceitável, cidadãos de todos os lugares mostraram notável tolerância a expansões invasivas do poder do Estado: música para os ouvidos de ditadores e autocratas 3P.

Pegando a onda do coronavírus, autocratas do mundo inteiro aproveitaram a oportunidade para consolidar ainda mais seu controle sobre o poder. Já em abril de 2020, como Frances Brown, Saskia Brechenmacher e Thomas Carothers explicaram em um relatório para o Carnegie Endowment for International Peace (CEIP, do qual também sou membro), já era óbvio que a pandemia perturbaria a democracia e a governança em todo o mundo por uma surpreendente multiplicidade de meios.[1] A lista inicial era longa e basicamente negativa. Já no primeiro semestre de 2020, a pandemia centralizaria o poder, fecharia espaços democráticos, facilitaria o caminho para a redução de direitos fundamentais, ampliaria a vigilância do Estado, permitiria que os Estados banissem protestos, interrompessem eleições, minassem o controle civil dos militares e dificultassem as mobilizações civis. O novo coronavírus, argumentavam, tinha potencial para "redefinir os termos do debate global sobre os méritos do autoritarismo *versus* democracia".

Alguns, como na China, uma ditadura da velha escola com maciço e sofisticado Estado policial, aproveitaram a oportunidade para reprimir centros purulentos de descontentamento enquanto se moviam, de modo provocador, para resolver em termos agressivos disputas fronteiriças com vizinhos. Outros, como os líderes de Hungria e Rússia, viram a crise em andamento como oportunidade perfeita para se entrincheirarem para sempre no poder enquanto desestabilizavam seus adversários democratas. Outros ainda, como os líderes do Brasil, México, Estados Unidos e Reino Unido, desfrutavam a pandemia como oportunidade de pôr em destaque sua boa-fé populista exibindo de maneira teatral um desprezo pelo aconselhamento especializado. Muitos outros líderes, da Tailândia e Turquia ao Camboja e à China, desfrutaram de um novo pretexto para reprimir a fala de dissidentes. Em todos os casos, populismo, polarização e pós-verdade moldavam as reações dos poderosos e os orientavam a procurar alavancar o vírus como fonte de mais (e mais estável e duradouro) poder.

No entanto, também não demorou a ficar evidente que não seria tão simples imaginar que a pandemia tornaria mais fácil a vida dos autocratas 3P. Segundo uma campanha *postmortem* realizada em fins de 2020 por Tony Fabrizio, pesquisador da campanha de Trump, complicar a resposta pandêmica com toda a probabilidade custou a Donald Trump um segundo mandato.[2] Em sociedades em que o autoritarismo ainda enfrenta restrições competitivas reais, baixo desempenho no cargo em meio a uma grande crise tem os seus custos.

O vírus, portanto, reivindicou pelo menos um grande escalpo político e um escalpo de importância primordial. Mas cada país experimentou a pandemia de acordo com sua própria realidade. As generalizações são perigosas – desde o início, no entanto, alguns padrões iniciais já são visíveis.

Navegando na Onda do Coronavírus

Por toda parte, regimes autocráticos tiveram pouca dificuldade para entender que a pandemia do coronavírus proporcionava uma oportunidade para fortalecer seu domínio sobre a sociedade. Com governos impondo, por motivos de saúde, restrições sem precedentes sobre os movimentos de seus cidadãos, medidas que teriam parecido pesadas em qualquer outra circunstância vieram a parecer normais, até mesmo banais.

Talvez nenhum outro líder autocrático tenha se movido com tanta ousadia para capitalizar sobre o potencial centrípeto do vírus quanto Xi Jinping. O ditador chinês agiu agressivamente contra adversários numa série de frentes que há muito eram irritantes para Pequim. De modo mais visível, em 2020, ele desferiu um golpe decisivo contra o movimento pró-democracia de Hong Kong ao aprovar uma lei de segurança que liquidava, de modo efetivo, o *status* quase autônomo de Hong Kong sob o princípio "uma nação, dois sistemas", acordado com o Reino Unido quando a ex-colônia foi devolvida à soberania chinesa em 1997. A iniciativa não demorou a restringir o estridente movimento de rua que abalara Hong Kong com protestos em 2019 e toda a tradição de ativismo cívico na ex-colônia britânica.

Hong Kong não era o único problema há longo tempo suportado que Xi decidiu resolver de uma vez por todas sob a cobertura do coronavírus. A remota, complexa e ambiguamente demarcada fronteira do Himalaia com a Índia era outro. Em uma série de movimentos agressivos lançados desde o início de 2020, Xi mandou soldados chineses ocuparem territórios que há longo tempo eram administrados pela Índia. Xi decidira enviar uma mensagem de que a China continuaria a exercer seu poder em defesa de suas fronteiras.

A pandemia ajudou Xi a levar à frente esse plano de um modo que está longe de ter sido óbvio. A inteligência chinesa parece ter percebido uma séria crise de mobilização nas forças armadas indianas, que enfrentava uma série de surtos de COVID-19 nos quartéis. Sem dúvida não deve ter sido difícil para os chineses decifrar os comunicados militares da Índia: o exército indiano dependia da infraestrutura chinesa de telecomunicações para seus contatos internos.

A beligerância da China na esteira do vírus deixou todos os seus concorrentes e vizinhos no limite. Do Vietnã e das Filipinas, com quem a China tem complexas disputas territoriais no Mar da China Meridional, ao Japão e Coreia do Sul, o caráter decidido de Xi ameaçou se tornar o aspecto da pandemia com as mais incontroláveis consequências em longo prazo.

Mas nenhum dos vizinhos da China acolheu o coronavírus com a trepidação de Taiwan, um território que a República Popular considera como seu, a despeito de oito décadas de independência de fato. A visão de Pequim, renegando os antigos compromissos de "um país, dois sistemas" em Hong Kong, enterrou as esperanças de alguns taiwaneses de que a reunificação com o continente poderia ser alcançada sob um acordo que preservasse a abertura da ilha, seu sucesso econômico e suas vibrantes tradições democráticas.

O vírus também permitiu que a China aprofundasse e expandisse uma campanha de repressão contra os uigures étnicos da província de Xinjiang, no longínquo oeste. O governo de Pequim deu uma grande expansão ao seu distante e em grande parte invisível arquipélago gulag de sinistros "campos de reeducação" sem praticamente nenhum escrutínio internacional.

Em cada um desses casos, a pandemia serviu como a perfeita cortina de fumaça para a China: permitindo que ela se movesse de modo agressivo em diferentes *fronts* e encarasse muito menos resistência do que teria esperado em tempos normais. É provável que esses movimentos do governo chinês tivessem de qualquer maneira acontecido, mesmo sem a desculpa trazida pela pandemia. Mas a emergência na saúde com certeza lhes serviu de catalisador.

Essa, é claro, não é a única maneira de tirar o proveito do vírus. Quando se trata de usos criativos da pandemia para reprimir dissidentes, o único limite é a imaginação. Veja o ditador do Azerbaijão, Ilham Aliyev. Sua interpretação das regras de *lockdown* incluiu banir organizações dissidentes por quebrarem as regras de distanciamento social depois de descoberto que elas haviam promovido uma reunião com quatro pessoas numa sala comercial.

O presidente da Hungria, Viktor Orbán, foi outro líder mundial que explorou de modo rápido e eficaz a pandemia para concentrar poder. Usou as medidas de saúde pública que alertavam sobre o aumento do risco de infecção em grandes aglomerações como justificativa para fechar o Parlamento e adiar indefinidamente as eleições. Em função disso, Orbán obteve controle total do aparato estatal e pôde governar por decreto.

Na Bolívia, a presidente interina Jeanine Áñez também teve oportunidade em 2020 de adiar as eleições presidenciais não uma, mas duas vezes sob a cobertura do vírus. Sua posição precária nas pesquisas, ela explicou à nação, foi mera coincidência (Añez perderia seu cargo para a esquerda nesse mesmo ano após renunciar a uma competição em que estava em quarto lugar – devido mais a seu precário desempenho no cargo que à pandemia em si).

De fato, em 2020, a Fundação Internacional para Sistemas Eleitorais (IFES) registrou adiamentos de eleições em 64 países e oito territórios, com um total de 109 eventos eleitorais adiados.[3] Chile, Etiópia, Irã, Quênia, Macedônia do Norte, Sérvia e Sri Lanka são algumas das nações que adiaram as votações nacionais para presidente, para o Congresso, para governos estaduais e locais, ou referendos. Nem todos esses adiamentos equivalem a tomadas de poder, é claro: alguns são motivados por preocupações genuínas com a saúde. Justamente por isso o pretexto era suficientemente digno de crédito para servir aos que exploravam a pandemia em busca de ganho político.

Sem dúvida, adiar uma eleição por falsos motivos de saúde é apenas um caminho para a manipulação; recusar-se a adiar uma eleição apesar de legítimas preocupações com a saúde é outro. A Polônia recusou-se a adiar uma eleição que se acreditava que Andrzej Duda, o presidente populista, provavelmente venceria. E realmente ele ganhou com 51% dos votos no segundo turno.

De fato os populistas da Polônia estavam longe de ter escrúpulos em explorar a pandemia para seus próprios fins. Como observou Joanna Fomina, da Academia de Ciências polonesa, eles aproveitaram a oportunidade para aprovar uma legislação sobre problemas sociais candentes que havia enfrentado forte oposição popular antes da pandemia. Projetos para criminalizar a educação sexual nas escolas e restringir ainda mais o acesso ao aborto haviam provocado estridentes manifestações de rua antes do ataque do vírus. Ocorrido o ataque, o governo proibiu protestos de rua (alegando a necessidade de manter o distanciamento social) e aprovou na calada da noite os projetos de lei.

Quase por toda parte, a pandemia fortaleceu a área executiva em detrimento de outras áreas do governo e ampliou o leque de medidas consideradas apropriadas para serem decididas por ela. Durante algum tempo, os australianos foram proibidos de deixar seu próprio país: o que tinha sido inimaginável tornou-se inquestionável. Essa mudança tem efeitos de longo alcance em muitas dimensões, inclusive por criar novas e atraentes oportunidades de corrupção. Com funcionários sob imensa pressão para aprovar contratos de compras de recursos para combater com rapidez a pandemia, proliferaram oportunidades de corrupção e malfeitos. E em países já administrados de fato como empresas criminosas elas quase certamente foram usadas como oportunidades de enriquecimento ilícito.

Quando se trata de respostas ao vírus que minam liberdades civis, movimentos mundiais contra a liberdade de expressão estavam entre os mais destrutivos. Pode-se argumentar que o coronavírus tornou-se uma crise global antes de mais nada como resultado de censura: o governo chinês age para silenciar o doutor Li Wenliang e seus colegas de Wuhan, que pela primeira vez tentaram dar o alarme sobre essa estranha doença em dezembro de 2019, desperdiçando o período inicial crucial quando o primeiro surto poderia ter sido contido localmente. A morte subsequente por COVID-19 do doutor Li, em fevereiro de 2020, transformou-o não apenas no primeiro mártir da pandemia, mas também na vítima mais recente da falta de liberdade de expressão.

O padrão de governos usando seu poder para eliminar informações inconvenientes sobre o vírus não se limitou à China. Como Jacob McHangama e Sarah McLaughlin escreveram para *Foreign Policy*, os primeiros meses do coronavírus viram uma pandemia global de censura, com governos autocráticos em todo o mundo reprimindo a dissidência sob o pretexto de banir a desinformação sobre o vírus.[4] No Camboja, dezenas foram presos acusados de divulgar *fake news* em comentários feitos sobre a pandemia, o que incluiu participantes de grupos clandestinos de oposição, que foram então detidos por longos períodos sem julgamento. Na Tailândia, uma definição ampla do que seria uma difusão de desinformações acerca do vírus levou a detenções de pessoas que meramente criticaram como insuficiente a resposta do governo. Na Turquia, dezenas de pessoas foram responsabilizadas por postagens "infundadas e provocadoras" nas mídias sociais sobre a COVID-19 e pelo menos 19 delas foram detidas sob acusações de "se voltarem contra funcionários do governo e de espalhar o pânico e o medo" ao criticar a resposta das autoridades.

Em 2020, eram comuns casos de assédio a jornalistas que cobriam a crise da saúde, suas consequências econômicas e as respostas dos governos. Azerbaijão, Egito, Honduras, Índia, Irã, Filipinas, Rússia e Cingapura foram apenas alguns dos muitos governos que tentaram silenciar a mídia. Em cada caso, os governos afirmavam estar atuando no interesse da saúde pública para eliminar histórias falsas sobre o vírus. Numa suspeitamente elevada proporção de casos, essas "histórias falsas" conseguiam desvendar a inépcia do governo no manejo da crise.

Em certos casos, a pandemia empurrou governos repressivos para novas áreas de controle da informação. Na Turquia, por exemplo, a grande mídia já estava estritamente controlada pelo regime de Erdoğan muito antes do ataque do vírus. Mas a pandemia tornou-se o momento propício para o governo lançar regras severas para "limitar a desinformação", o que, na prática, bania categorias inteiras de discursos. O regime usou a pandemia como justificativa para aprovar, em meados de 2020, uma nova lei que efetivamente proibia Facebook, Twitter e YouTube, a não ser que os chefes dessas plataformas concordassem em obedecer à censura do governo em Ancara.[5] Falhas na implementação de ordens para remover conteúdo que os censores do governo considerassem ofensivos resultariam em multas pesadas e cortes incapacitantes na banda larga.

Brown, Brechenmacher e Carothers também constataram um uso ampliado de alta tecnologia nos recursos de vigilância do Estado, à primeira vista para combater o vírus.[6] Coreia do Sul, Cingapura e Israel, por exemplo, foram pioneiras no uso da vigilância de celulares para rastreamento de contatos. Tornou-se quase uma reflexão banal comentar que, se um governo está autorizado a usar essa tecnologia para saber quem esteve em contato com um portador de vírus, também pode usá-la para saber com quem, por qualquer outra razão, a pessoa manteve contato.

"Embora a vigilância aprimorada não seja por si só antidemocrática", escrevem eles, "os riscos de abuso político dessas novas medidas são significativos, em especial se elas são autorizadas e implementadas sem transparência ou supervisão."

Na Índia, as autoridades de saúde exigem que as pessoas em quarentena periodicamente atualizem *selfies* com recursos de geolocalização ativados para garantir que a foto é tirada na casa da pessoa. Em Hong Kong, os viajantes que chegavam eram forçados a usar um dispositivo eletrônico de rastreamento de localização parecido com aquele de uso obrigatório pelas pessoas em prisão domiciliar. O potencial para que haja abuso na aplicação de alguma dessas medidas é gigantesco.

Além disso, em todo o mundo a pandemia fortaleceu a presença das forças armadas. Os militares desempenharam um papel ampliado em estabelecer e fazer cumprir decisões de saúde pública no Irã, Israel, Paquistão, Peru e África do Sul, o que em certos casos resultou em reclamações de que o excesso de zelo de alguns soldados levava a abusos de poder. Então, de novo, apenas para mostrar que para cada tendência há com frequência pelo menos um exemplo contrário, Amr Hamzawy e Nathan J. Brown, pesquisadores do Carnegie Endowment, descobriram que no Egito a resposta à pandemia fortaleceu, dentro do governo autoritário de El Sisi, a presença da facção civil-tecnocrática à custa da influência do aparato de segurança nacional centrado nos militares.[7] Desde os anos 1930, o uso de poderes de emergência tem sido identificado como a chave para a consolidação do poder autocrático. Oportunidades especiais surgem quando uma emergência real coincide com aspirações autocráticas. A pandemia foi um claro exemplo disso. Mais de 50 países declararam estado de emergência em resposta à crise – muitos por razões de saúde pública perfeitamente legítimas. Em certos lugares, no entanto, as declarações de emergência quase alardeavam abertamente sua intenção autoritária.

Ao avaliar o potencial de uma emergência declarada ser indevidamente submetida a fins autoritários, os estudiosos têm o cuidado de analisar dois aspectos em particular: se a declaração de emergência é limitada no tempo e se é limitada em termos de objetivo. Uma declaração de emergência sem um campo de ação cuidadosamente circunscrito ou data de encerramento flerta com abuso. E a pandemia viu um número perturbador de tais delarações sendo proclamadas.

Nas Filipinas, o Parlamento fez ao presidente Rodrigo Duterte uma concessão de poderes de emergência sem quaisquer princípios limitadores. No Camboja, o primeiro-ministro Hun Sen também viu sua autoridade para usar de poder marcial estendida ao infinito.[8] Como descobriu uma equipe de pesquisadores da Universidade de Gotemburgo liderada por Anna Luehrmann, a Europa não foi exceção a essa tendência.[9] Por exemplo, nos poderes de emergência que o Parlamento concedeu a Viktor Orbán faltava qualquer data específica de fim e eram liberadas sentenças de prisão por distribuição de *fake news* sobre a pandemia. Na declaração de emergência da Polônia, embora não tão ampla, também faltava uma data de fim e eram restringidas algumas liberdades da mídia. Na Bulgária, poderes de emergência foram usados para perseguir a minoria cigana, enquanto na Romênia, eles foram utilizados para restringir a liberdade de expressão e desencadearam casos de abuso policial na aplicação de medidas de toque de recolher.

Uma Pandemia de Pós-Verdade

Para o Kremlin, que há muito vive à procura de pontos de fratura social a explorar em seus adversários, a pandemia proporcionou amplas oportunidades de propagar a desinformação entre populações ansiosas e confusas. Como constatou um relatório da UE de março de 2020, as agências de inteligência russas montaram "uma significativa campanha de desinformação" para tentar agravar a crise que a pandemia geraria para seus adversários na Europa.[10] Os objetivos? Destruir a confiança na reação de emergência das democracias.

Ajustados aos antigos princípios do MID – medo, incerteza e dúvida – ativistas respaldados pelos russos espalham histórias destinadas a minar a fé das pessoas em seus governos. A UE identificou 80 diferentes extratos de desinformação relativos à COVID-19 já em 22 de janeiro de 2020, mais de seis semanas antes de a pandemia levar à primeira onda de extensos e economicamente dolorosos *lockdowns*. Muitos robôs da mídia social alavancados para essa operação tinham um longo histórico de colaborar nas iniciativas do Kremlin para difundir desinformações sobre temas como a guerra civil síria, os protestos dos coletes amarelos franceses, a independência catalã e outros. A campanha foi extensa, incluindo conteúdo não apenas em inglês, mas também em espanhol, italiano, alemão e francês.

Como tantas vezes acontece, a campanha de desinformação trabalhou simultaneamente com uma variedade de mensagens. Em alguns casos, robôs russos difundiam a mensagem de que o coronavírus era "uma criação humana, armada pelo Ocidente". Mas em países em que as pessoas são particularmente desconfiadas do governo, como a Itália, eles insistiram em histórias que pintavam o governo como incompetente e incapaz de enfrentar o desafio. Enquanto isso, mensagens em espanhol propagavam histórias apocalípticas ou censuravam os capitalistas por tentarem se beneficiar do vírus e "enfatizam [enfatizavam] como a Rússia e Putin estavam lidando bem com o surto", segundo as notícias.[11]

Tampouco as contas eram atores marginais em suas esferas públicas. RT Spanish, ramificação em língua espanhola da Russia Today, emissora internacional e pública da Rússia, contabilizou cerca de 6,8 milhões de "compartilhamentos" em suas histórias apenas nas primeiras semanas da pandemia. A propaganda russa podia parecer grosseira aos mais sofisticados, mas tinha uma eficiência brutal para moldar percepções em amplas faixas de suas sociedades-alvo.

Certamente os Estados Unidos não estavam imunes a esse tipo de ação, e a evidência de terem sido alvos de um ataque semelhante não demorou a ser detectada. Visando influir em um clima de opinião pública ansioso e inflamável, ele obtivera um êxito considerável. Em fevereiro de 2020, o Departamento de Estado americano acusou a Rússia de levar à frente uma campanha de desinformação sobre a pandemia que induziu centenas de contas do Facebook, Twitter e Instagram a trabalhar narrativas difundindo a ideia de que a CIA havia criado o novo coronavírus como arma biológica.[12] Os gigantes da tecnologia foram então mais uma vez obrigados a encerrar contas suspeitas de espalhar desinformação. Pareciam, no entanto, ser deixados continuamente para trás e a todo momento se viam forçados a acertar o passo.

Aparentemente impressionada pelo sucesso russo no campo da desinformação pandêmica, a China não demorou a entrar na briga, lançando suas próprias operações de pós-verdade relativas ao coronavírus e tendo o Ocidente como alvo. O interesse em quebrar o elo percebido entre China – local do surto original – e os custos humanos e econômicos da pandemia parece ter sido crucial para os chineses, que se concentraram em difundir a noção de que a China havia "sido incriminada" – responsabilizada por um vírus que na verdade se originara em outro lugar.

A China foi capaz de projetar dessa maneira seu poder graças a uma infraestrutura extremamente sofisticada de influência no exterior, com a televisão estatal chinesa em transmissão direta para famílias de toda parte, do Quênia a Portugal. Mas o poder da China não avança somente por meio de suas emissoras: também utiliza o tipo de campanha de desinformação *on-line* que costuma ser mais associado à Rússia, mas que os chineses não demoraram a imitar.[13] Em junho de 2020, a União Europeia censurou a China por estar por trás de uma "enorme onda" de desinformação sobre o vírus destinada a caluniar a resposta à crise de governos europeus.[14]

Os esforços da China nesse sentido são muitas vezes coordenados com os de outras autocracias. Como no caso da Aliança para a Garantia da Democracia, uma ONG independente, encontrada por meio de sofisticada pesquisa na rede, há evidências claras de que os mensageiros chineses oficiais pegam carona em redes de propaganda iraniana e russa.[15] Desde novembro de 2019, três das cinco agências de notícias mais retuitadas, não incluindo canais chineses respaldados pelo Estado, foram financiadas pelos governos iraniano ou russo (PressTV, RT e Sputnik News foram, respectivamente, o terceiro, quarto e o quinto veículos mais retuitados). Além disso, vários indivíduos associados a veículos bancados pelo governo russo ou a *sites* pró-Kremlin estavam entre os cem relatos mais retuitados pelas contas chinesas.[16]

Esses resultados são cada vez mais compartilhados entre as organizações de vigilância da internet. Philip Howard, chefe do Oxford Internet Institute, descreveu um aumento igualmente brusco na desinformação que vem na esteira do coronavírus. "Temos visto um incremento bastante significativo na desinformação gerada por agentes estatais estrangeiros, vinda particularmente da Rússia e da China", disse Howard numa entrevista à CBC News. "De fato, 92% da desinformação de agências apoiadas pelos Estados ao redor do mundo se origina da Rússia e da China."[17]

Esses esforços de rastreamento têm normalmente constatado que a pós-verdade patrocinada pelo Estado está ficando não só mais difundida na era da pandemia, como mais sofisticada. Organizações como a Agência de Pesquisa da Internet da Rússia tornaram-se muito mais capazes de cobrir seus rastros, evitando os erros do tipo amador que tornavam fácil documentar sua influência, por exemplo, no Brexit 2016 e na eleição presidencial dos EUA. Algumas providências foram tão simples quanto melhorar a edição de texto de tuítes com robôs para evitar erros gramaticais e de sintaxe que pudessem denunciá-los como algo que não era obra de falantes nativos de inglês. Mas parte disso vai muito mais longe. Como descobriu uma investigação da CNN, a Rússia começou inclusive a terceirizar parte de seu trabalho de desinformação com ONGs e empreiteiros na Nigéria e em Gana, pagando efetivamente africanos para atiçar tensões raciais na mídia social americana quando manifestações de antirracismo conquistaram a América no verão de 2020. Alguns dos *trolls* africanos, descobriu a CNN, realmente não sabiam que os principais pagadores por trás de seus esforços estavam em Moscou.[18]

Até que Ponto um Grande Recuo?

A pandemia, então, foi a grande força centrípeta, concentradora de poder de nosso tempo, certo?

Na verdade não. Há um grande risco de simplificarmos em excesso quando nos defrontamos com uma crise tão sem precedentes. As suposições iniciais podem rapidamente se mostrarem infundadas e a intuição não é um guia para navegar em águas que não estão nos mapas.

Para dar apenas um exemplo, uma das primeiras conclusões a que os analistas chegaram sobre o coronavírus nos primeiros meses de 2020 foi que ele significaria o fim do período de agitação social e protestos de rua que vinha se espalhando nos últimos anos, da Catalunha e Hong Kong para o Chile e muitos outros países. A vida útil dessa previsão mostrou-se curta: em junho de 2020, o país do mundo mais atingido pela pandemia, os Estados Unidos, estava em chamas com protestos sociais contra o policiamento racista e os protestos de rua haviam sido retomados da Argélia ao Zimbábue. Ninguém estava imune: em agosto de 2020, gigantescos protestos de rua abalaram a Bielorrússia, desestabilizando um dos mais ferozes ditadores da velha escola, Alexander Lukashenko. Apenas seis meses mais tarde, protestos em massa, com poucos precedentes, atingiram a Rússia de uma ponta à outra – e não só as cidades maiores – depois que o regime de Putin tentou envenenar, e depois prendeu, seu crítico mais ardoroso, Alexey Navalny. A explosiva publicação de Navalny passando informações sobre um enorme palácio no Mar Negro, descrito por ele como fruto do maior suborno na história da Rússia, abalou o Kremlin. O destino do movimento é desconhecido no momento em que escrevo, mas a visão de russos protestando nas ruas em pleno inverno invalida qualquer noção de que o vírus teria enfraquecido a vontade do povo protestar.

Poderiam algumas das suposições iniciais de que o vírus agiria como uma força concentradora de poder se mostrarem simplesmente equivocadas em médio prazo? Há alguma razão para acreditarmos que sim. Alguns dos primeiros estudos sobre o impacto do vírus sugerem que seus efeitos políticos variam enormemente, entre diferentes cenários nacionais, em função não apenas de fissuras sociais preexistentes e das características do governo, mas também da reação dos poderosos.

É uma opinião defendida com vigor por meu colega Thomas Carothers, líder de um ambicioso projeto de pesquisa, sobre esse mesmo assunto, do Carnegie Endowment for International Peace. Numa série de estudos de caso sobre os primeiros efeitos da crise, Carothers descobriu que, embora o vírus tenha intensificado uma polarização política pouco saudável no Brasil, Indonésia, Polônia, Sri Lanka, Turquia e nos Estados Unidos, o mesmo não poderia ser dito de países como Chile, Índia, Quênia e Tailândia.[19]

Mas para ver o potencial que tem a pandemia de se tornar uma força *centrífuga*, arrancando o poder dos autocratas, é sensato nos voltarmos primeiro para os três maiores países das Américas, onde alguns dos mais poderosos autocratas 3P do mundo – Jair Bolsonaro, Andrés Manuel López Obrador e Donald Trump – viram o número de mortes disparar em meio a uma reação crivada de negação científica, apelos ao pensamento mágico e pura e simplesmente mentiras. No curto prazo, a polarização garantiu que, apesar dos fracassos, todos os três líderes mantivessem o apoio de uma parcela substancial da população, incluindo uma grande maioria para López Obrador, do México, mesmo que muitos milhares contraíssem o vírus e morressem, e milhões perdessem seus meios de subsistência. Mas até que ponto esse modelo se mostrará sustentável?

As reações desastrosas desses populistas do hemisfério ocidental, marcadas pelo desprezo pelas recomendações científicas, mostram o outro lado de uma complexa relação da pandemia com a pós-verdade. Enquanto na Rússia e na China os líderes utilizavam de maneira cínica a desinformação como arma contra seus adversários, Jair Bolsonaro no Brasil e Donald Trump nos Estados Unidos pareciam realmente convencidos de algumas das mais implausíveis teorias da conspiração que propagavam. A pós-verdade pode ser uma potente ferramenta estratégica para autocratas cínicos, mas também pode criar desastrosos pontos cegos para os que acreditam nela.

A frustração com a situação criada pelo vírus mobilizou a raiva dos russos contra Putin, transbordando em enormes protestos de rua que abalaram Moscou e São Petersburgo no verão de 2020. Com a Rússia abrigando um surto muito sério de COVID-19, a credibilidade do governo ficou sob uma tensão severa. Mesmo assim, nos primeiros dias da crise, antes que os ânimos fervessem, Vladimir Putin colocou em prática uma audaciosa manobra para estender os limites de seu mandato até 2036.

Mas se muitas asneiras de líderes 3P lançaram uma nuvem de dúvida sobre seus futuros, a resposta de relativa eficácia de algumas das democracias mais dinâmicas do mundo deu inicialmente origem a esperanças de que nem tudo estava perdido para o campo liberal. Dinamarca, Islândia, Alemanha, Nova Zelândia, Coreia do Sul e Taiwan se destacaram pela eficiência da resposta pública à crise: foram capazes de conter os primeiros surtos pelo julgamento decisivo, cientificamente informado, de líderes escrupulosamente democráticos e que, exceto num caso, eram *mulheres*.

Vacinas são Poder

Mas a pandemia da COVID-19 também apontava um novo holofote para as capacitações tecnológicas de diferentes países quando se tratava de produzir e distribuir uma vacina. Nesse caso, hábitos mentais há muito esquecidos de protecionismo de patentes e chauvinismo científico volta-ram ao centro do palco, com os Estados Unidos, a União Europeia, a Grã-Bretanha, a Rússia e a China correndo para se superarem em termos da velocidade e confiabilidade de suas respostas. Nos primeiros meses de 2021, a priorização das vacinas tornou-se uma espécie de obsessão mundial. China e Rússia, aproveitando plenamente a latitude que suas autocracias lhes dão, começam a priorizar exportações de vacinas para países clientes, postos em certos casos até mesmo à frente de suas próprias populações vulneráveis. Aliados ocidentais, encarando naquele momento furiosa demanda por rápida imunização, dificilmente poderiam ser vistos desviando para o exterior seus suprimentos limitados.

A realidade, em cada local, às vezes correspondia a estereótipos preexistentes e às vezes divergia deles. Não surpreendeu ninguém que Israel, com sua pequena população, instrumental de pesquisa extremamente sofisticado na área das ciências da vida e permanente apoio militar se aproximasse primeiro da imunidade de rebanho. No entanto, a União Europeia, apesar de sua enorme base científica, recursos de pesquisa e reputação de eficiência tecnocrática, tropeçava de um lado para o outro diante dos desafios, falhando por completo em garantir suprimentos suficientes para sua vasta população e ficando bem atrás dos países que lideraram a inoculação do mundo.

Com o tempo, é provável que a corrida pela vacina de 2020 seja mais lembrada por fornecer prova conceitual da viabilidade de terapias mRNA. A tecnologia espantosamente avançada dos novos procedimentos usados para produzir as vacinas da Moderna e da Pfizer-BioNTech apontam o caminho para uma geração inteiramente nova de produtos farmacêuticos que abrem novos caminhos para o tratamento de um vasto leque de doenças humanas. Se a pandemia for lembrada por ter acelerado o desenvolvimento desses tratamentos, é provável que as primeiras escaramuças para difundi-los sejam esquecidas e o prestígio atribuído aos países que desenvolveram a técnica – principalmente os Estados Unidos e a Alemanha, ao lado de seus mais próximos aliados – ofusque a confusão administrativa. No ano 2100, a pandemia poderá ser lembrada por pouco mais que ter acelerado o desenvolvimento da medicina de precisão e por restabelecer o prestígio das democracias cujos cientistas produziram tal revolução.

Esse último ponto ilustra nossa premissa central para este capítulo: como todas as grandes crises de tempos recentes, o impacto da pandemia será muito mais lembrado por efeitos de segunda e terceira ordem que pela crise inicial em si. Sem a menor dúvida, o coronavírus reformulou o mundo. Mais uma vez, no entanto, é provável que as respostas governamentais e as reações das sociedades a essas respostas se mostrem tão cheias de consequências quanto a presença do próprio vírus – senão mais.

Há então um futuro possível – na realidade, apenas *um* dentre vários futuros possíveis – quando o coronavírus será lembrado como o momento em que o mundo virou a esquina diante dos novos autocratas 3P. Se dentro de alguns anos, ficar claro que os países que honraram a expertise científica e o livre fluxo de informação superaram os que se mantiveram comprometidos com a pós-verdade, a legitimidade de autocratas que nada sabem terá sofrido um duro golpe.

11 CINCO BATALHAS QUE PRECISAMOS VENCER

Segundo "Freedom in the World" [A Liberdade no Mundo], um relatório anual divulgado pela Freedom House, um respeitado *think tank* norte-americano, 73 nações tinham em 2020 uma "pontuação de liberdade" mais baixa que no ano anterior.[1] Apenas 28 nações viram suas pontuações aumentarem. De maneira sinistra, o relatório registrava que 75% da população do mundo vive em países que experimentaram uma diminuição dos direitos dos eleitores. "Pela primeira vez neste século", como observou o historiador britânico Timothy Garton Ash, "entre países com mais de um milhão de habitantes, o número de democracias é agora menor que o número de regimes não democráticos."[2]

A ameaça para a democracia global não poderia ser mais real. Os atentados contra a liberdade são globais, continuados e formidáveis.

Governos de todos os matizes ideológicos, incluindo muitos que se colocam como modelos de democracia, aproveitaram as oportunidades para enfraquecer os freios e contrapesos que restringem seu poder. Como já discutimos nestas páginas, em alguns países esses ataques são diretos; em outros são sutis e furtivos.

Os democratas devem prevalecer na disputa existencial contra inimigos que preferem um mundo em que o poder seja concentrado e sem controle. No entanto, como podemos lutar numa guerra que se desenrola em várias frentes, contra adversários 3P que são peritos em explorar as fraquezas da democracia e utilizar frustrações populares e os descontentes que as democracias têm repetidamente falhado em integrar? Nesta encarnação moderna da "longa luta crepuscular" do presidente John F. Kennedy, os defensores da democracia devem escolher suas batalhas com sabedoria se quiserem prevalecer.[3]

Das muitas que estão por vir, acredito que estas cinco se destacam como as mais importantes:

1. A batalha contra a Grande Mentira
2. A batalha contra governos criminalizados
3. A batalha contra autocracias que procuram minar democracias
4. A batalha contra cartéis políticos que sufocam a competição
5. A batalha contra narrativas iliberais

No que se segue, esboço o que devemos fazer para vencer em cada um desses cinco campos de batalha. Não trago balas mágicas, mas me concentro em identificar os principais objetivos a serem alcançados e os caminhos mais promissores para chegar até eles.

A Batalha contra a Grande Mentira

Qualquer estratégia para defender democracias e assegurar que o sistema político trabalhe para o bem da sociedade implica restaurar a aptidão dos cidadãos para diferenciar verdade de mentiras. Como advertiu Timothy Snyder, um dos mais astutos cronistas das tiranias contemporâneas, "pós-verdade é pré-fascismo... abandonar fatos é abandonar a liberdade".[4]

Em todo o mundo, no entanto, líderes políticos se deparam cada vez mais com o apelo de mentir em busca do poder. E por mentir não quero dizer contar lorotas ou inventar histórias, como os políticos sempre fizeram, mas contar o tipo de mentiras que envenenam a coexistência democrática e minam a própria possibilidade da democracia. Conte com Donald Trump para mostrar o caminho: em maio de 2021, mais de cinco meses após culpar sua derrota na reeleição com alegações míticas de fraude na votação, ele declarou descaradamente que "a Fraudulenta Eleição Presidencial de 2020... será, de hoje em diante, conhecida como A GRANDE MENTIRA!".[5]

Grandes Mentiras Políticas pertencem a uma categoria completamente diferente da lorota política. O enquadramento feito pelo Kremlin dos separatistas chechenos como autores dos horríveis atentados a bomba de 1999, que atingiram quatro blocos de apartamentos em Moscou e outras cidades russas, é uma terrível ilustração de como a Grande Mentira foi usada para consolidar poder, nesse caso o de Vladimir Putin após um debilitado Boris Yeltsin designá-lo como primeiro-ministro. Seja Putin culpando os chechenos, Erdoğan da Turquia alegando uma conspiração sombria de destruidores gulenistas ou Donald Trump falando que um nefasto "Estado Profundo" estava montado contra seu governo, a Grande Mentira permite que políticos 3P justifiquem suas tomadas de poder. Cada passo populista tem uma Grande Mentira em seu núcleo, lançando o aspirante a autocrata como a única esperança do povo nobre, oprimido e traído contra uma elite sombria que o odeia.

Até recentemente, o dano à reputação de ser apanhado contando uma Grande Mentira servia para conter o comportamento mais flagrante dos aspirantes a altos cargos em democracias estabelecidas. Mas a ascensão ao poder de Trump, Erdoğan, Modi, Duterte, Orbán, Bolsonaro e outros sugere uma mudança perigosa no equilíbrio custo-benefício de contar uma Grande Mentira. Nenhuma democracia poderá sobreviver se a propagação de Grandes Mentiras for invariavelmente recompensada com poder. Drenar a força que possuem as Grande Mentiras vai exigir uma enorme quantidade de vontade política, criatividade jurídica e inovação tecnológica e jornalística. Mas se perdermos esta particular batalha, o sucesso nas outras será irrelevante.

Muita atenção se concentrou no papel da internet como multiplicadora de Grandes Mentiras. Há algum exagero envolvido nisso. Afinal, três séculos antes de a internet ter sido inventada, Jonathan Swift já dizia em tom de gracejo que "a falsidade voa e a Verdade vem mancando atrás dela".[6] Mas a internet inclinou com tanta força o campo de jogo a favor dos mentirosos que as pessoas não confiam mais nas instituições que existem para separar verdade das mentiras. A forte propensão dos algoritmos *on-line* para favorecer o que causa impacto, mas é falso, antes do que é monótono, mas verdadeiro, deixou o dizer a verdade numa espécie de crise, numa confusão epistêmica que ameaça todo o projeto democrático.

Como Anne Applebaum e Peter Pomerantsev argumentaram, essa tendência pode ser revertida. "A internet", como eles dizem, "não precisa ser horrível."[7] Abordagens criativas para melhorar a qualidade do engajamento cívico *on-line* foram tentadas com algum sucesso de Taiwan e Brasil a Seattle e Vermont. Algumas inovações tentaram acabar com o anonimato que alimenta o discurso tóxico *on-line*; outras têm procurado criar plataformas que incentivam e recompensam a criação de consensos e desfazem a polarização da praça pública *on-line*.

As lições dessas iniciativas precisam ser adotadas pelos gigantes que agora formam oligopólios de pesquisa e publicidade *on-line* – por meio, se possível, de suas próprias opções e, se necessário, pela regulamentação. Os incentivos financeiros, legais e relativos à reputação dos gigantes tecnológicos precisam estar alinhados com os interesses mais amplos da sociedade.

A decisão do Twitter de banir Donald Trump depois de seu *tsunami* de quatro anos com mentiras diárias vindas do Salão Oval será lembrada como o primeiro passo, mesmo que parcial e problemático, nessa luta. Mas o debate que se seguiu sobre a eficiência e a justiça de excluir Trump das plataformas do Twitter e do Facebook (este último usou uma junta independente para rever tais decisões, evocando tanto desprezo quanto elogios) é um lembrete do quanto ainda precisa ser feito. A ampla proteção da autonomia responsável concedida às grandes companhias *high tech* dos Estados Unidos continuará, merecidamente, a ser alvo de atenção legislativa. Firmas motivadas pelo lucro, com modelos de negócios criados para maximizar o envolvimento do usuário – que a mentira conduz de um modo que a verdade não poderia conduzir –, não podem ser invocadas para dexintoxicar por vontade própria suas plataformas.

Também a mídia tradicional precisa de um acerto de contas. Em 2020, pela primeira vez menos da metade de todos os americanos disseram que confiavam na mídia tradicional, segundo dados do barômetro de confiança anual da Edelman. Cinquenta e seis por cento dos americanos concordam que "jornalistas e repórteres estão propositalmente tentando enganar as pessoas dizendo coisas que eles sabem que são falsas ou exageros grosseiros". Cinquenta e oito por cento acham que "a maioria das organizações de notícias estão mais preocupadas em apoiar uma ideologia ou posição política que em informar o público". Quando a Edelman entrevistou americanos após as eleições presidenciais de 2020 nos EUA, os números tinham se deteriorado ainda mais, com 57% dos democratas confiando na mídia e somente 18% dos republicanos.[8] O jornalismo costumava agir como um baluarte contra a Grande Mentira – mas não pode desempenhar esse papel se as histórias que os jornalistas relatam não merecem crédito.

Superar esta crise significará rever velhos impulsos jornalísticos e, em alguns casos, renunciar a eles. O hábito arraigado da "imparcialidade" – a tendência a tentar encontrar equivalência moral onde não há nenhuma – tem de ser rejeitado se um desses lados está atacando o sistema democrático.[9]

Como Lionel Barberk, ex-editor do *Financial Times*, argumentou, isso não significa que o jornalismo tenha de ser abertamente partidário. Desde que os argumentos sejam expostos de boa-fé e com base em evidências, ambos os lados *sem dúvida* precisam ser ouvidos. Contudo, quando a boa-fé não está sendo praticada ou quando as evidências são maliciosamente manipuladas ou ignoradas, um julgamento respeitoso não é só imprudente, mas potencialmente destrutivo.[10] Jornalistas e comentaristas não podem praticar sua boa-fé como observadores imparciais permanecendo equidistantes entre pessoas que vendem Grande Mentiras e aquelas que resistem a elas. Durante muito tempo aspirantes a autocratas exploraram esse relativismo moral corrosivo como parte de sua estratégia 3P.

O princípio de que uma Grande Mentira desqualifica quem a conta para ocupar um cargo elevado tem de ser reafirmado. Líderes que se propõem a anular decisões democráticas – como os membros republicanos do Congresso que endossaram a campanha de Donald Trump para reverter os resultados das eleições americanas de 2020 – não devem ter futuro político se a democracia sobreviver. Como Alexander Hamilton escreveu em 1787: "A esperança da impunidade é uma forte incitação à sedição; o medo de punição é um desencorajamento proporcionalmente forte a ela".[11]

Contudo, em vez de adotar esse princípio, após a eleição os republicanos vassalos de Trump expurgaram de seu partido aqueles que o endossaram.

Um endurecimento das sanções contra a mentira maliciosa não seria tão sem precedentes como muitas vezes parece ser, nem tão incomum. Todas as nações ocidentais contam com salvaguardas, por exemplo, para impedir anunciantes de fazer afirmações médicas infundadas. O reconhecimento de que afirmações falsas ou exageradas em proveito de medicamentos comercializados para pessoas doentes podem prejudicá-las não gera nem deveria gerar controvérsia. Reguladores fazem o escrutínio de tais comunicações atentos a afirmações que não podem ser feitas a respeito de um medicamento, bem como às advertências e ressalvas que devem ser levadas em conta, como sabem todos os que ligam um aparelho de televisão nos Estados Unidos. Tratar isso como violação de direitos de livre expressão do pensamento seria estranho. As falsidades que os políticos nacionais passaram a seus eleitores acerca da eleição de 2020 e a pandemia (para não mencionar a mudança climática) trouxeram um agudo lembrete de que as mentiras políticas podem ser exatamente tão mortais quanto as mentiras médicas.

O instinto que se recusa a regular o discurso político tem raízes profundas e honrosas. Uma obrigação legal de que tal discurso fosse verdadeiro nos colocaria em uma ladeira escorregadia. Afinal, se aceitarmos o princípio de que alguns discursos políticos são permitidos e outros não, o que acontece quando aqueles chamados a fazer a distinção são nossos adversários? Essa condição vai exigir, com razão, o escrutínio de juízes chamados a adjudicar os desafios de qualquer nova estrutura legal para servir de proteção contra Grandes Mentiras. Mas em um mundo em que a viabilidade da democracia como sistema está em dúvida, mesmo isso não pode ser admitido como a palavra final sobre o assunto. A prudência exige que façamos melhor.

Os cidadãos também devem estar mais bem armados com um entendimento sólido da mecânica da governança democrática. A educação cívica já foi um pilar do ensino secundário em todo o mundo. Em um número muito grande de casos, porém, tais lições foram simplesmente canceladas, abrindo espaço no currículo para abordagens com modas passageiras que não dão aos estudantes o contexto histórico nem o conhecimento necessário para avaliar os debates inerentes à democracia. Na verdade, uma pesquisa de 2018 descobriu que apenas um em cada três americanos poderia passar numa prova de múltipla escolha baseada em itens de um exame de cidadania nos EUA.[12] As consequências dessa ignorância são claramente visíveis para todos.

Praticar uma "volta ao básico" e ensinar a adolescentes como um projeto de lei se torna uma lei não basta. O ambiente tecnológico de hoje coloca demandas sem precedentes para que os consumidores de informação possam fazer escolhas sobre o que é digno de confiança ou não. Uma geração atrás, as decisões sobre que ideias ganhariam ampla circulação eram relegadas a um pequeno quadro de editores de elite em um punhado de capitais culturais. Não é mais assim. Hoje, cada consumidor ou consumidora de notícias é seu próprio editor. Em mãos sem instrução, essa é uma receita para uma desinformação desenfreada.

Negar aos charlatães um público receptivo vai exigir um novo foco sobre higiene digital. As democracias devem desenvolver e apoiar um currículo para seus estudantes que transmita as habilidades mentais necessárias para filtrar as torrentes de desinformação que a vida digital põe diante dos usuários da internet. A tecnologia precisa ser alistada como aliada nesse esforço maior. Ferramentas equipadas com IA podem medir a credibilidade de participantes em debates *on-line* e sua adesão aos padrões usuais de verificação e do dizer a verdade. Os gigantes *on-line* de hoje já têm a tecnologia necessária para classificar seus usuários de acordo com a vulnerabilidade à desinformação e poderiam colocar em ação mecanismos para proteger o vulnerável do material mais enganoso e corrosivo.

Cidadãos informados e receptivos são a primeira linha de defesa contra a Grande Mentira. Onde os cidadãos não têm as ferramentas para exercer seus deveres de cidadania, é mais provável que os atuais autocratas 3P consigam se entrincheirar no poder. Nessa frente, os custos da inação são simplesmente altos demais para serem tolerados.

É imperativo que aceleremos o desenvolvimento e adotemos novas leis, instituições, tecnologias e incentivos que deem aos cidadãos uma oportunidade de lutar para repelir a enxurrada de mentiras lançadas contra eles pelos que já são autocratas ou aspiram a sê-lo. Essa é uma meta que sem dúvida podemos alcançar.

A Batalha contra Governos Criminalizados

A segunda batalha que devemos vencer é contra os governos criminalizados. Não entenda isso como outro chamado para combater a corrupção. Um governo criminalizado está para a corrupção como a Grande Mentira Política está para a tradicional lorota política. As democracias podem coexistir com uma certa soma de corrupção – na verdade, sempre coexistiram. Mas a democracia não pode sobreviver quando funcionários nos mais altos níveis de governo são também os principais líderes de organizações criminosas em expansão que controlam instituições públicas cruciais (polícia, forças armadas, agências de inteligência, serviço diplomático, receita federal, alfândegas, agências reguladoras etc.) e lucrativas instituições privadas (estatais protegidas, indústrias que exploram recursos naturais, monopólios privados etc.). Essas organizações criminosas enriquecem seus líderes e seus comparsas e permitem que eles ataquem e reprimam adversários no país e no exterior. A democracia não pode funcionar em Estados mafiosos que contam com estratégias, táticas, métodos do crime organizado e têm o respaldo de um Estado soberano.

Da Rússia, Síria e Kosovo à Venezuela, Coreia do Norte e Honduras, os Estados mafiosos irradiam ilegalidades, exportando táticas de gangues enquanto oferecem um porto seguro para os criminosos do mundo. Suas instituições financeiras protegem ganhos ilícitos do mundo inteiro, sua diplomacia mina as aspirações democráticas de pessoas de toda parte e seus serviços de segurança aterrorizam dissidentes. Um Estado mafioso de qualquer lugar é uma ameça à democracia em todos os lugares.

No sistema internacional de hoje, a Rússia de Vladimir Putin desempenha um papel desproporcional na sustentação desta confederação global de Estados mafiosos. Diplomatas, espiões, *hackers* e *trolls* russos envenenam em toda parte as águas para os democratas. O tamanho e peso geoestratégico da Rússia cria espaço para a criminalização de outros Estados. É por isso que, em curto prazo, a batalha contra um poder criminalizado nas relações internacionais deve adquirir a forma de uma linha dura contra a projeção do poder russo e uma insistência em impedir a elite criminosa russa de desfrutar de sua pilhagem. Além da Rússia, países que colocam técnicas de gangues no centro da administração do Estado devem encontrar uma resistência determinada. Na era da autocracia 3P, a ameaça à democracia é um desafio não para a ideologia liberal, mas para o princípio da governança baseada na lei e na verdade. Os usos rotineiros de assassinato, intimidação, extorsão e desinformação praticados por um Estado nunca devem passar incólumes.

A campanha para subjugar os Estados mafiosos de hoje será uma guerra de atrito. Mesmo que vitórias espetaculares possam ser ilusórias, elas podem reduzir gradualmente a ameaça que os estados mafiosos representam.

O primeiro passo é simples: siga o dinheiro. Insista na descoberta e na confirmação dos lugares onde os líderes do Estado mafioso guardam seus ativos e terá minada consideravelmente a atração do modelo deles. Contudo, apesar de um enorme aumento, nas últimas décadas, da atividade de fiscalização das transações financeiras ilícitas, continuam surgindo novos raqueamentos, novos vazamentos e novas investigações a serem feitas.[13] Não é segredo que líderes e comparsas de Estados mafiosos continuam usando alguns dos maiores bancos do mundo para movimentar e esconder vastas somas de dinheiro em paraísos fiscais.

Nesse esforço, cada Estado mafioso é apoiado por uma teia invisível de profissionais regiamente pagos que suam para fazer o crime compensar. Advogados, contadores, gestores de patrimônio, banqueiros privados, relações públicas e peritos em comunicações, policiais corruptos e os laranjas que servem de fachada têm de se coordenar com cuidado para disfarçar e proteger os mecanismos de lavagem da grana ilícita. Sem eles, o líder de um Estado mafioso fica confinado a seu próprio país, um destino que poucos estão dispostos a aceitar. As democracias precisam aumentar os recursos que alocam para atingir esse ecossistema: o orçamento de 2020 para o U.S. Treasury's Financial Crimes Enforcement Network [Rede de Repressão a Crimes Financeiros do Tesouro dos EUA], por exemplo, era de apenas US$ 120 milhões, uma quantia diminuta ante os vários trilhões de dólares em fluxos ilícitos.[14] As democracias têm de dificultar a criação de empresas anônimas de fachada criando mais registros de beneficiários efetivos e tornando os dados públicos. Devem coibir a prática dúbia de vender cidadania, que tem proporcionado a membros de Estados mafiosos refúgios e pontos de apoio não só em paraísos fiscais caribendos mas também, via Malta e Chipre, na União Europeia.

Os líderes de Estados criminalizados estão obcecados com a "lavagem de reputação" [*reputation laundering*], fazendo doações "generosas" para instituições de caridade e organizações sem fins lucrativos que existem em grande parte para esse fim. Encontrem essas falsas instituições, deem o nome delas e as envergonhem. Os hierarcas do Estado criminoso desfrutam dos privilégios da viagem ao exterior e de serem detentores de propriedade estrangeira; retirem isso deles. Levantem com cuidado, um por um, os custos e riscos associados à sua linha de negócios. Quando surgir a oportunidade, prendam-nos. A atividade criminosa pede respostas de aplicação da lei, quer o perpetrador seja um chefe da máfia ou um ministro do gabinete.

A Batalha contra as Autocracias que Buscam Minar as Democracias

Como sabe qualquer estudante de história, os Estados têm interferido nos assuntos uns dos outros desde que passaram a existir. Voltando ao século V a.C., Tucídides, general e um dos primeiros historiadores, já havia identificado como as cidades-estado gregas usavam propaganda, rumores e desinformação para minar o moral de suas rivais, criar divisões entre suas elites, instalar aliados no comando das tropas inimigas e, às vezes, até mesmo em seu governo.[15]

Os tempos modernos não foram diferentes, quer se trate das maquinações por trás das revoluções e guerras no continente europeu ou da fanfarronice, subterfúgio e manipulações da Guerra Fria global. O cientista político Dov H. Levin constatou, por exemplo, que num nível mundial os Estados Unidos e a URSS/Rússia "intervieram em uma de cada nove eleições executivas de nível nacional entre 1946 e 2000".[16] Na disputa do século XX entre autocracias e democracias, as segundas ganharam terreno após a queda da União Soviética. Em 2007, a maioria dos 75 países classificados como autocracias em 1987, pelo banco de dados Polity IV do Center for Systemic Peace, tinha se tornado democracias ou tinha sistemas mistos.[17]

Como vimos, o ímpeto dessa luta está mudando. O crescente poder e influência de uma China autoritária derrubaram expectativas de um inexorável triunfo da democracia. O mesmo pode ser dito de uma Rússia revanchista. Juntas, elas ampliaram um interesse compartilhado em derrubar a ordem internacional existente através de novos grupos, inciativas e instituições como o BRICS (Brasil, Rússia, Índia, China e África do Sul), a Iniciativa do Cinturão e Rota da China ou a Organização de Cooperação de Xangai. Na verdade, a globalização e a interdependência superaqueceram a competição entre democracias e autocracias em órgãos multilaterais outrora obscuros como a Organização Mundial de Saúde (OMS), a União Postal Universal, a Corporação da Internet para a Atribuição de Nomes e Números e a Organização Internacional da Aviação Civil.

Contudo, apesar de todas essas mudanças, talvez a perturbação mais insidiosa e sem precedentes que há pouco testemunhamos tenha sido o uso malicioso do poder de Estado para minar a legitimidade política de rivais democratas no exterior por meio de novas tecnologias de comunicações *on-line*. A intromissão na política de outros países tornou-se muito mais fácil e barata no século XXI, a ponto de deixar de só estar disponível para as superpotências. Coreia do Norte, Turquia, Brasil e Irã são apenas alguns exemplos de países pobres e de médio porte de onde foram lançados ciberataques contra políticos, governos e empresas privadas de países maiores e mais ricos, como Estados Unidos, França ou Espanha.

Só gradualmente passamos a dominar a escala desse problema. Para os britânicos, a percepção veio como evidência de que a Rússia interferiu no referendo do Brexit de 2016. Para os americanos, veio quando começaram a se acumular as evidências sobre a intromissão de Moscou nas eleições presidenciais de 2016 e 2020. Os espanhóis aprenderam a mesma lição antes do referendo não autorizado sobre a independência da Catalunha em outubro de 2017. E muitos chilenos tiveram a mesma suspeita depois que o aumento de uma tarifa de metrô desencadeou protestos generalizados em outubro de 2019. Repetidas vezes, campanhas estrangeiras de desinformação emanadas de autocracias desestabilizaram o que fora visto como uma democracia consolidada. Operações de influência como essas são profundamente assimétricas: empilham-se fortemente a favor do instigador. Com custos tão baixos e recompensas potenciais tão altas, tais ataques com certeza vão proliferar.

Tomemos o caso do violento ataque estrangeiro de desinformação nas duas últimas eleições nos EUA. Como escrevi antes, essa ciberconfrontação foi assimétrica, não porque a América estivesse em desvantagem tecnológica (os Estados Unidos são um líder global nas tecnologias necessárias para travar guerras cibernéticas), mas porque Rússia, China e outras autocracias foram capazes de explorar as vulnerabilidades de uma democracia. O que tornou a América suscetível ao ataque de uma Rússia autoritária resume as fraquezas que deixam todas as democracias suscetíveis a cibertaques políticos vindos do exterior. Por um lado, a Rússia visava ao processo democrático. Nas palavras do relatório de janeiro de 2017 da comunidade de inteligência, os raqueamentos e vazamentos trabalharam para "minar a fé pública no processo democrático dos EUA".[18]

Visavam tirar proveito do livre fluxo de informações em uma sociedade democrática, tirar proveito do efeito dessa informação na opinião pública e dos mecanismos eleitorais mediante os quais a opinião pública determina a liderança de um país. Além disso, não só os políticos democráticos são mais vulneráveis a vazamentos, mas as democracias, antes de mais nada, são também mais propensas a gerar autores de vazamentos. As proteções legais concedidas aos indivíduos em Estados democráticos tornam difícil deter esse tipo de comportamento.

Por que as democracias ocidentais não fizeram as reformas necessárias para se adaptar à ameaça? Por que deixaram países como a Rússia ganhar vantagem, não em capacidades, mas na prática? Uma razão com certeza reside nos freios e contrapesos que limitam a concentração de poder e retardam a tomada de decisões governamentais. Embora todas as burocracias, incluindo as de regimes autoritários, movam-se devagar, Putin e Xi estão muito menos sobrecarregados por leis e restrições institucionais do que seus equivalentes democráticos.[19]

Essas fraquezas democráticas hereditárias também podem dificultar a capacidade das democracias para forjar uma frente multilateral unida contra os autocratas 3P. Vejamos, por exemplo, como as estruturas de votação na União Europeia não conseguiram obrigar Viktor Orbán a se justificar nem impedir que a Hungria bloqueasse críticas feitas à China e à Rússia. As frustrações do governo Trump com os desafios e sutilezas democráticas da diplomacia multilateral fizeram com que ele se retirasse de órgãos como o Conselho de Direitos Humanos da ONU, alegando a participação de malfeitores como China, Venezuela e República Democrática do Congo. Contudo, como observou o ex-congressista Eliot Engel, essa retirada apenas permitiu que "os maus atores do conselho seguissem seus piores impulsos sem enfrentar qualquer controle".[20] A maneira de fortalecer a democracia não é retirar-se de órgãos universalistas, que são o campo de batalha pela influência, mas criar alianças e grupos complementares e usá-los de modo mais eficaz. Por exemplo, as democracias respondem por 80% do financiamento da OMS: devidamente concentrado tal poder poderia ter enfraquecido o esforço da China, que contribui com apenas 2%, para distorcer as investigações iniciais da organização sobre as origens da pandemia do coronavírus.[21] O esforço, no entanto, para construir melhores coalizões não pode vir à custa de princípios: as democracias perdem mais do que ganham quando acolhem, de maneira não crítica, por razões estratégicas, a entrada de líderes 3P como Modi, Erdoğan, Orbán e Duterte em suas fileiras.

Thomas Carothers pediu que as democracias "criem compromissos coletivos, de apoio mútuo, para melhorar seus próprios sistemas e defender a democracia sempre que ela for ameaçada em outros países".[22] Esse compromisso deve estar no centro de um programa para a renovação democrática concentrada com firmeza "em três prioridades: combater a corrupção, defender-se contra o autoritarismo e avançar no que diz respeito aos direitos humanos".[23] Solidificar o compromisso de um pequeno grupo de estabelecidas democracias centrais de se apoiarem com vigor ao longo desses três eixos seria uma grande conquista na proteção contra a subversão estrangeira.

Esse compromisso precisa ser público, solene e respaldado por ação específica, pois a autocracia, como um câncer, produz metástases. Deixada sem controle, procura novos órgãos para infectar, tanto fora quanto dentro de fronteiras. A proteção da democracia, então, não é mera questão de uma postura liberal de fazer o bem: é uma prioridade vital de segurança nacional.

A Batalha contra Cartéis Políticos

A democracia é um meio de organizar a competição política. Em uma democracia, os insatisfeitos com o estado atual de coisas podem mudá-lo, mas só se conseguirem persuadir concidadãos em número suficiente para votar por isso. Garantir uma competição política justa e lícita é o propósito central dos freios e contrapesos democráticos. Tribunais imparciais, prazos-limite e checagens do poder executivo em geral existem para impedir que os que ocupam cargos de comando possam subverter o sistema para continuar indefinidamente no poder.

Quase todas as tendências negativas nas democracias de hoje derivam do aumento de *pressões anticompetitivas* no sistema político. De todas as diferentes maneiras que temos visto neste livro, os autocratas 3P recorrem ao poder do Estado – seus juízes, policiais, militares, sua mídia, seus servidores públicos e reguladores – não a serviço da nação, mas de seus interesses pessoais. O objetivo é pura e simplesmente manipular o jogo e consolidar seu poder.

No mundo dos negócios, práticas anticompetitivas têm sido estreitamente regulamentadas há bem mais de um século. As leis protegem os consumidores de práticas que asfixiam a concorrência, como manipulação de preços, cartéis e preços predatórios. Devemos agora estender esse mesmo raciocínio ao reino político. Autocratas 3P estão todos envolvidos quando se trata de política anticompetitiva. Eles monopolizam o mercado com doações políticas, erguendo enormes barreiras financeiras para impedir a entrada de competidores. Praticam o *gerrymander*, reservando distritos seguros para si mesmos. Expulsam os oponentes das ondas de rádio, empilham os tribunais com juízes que decidirão contra aqueles que ameaçam seu poder e criarão barreiras artificiais ao voto a fim colocar os adversários em desvantagem. Os autocratas 3P, em suma, agem como consumados monopolistas políticos.

Para derrotá-los, precisamos de um tipo de doutrina política antitruste, criada para proteger a dinâmica competitiva no coração da democracia. Seja lidando com financiamento de campanha, redistritamento, registro de eleitores ou regulação da mídia, os formuladores de políticas devem confrontar diretamente uma pergunta: as regras atuais promovem uma competição justa e construtiva? Onde a resposta for não, existe um forte caso de *prima facie** para intervenção e reforma.

Os Estados Unidos merecem menção especial nesse contexto. Para restabelecer seu papel como força estabilizadora no sistema internacional, os Estados Unidos precisam repensar as instituições políticas centrais, começando com a presidência, para conter a ameaça de retrocesso autocrático. Precisam reformar o modo como o Congresso é eleito e como ele opera para que seja possível tomar, em tempo hábil, decisões difíceis. É preciso revolucionar um sistema eleitoral que produz, como padrão, impasse e rancor. Os Estados Unidos precisam, com extrema urgência, repensar o papel do dinheiro na política para conter a tomada plutocrática de suas instituições mais importantes.

Da Bolívia à Índia, da Itália às Filipinas, muitos outros países precisarão de reformas com um nível semelhante de ambição e amplitude para enfrentar as ameaças com que a democracia agora se defronta. As ameaças a tal programa são bem conhecidas. Interesses arraigados muitas vezes significam que reformas profundas são politicamente inviáveis, enquanto aquelas que são viáveis são com frequência demasiado ralas.

Esta realidade, no entanto, não é motivo para desespero. Os limites externos do que é viável podem se alterar com rapidez em uma crise e autocratas 3P são cataventos de crise. Nada exercita tanto a imaginação política quanto a súbita percepção do perigo e, em meio ao ataque da autocracia 3P, aqueles que ainda acreditam na relevância da democracia estão motivados como raramente estiveram.

---

* Isto é, um caso evidente, óbvio. (N. do T.)

A Batalha contra Narrativas Iliberais

Donald Trump condenou "o pântano" e prometeu drená-lo. Hugo Chávez chamou seus opositores de "esquálidos" e os ameaçou com cadeia ou pior. Pablo Iglesias, da Espanha, e Beppe Grillo, da Itália, detonam "a casta", as elites políticas e econômicas endinheiradas de seu país. No Reino Unido, Boris Johnson ridicularizou "Bruxelas" como a casa de burocratas não eleitos que usavam a União Europeia para impor regras tolas e regulamentos abusivos à Grã-Bretanha. Viktor Orbán, da Hungria, atacava "os globalistas" que queriam encher o país – e a Europa – de imigrantes ilegais, enquanto Recep Tayyip Erdoğan, da Turquia, está obcecado com os "gulenistas", que descreve como membros de uma organização terrorista, com aparência de culto, liderada pelo clérigo dissidente Fethullah Gulen. "Conspiração" é um termo facilmente usado por todos os autocratas 3P, que usam a palava como um porrete para atacar os rivais. Os que chamam de inimigos podem ser tão diversos quanto suas sociedades, origens políticas e ideologias. As histórias, no entanto, que os autocratas 3P contam a seus seguidores seguem um padrão familiar. *Mutatis mutandis*, são a mesma narrativa. Todos os líderes 3P se definem em oposição a um inimigo voltado para interesses nefastos em casa e no exterior. Nessa narrativa, o traidor da nação, e em particular da classe trabalhadora e dos pobres, é um câncer que precisa ser extirpado. Às vezes o inimigo é um líder político rival, em outros casos é uma instituição e, com frequência, é outro país ou outro grupo social, racial ou étnico.

Como todas as boas narrativas, esta tem vilões e heróis evidentes, além de combinações artisticamente trabalhadas de fatos e ficções. Como mostrou CasMudde, cientista político holandês que se concentra no extremismo e no populismo na Europa e nos Estados Unidos, a donzela em apuros neste conto de fadas é sempre a mesma, a "pessoa nobre" sofrendo abuso das elites predadoras. O herói salvador também é sempre o mesmo: o indispensável autocrata chamado pelo destino para proteger os pobres e derrotar a elite.[24]

São abundantes as teorias da conspiração nas narrativas que os líderes populistas usam para radicalizar seus seguidores. E o início do século XXI forneceu bastante matéria-prima a ser trabalhada. Pobreza, angustiantes colapsos econômicos, desigualdade, pandemias, conflitos armados, ruinosa mudança climática, tecnologias destruidoras de empregos e uma longa lista de queixas e expectativas arruinadas são realidades que os líderes autocráticos não criaram. O que eles de fato criaram são narrativas que mobilizam medo, raiva e propõem soluções fantasiosas projetadas para energizar seus seguidores. Elas oferecem uma terra prometida em que as elites predatórias são domadas e os problemas vão embora – desde, é claro, que seja dado ao líder 3P poder ilimitado.

É difícil para os democratas competir contra esta narrativa 3P. Como o cientista político David Runciman lamentou acerca de Donald Trump, "seus tuítes, seu isso e aquilo são como faca avançando na manteiga do espaço da informação. Achei que as pessoas já tivessem levantado certas barreiras, mas não levantaram. O modo de Trump fazer política simplesmente continua a passar".[25]

Populistas pós-verdade não precisam se ater a fatos concretos. Estão livres para prometer soluções indolores, instantâneas, que reavivam a esperança, reforçam as expectativas e prometem vingança. No momento, essa história tóxica parece boa para seus seguidores. E aí reside o seu poder.

O que os democratas oferecem como resposta? Ideias abstratas e processo. O Estado de Direito. Freios e contrapesos. Liberdade. O poder do mercado e as possibilidades abertas pela oportunidade econômica. Sempre ideias atraentes para os que não têm de se preocupar com necessidades básicas. Para um pai cronicamente desempregado que precisa sustentar os filhos famintos, são ideias remotas, irrelevantes e sem dúvida não resolvem os problemas de sua família. Os liberais dão uma explicação complicada sobre por que conduzir a política de uma certa maneira levará a melhores resultados para todos. Além de estar cheia de ideias abstratas, essa contranarrativa não possui herói nem vilão identificáveis. Nossos "caras bons" são apenas aqueles inclinados a se comprometer com um conjunto de ideais abstratos e regras de comportamento, e nossos *bad guys* são os que se recusam a agir assim. O pacote inteiro pode parecer sem vida, sem sangue, chocado em laboratório. Pessoalmente, acredito que esteja correto... mas também tenho de aceitar que não faz a adrenalina das pessoas bombear como faz uma narrativa 3P.

Esse desequilíbrio aderiu aos termos do debate. É uma desvantagem injusta que aqueles que defendem a democracia sempre terão de enfrentar – não obstante os excepcionais dons retóricos de líderes democráticos inspiradores como Martin Luther King Jr., Robert F. Kennedy, Nelson Mandela, B. R. Ambedkar e Vaclav Havel. Mas ainda que nunca possamos superá-los por completo, podemos atenuar o impacto da vantagem dos autocratas 3P enfatizando que a liberdade e a democracia levam ao florescimento humano de um modo que a autocracia nunca leva. Podemos dar às pessoas alguma coisa substantiva para elas serem a favor, não apenas contra. Podemos desenvolver uma argumentação sobre uma boa vida com raízes profundas nas tradições do Ocidente, que podem não ser inebriantes, mas permanecem honestas.

O quadro populista é poderoso demais para ser derrotado de modo permanente. Como um vírus, ele reaparece, em surtos, repetidas vezes ao longo da história. Mas a retórica é vazia. E mostra que o vazio nos dá uma abertura que devemos explorar para vender mais uma vez às pessoas a promessa de uma vida democrática.

A sobriedade está na ordem do dia. O fato de a democracia ter sobrevivido ao longo dos últimos três séculos não garante, de modo algum, que prevalecerá mais uma vez contra seus inimigos. Mas se pudermos derrotar as Grandes Mentiras, marginalizar governos criminalizados, conter as tentativas de subversão estrangeira dirigida a elementos democráticos, enfrentar os cartéis políticos que asfixiam a competição e repelir as narrativas iliberais que sustentam violentos ataques autocráticos, teremos vencido a guerra para preservar a democracia.

EPÍLOGO

Incluindo os Politicamente Despreparados

Em todo o mundo, em especial nas democracias que enfrentam desafios autocráticos, amplas faixas do eleitorado foram deixadas politicamente deixadas de lado pela polarização. À medida que os hiperpartidários assumem as instituições políticas e as mídias sociais, pessoas comuns se veem optando entre partidos que elas mal reconhecem e que não representam de modo pleno seus valores e interesses. Em geral, o resultado é que elas se afastam por completo da política ou se alinham com qualquer lado que sua família, amigos e vizinhos sustentem de modo a manter um senso de identidade, de pertencimento a um grupo. Sua alienação prepara o terreno para um dos piores males de nosso tempo: a antipolítica.

Inovações institucionais podem ajudar a incluir esses cidadãos politicamente ignorados. Alguns exemplos ilustram as possibilidades de reformar o *status quo*.

Considere o *ranked-choice voting* [votação por escolha classificada], a reforma em oferta que talvez seja a mais propensa a drenar a vida dos aspirantes a autocratas 3P. Sob esse sistema, em vez de dar um único voto, cada eleitor classifica os candidatos na cédula por ordem de preferência. Se um candidato no topo da lista recebe o menor número de votos em uma eleição, ele ou ela é eliminado da disputa e as preferências de seus eleitores são transferidas para o candidato de segunda opção. O sistema é projetado para deixar de lado candidatos que conquistam um pequeno número de votantes, sendo rejeitados pela maioria. Esses candidatos extremos, no entanto, podem ser às vezes eleitos, mesmo quando rejeitados pela maior parte dos eleitores. A indicação de Donald J. Trump como o candidato republicano em 2016 é um exemplo clássico dessa dinâmica em jogo.

Na *ranked-choice voting*, Trump ainda teria recebido mais votos de primeira opção que qualquer um de seus concorrentes. Mas quando os votos de segunda opção de seus adversários fossem contados, tornar-se-ia óbvio que seu apelo era demasiado estreito.

Um sistema político que usa a *ranked-choice voting* para eleger seus representantes vai eleger, via de regra, políticos que tentam encarnar as preferências do amplo centro do espectro político. Na *ranked-choice voting*, os políticos anda competem – ferozmente! – pelo poder. Mas então eles o fazem sob regras que canalizam a competição para o bem mais amplo. Ao dar aos candidatos um incentivo positivo para tentar ganhar o maior número possível de votos de segunda opção, o sistema transforma uma campanha negativa numa estratégia perdedora. A *ranked-choice voting* premia políticos que se tratam uns aos outros como adversários a serem trazidos a bordo, não como inimigos a serem destruídos, e produz titulares de cargos que mais de perto correspondem às preferências do eleitor médio. E isso não é nenhuma quimera: o sistema já está em uso nas eleições gerais da Austrália, Nova Zelândia e Irlanda, bem como nas eleições para prefeitos no Reino Unido. Mesmo nos Estados Unidos, o sistema já é usado em campanhas locais de 21 jurisdições da Califórnia a Maryland, inclusive na cidade de Nova York e em todo o estado do Maine e do Alasca. A *ranked-choice voting* continua sendo desconhecida por muitos. Isso deve mudar.[1]

Imagine o que aconteceria com o sistema político dos EUA se a *ranked-choice voting* fosse adotada mais amplamente. O medo dos desafios primários que mantém os políticos apegados à ala mais extrema de seus partidos diminuiria, permitindo que os políticos representassem, com mais honestidade, a ampla faixa média de seu eleitorado. Com menos a ganhar e mais a perder com ataques duros contra seus oponentes, o tom da campanha iria mudar. A temperatura da esfera pública como um todo cairia. E a voz da razão poderia começar a ser ouvida acima do barulho.

Outro exemplo ilustrativo de reformas de alto impacto é a adoção generalizada de júris de cidadãos e assembleias de cidadãos – grupos representativos de cidadãos selecionados de modo aleatório e depois agrupados para discutir um problema específico e elaborar recomendações de como tratá-lo. Em suas mais ambiciosas interações, assembleias de cidadãos reúnem pessoas para longas estadas em um local isolado onde serão instruídas por peritos e terão oportunidade de questioná-los longamente antes de elaborarem uma recomendação. É provável que nenhum país tenha feito isso melhor que a Irlanda, que usa esses painéis para apresentar recomendações oficiais a partir das quais o parlamento deve então votar. Os irlandeses não relegaram as assembleias de cidadãos a lidar com questões obscuras de segundo nível ou problemas técnicos. Pelo contrário, na Irlanda, a legalidade do aborto foi posta nas mãos de 99 cidadãos que antes não se conheciam; em fins de 2016, donas de casa, estudantes, ex-professores, caminhoneiros e outros profissionais deliberaram ao longo de cinco finais de semana em um hotel da área norte de Dublin e apresentaram recomendações que, por fim, por meio de um referendo nacional, foram aceitas como a trigésima-sexta emenda à constituição irlandesa.

É fácil descartar reformas como a *ranked-choice voting* ou as assembleias de cidadãos como irrealistas. Esses experimentos podem parecer utópicos e, sem dúvida, para os cidadãos, qualquer tentativa de redirecionar o poder de políticos entrincheirados na máquina para reis-filósofos enfrentará forte resistência. Experimentos radicais desse tipo não devem ser considerados de maneira desatenta – e nem precisariam ser absolutamente considerados se o sistema atual não enfrentasse ameaças mortais. Porém, sem dúvida ele enfrenta tais ameaças.

Reformas como a *ranked-choice voting* e as assembleias de cidadãos poderiam, com o tempo, ajudar a redesenhar as normas do discurso político, enfraquecendo extremistas e fomentando a competição que produz consenso em vez de caos. Com o tempo, o extremismo que marcou o partido republicano dos EUA poderia diminuir, dando origem a um moderno partido de centro-direita – com visão de futuro, comprometido com a economia e as preocupações sociais de seus membros, defendendo um governo eficiente e limitado, nos moldes da União Democrata-Cristã da Alemanha, por exemplo.

Contudo, reformas como a *ranked-choice voting* e os júris de cidadãos não são panaceia. São apenas dois exemplos do tipo de inovações institucionais que merecem consideração. E inovações são apenas *táticas* a serem implantadas em busca de um objetivo mais amplo. Elas podem ajudar a incluir os politicamente ignorados e promover um sistema político em que a competição pelo poder é viva e intensa, mas também justa, legal e construtiva.

Em grande parte do mundo democrático, uma mentalidade experimental, inovadora surge no setor privado, mas ela está em grande parte ausente da área política. Enquanto novas tecnologias futuristas, como medicina de precisão e computação quântica, recebem fundos generosos de investidores em *joint ventures*, nossa tomada de decisão política parece presa numa dobra do tempo. Muitas práticas traçam sua linhagem, direta ou indiretamente, aos atuais 245 anos da revolução americana. E essa revolução, por sua vez, foi feita por pessoas cuja obsessão era salvar a América do mesmo destino da República Romana. Devemos realmente continuar a aceitar como artigo de fé que os problemas do século XXI possam sempre ser tratados com mecanismos vindos de dois séculos atrás, inspirados por preocupações de dois milênios?

Em todo o mundo desenvolvido, cientistas ousados, inventivos, capazes de alterar paradigmas, e empresas inovadoras, baseadas no conhecimento, proporcionam um revigorante contraste com um setor público cinza, amarrado à tradição, sombrio e os políticos que o controlam. Deixado sem solução, esse desequilíbrio na criatividade e energia vai prejudicar a aptidão dos democratas para superar os desafios 3P que enfrentamos.

Os tempos que vivemos exigem experimentação ousada no governo – não apenas políticas inovadoras, mas meios inovadores de fazer política. Tecnologias digitais e cinquenta anos de pesquisa em ciência cognitiva e psicologia social subverteram nossa compreensão de como tomar melhores decisões coletivas. Se queremos incluir os politicamente deixados de lado, temos de estar dispostos a correr alguns riscos em torno de novos métodos de tomada de decisões coletivas. Como Runciman observou, apontando para a crescente complexidade tecnológica de problemas políticos:

> Resolver problemas é melhor do que não resolvê-los. Mas as soluções estão com frequência além do controle democrático – a contribuição do público votante está sendo o tempo todo depreciada. Esperamos que outros forneçam as respostas. É indigno. Isso produz ressentimento e a inevitável revolta contra a expertise.[2]

Nosso trabalho, então, é experimentar muitas maneiras de tomar decisões públicas, por entre diferentes geografias e níveis de governo, para começar a obter um sentido do que funciona, do que não funciona, e para permitir que se difundam as melhores ideias pelo mundo democrático. Pelo que sabemos, as verdadeiras ideias de transformação ainda não foram sequer concebidas. Vencer a guerra contra autocratas 3P vai exigir a coragem revolucionária e a criatividade que deu origem, antes de mais nada, à moderna democracia representativa. Se fizermos isso, vamos deixar para nossos filhos e netos um mundo que gradualmente se afasta dos princípios de liberdade e autogoverno que deveriam ser um direito de nascença. E por isso, temos de vencer essa guerra.

AGRADECIMENTOS

"Não sabemos o que está acontecendo conosco, e isso é precisamente o que está acontecendo conosco, o fato de não sabermos o que está nos acontecendo conosco... É sempre essa a sensação vital que assedia o homem em períodos de crise histórica." Assim escreveu o famoso filósofo espanhol José Ortega y Gasset no início dos anos 1930, uma época de convulsão social e política na Europa.

A observação de Ortega y Gasset é aplicável ao mundo de hoje. Nosso tempo também é de grande turbulência e incerteza. É fácil sentir que mudanças profundas estão a caminho e que elas vão ter impacto sobre nós, nossas famílias, nossos amigos, nossos funcionários e funcionárias, nossas cidades, nações e, sim, sobre o mundo como um todo. Discernir como essas mudanças nos afetarão na prática é o desafio deste livro; é minha tentativa de classificar "o que está acontecendo conosco". Ao longo dos vários anos que levei para pesquisar e escrevê-lo, tive a sorte de contar com colegas e amigos cujo conhecimento e rigor intelectual só são superados pela generosidade.

O principal dentre eles é Francisco "Quico" Toro, um querido colega e estimado amigo. Ele era o primeiro leitor para quem eu mandaria meus toscos rascunhos ou apresentaria uma ideia, um dilema ou uma dúvida. Suas perguntas pontuais, sugestões inteligentes e correções cuidadosas ajudaram a refinar meu pensamento e a esclarecer de que modo eu o transmitia. James Gibney, um bom amigo e um dos melhores editores com que trabalhei, também me ajudou bastante a aguçar meus argumentos e minha escrita.

Mike Abramowitz, Bill Bradley, Jessica Mathews, Jonathan Tepperman e Bob Zoellick leram e comentaram cuidadosamente vários rascunhos anteriores. Este livro ficou muito melhor graças a eles.

Também estou profundamente grato a Madeleine Albright, Anne Applebaum, Frank Fukuyama, Adam Grant, Alan Murray e David Rubinstein por suas úteis observações e comentários generosos.

Roger Abravanel, Cayetana Alvarez de Toledo, Ricardo Avila, Sebastian Buckup, Gustavo Coronel, Javier Corrales, Liza Darnton, Luca d'Agnese, Uri Friedman, Enrique Goni, Francisco Gonzalez, Gianni di Giovanni, Brian Joseph, David Kamenetzky, Julie Katzman, Ricardo Lagos, Ed Luce, Thierry Malleret, Maurizio Molinari, Luis Alberto Moreno, Yascha Mounk, Anne Neuberger, Ben Press, Jose Rimsky, Gianni Riotta, Gerver Torres, Christopher Walker, Andrew Weiss e Brian Winter leram alguns capítulos ou a totalidade do manuscrito e trouxeram comentários úteis e encorajamento.

Tive uma longa e frutífera associação com o Carnegie Endowment for International Peace, o *think tank* baseado em Washington onde trabalho. Há décadas ele tem sido sido meu lar intelectual e meu modo de pensar sobre o mundo e os desafios proibitivos que confrontamos ou as incríveis possibilidades que enfrentamos são, em grande medida, moldados pelos meus anos no Carnegie. Bill Burns foi presidente do Carnegie entre 2014 e 2021, quando o deixou para se tornar diretor da Agência Central de Inteligência. Esse foi também o período em que pesquisei e escrevi grande parte deste livro, beneficiando-me assim do apoio de Bill. Tom Carothers é vice-presidente sênior do Carnegie para a pesquisa e um dos mais respeitados estudiosos da democracia e seus perigos. Esses tão temas centrais deste livro e tive sorte em contar com os comentários e sugestões de Tom. Meus agradecimentos a Bill, Tom e aos muitos colegas do Carnegie que, ao longo dos anos, compartilharam seu conhecimento e ideias comigo. Martha Higgings, diretora da biblioteca do Carnegie, e sua equipe foram imensamente úteis no rastreamento de textos ou me sugerindo materiais relevantes.

Tim Bartlett, editor executivo da St. Martin's Press, foi o editor de meu livro anterior, *The End of Power*, assim como deste. Sua profunda compreensão do assunto, combinada com uma longa experiência orientando autores e fazendo suas ideias brilharem, fazem dele um editor ideal. Sinto-me afortunado por ter tido o seu apoio durante todos esses anos. Gail Ross, minha agente literária, proporcionou inestimável conselho e suporte, assim como Miguel Aguilar na Penguin Random House na Espanha e Gianluca Foglia na Feltrinelli da Itália.

Minha assistente indomável, Angelica "Angie" Estevez, executou inúmeras tarefas com precisão, eficiência e elegância. Ela também auxiliou na pesquisa e na produção do índice analítico. Lara Ballou, Christina Lara e Valentina Cano, minhas assistentes em diferentes momentos deste projeto, foram imensamente úteis. Meus agradecimentos a todas.

Acho que sou um homem de sorte por ter uma família cujos membros não apenas estavam dispostos a ler os múltiplos rascunhos deste livro, mas também foram ótimos em detectar suas falhas e me ajudar a corrigi-las. Meus infinitos agradecimentos à minha esposa, Susana, a nossos filhos e suas esposas.

Este livro é dedicado a Nusia Feldman, que apesar de ter testemunhado, em primeira mão, o pior de um poder maligno, manteve um sorriso caloroso, uma alma gentil e uma confiança inabalável na bondade inata das pessoas.

NOTAS

Introdução: O Perigo

1. Cas Mudde e Cristóbal Rovira Kaltwasser. *Populism: A Very Short Introduction*. Nova York: Oxford University Press, 2017.
2. Timothy Snyder. *On Tyranny: Twenty Lessons from the Twentieth Century*. Nova York: Penguin Random House, 2017.
3. Yascha Mounk. *The People vs. Democracy: Why Our Freedom Is in Danger and How to Save It*. Cambridge, MA: Harvard University Press, 2018.
4. Daron Acemoglu e James Robinson. *Why Nations Fail: The Origins of Power, Prosperity and Poverty*. Nova York: Penguin Random House, 2013.
5. Anne Appelbaum. *Twilight of Democracy: The Seductive Lure of Authoritarianism*. Nova York: Doubleday, 2020.
6. Enrique Krauze. *El pueblo soy yo*. Madri: Random House, 2018.
7. Larry Diamond. *Ill Winds: Saving Democracy from Russian Rage, Chinese Ambition, and American Complacency*. Nova York: Penguin Books, 2019.
8. Francis Fukuyama. "Against Identity Politics", Universidade da Pensilvânia, acessado em 18 de março de 2021, https://amc.sas.upenn.edu/francis-fukuyama-against-identity-politics.
9. Steve Tesich. "A Government of Lies." *In: The Nation*, 20 de janeiro de 1992.
10. "Word of the Year 2016", Oxford Dictionaries, https://languages.oup.com/word-of-the-year/2016.

11. Sean Illing. "A Philosopher Explains America's 'Post-Truth' Problem". *In: Vox*, 14 de agosto de 2018.

12. Barbara A. Biesecker. "Guest Editor's Introduction: Toward an Archaeogenealogy of Post-truth." *In: Philosophy and Rhetoric* 51, nº. 4 (2018): 329-41.

13. David Stasavage. *The Decline and Rise of Democracy: A Global History from Antiquity to Today*. Princeton, NJ: Princeton University Press, 2020.

14. Francis Fukuyama. "The End of History?" *In: The National Interest* 16 (Verão, 1989): 318.

15. François, duc de La Rochefoucauld. *Reflections or Sentences and Moral Maxims*, trad. J. W. Willis Bund e J. Hain Friswell. Londres: Simpson Low, Son, e Marston, 1871, p. 218.

16. Erica Frantz. *Authoritarianism: What Everyone Needs to Know*. Oxford: Oxford University Press, 2018.

17. Jackson Diehl. "Putin and Sissi Are Putting on Elections. Why Bother?" *In: Washington Post*, 4 de março de 2018.

1. A Guerra Global sobre Freios e Contrapesos

1. Joanna Berendt. "Polish Government Pushes Legislation to Tighten Control over Judges." *In: New York Times*, 21 de dezembro de 2019.

2. "CBI Raids at Prannoy Roy's Residence – Read What NDTV and Roys Are Accused Of", OpIndia, 5 de junho de 2017, https://www.opindia.com/2017/06/cbi-raids-prannoy-roy-ndtv-396-crore-icici-bank-fraud.

3. "Bolivian Court Clears Way for Morales to Run for Fourth Term", Reuters, 28 de novembro de 2017.

4. Charlie Savage. "Trump Vows Stonewall of 'All' House Subpoenas, Setting Up Fight over Powers." *New York Times*, 24 de abril de 2019.

5. Steve Coll. *Private Empire: ExxonMobil and American Power*. Nova York: Penguin Books, 2013.

6. David Michaels. *The Triumph of Doubt: Dark Money and the Science of Deception*. Oxford: Oxford University Press, 2020.

7. Javier Corrales. "Trump Is Using the Legal System Like an Autocrat." *New York Times*, 5 de março de 2020.

8. Ronald L. Numbers. *The Creationists: From Scientific Creationism to Intelligent Design*. Cambridge, MA: Harvard University Press, 2006.

9. Paul Volcker. "Paul Volcker's Final Warning for America." *In: Financial Times*, 11 de dezembro de 2019.

10. "Putin for Life: State Duma Resets Presidential Term-Limit Clock to Zero", Warsaw Institute, 25 de março de 2021, https://warsawinstitute.org/putin--life-state-duma-resets-presidential-term-limit-clock-zero.

11. Mila Versteeg, Timothy Horley, Anne Meng, Mauricio Guim e Marilyn Guirguis. "The Law and Politics of Presidential Term Limit Evasion." *In: Columbia Law Review* 120, nº 1 (janeiro de 2020): 173-248.

12. James Worsham. "The 'Gerry' in Gerrymandering." National Archives, 21 de junho de 2018, https://prologue.blogs.archives.gov/2018/06/21/the--gerry-in-gerrymandering.

13. Paul Krugman. "American Democracy May Be Dying." *New York Times*, 9 de abril de 2020.

14. Sean Illing. "David Frum on Why Republicans Chose Trumpocracy over Democracy." Vox, 26 de outubro de 2018.

15. David Frum. *Trumpocracy: The Corruption of the American Republic*. Nova York: Harper Collins, 2018.

16. Robert Siegel. "Cleric Accused of Plotting Turkish Coup Attempt: 'I Have Stood Against All Coups'." NPR, 11 de julho de 2017.

17. Girish Gupta. "Special Report: How a Defrocked Judge Became the Chief Legal Enforcer for Maduro's Venezuela." Reuters, 15 de novembro de 2017.

18. Will Doran. "Roy Cooper Loses a Lawsuit in His Power Struggle Against the NC Legislature." *News and Observer*, 21 de dezembro de 2018.

19. Patrick Kingsley. "As West Fears the Rise of Autocrats, Hungary *Shows* What's Possible." *New York Times*, 10 de fevereiro de 2018.

20. "Would-Be Autocrats Are Using Covid-19 as an Excuse to Grab More Power", *The Economist*, 25 de abril de 2020.

21. Viktor Orbán, discurso no 25th Bálványos Free Summer University and Youth Camp, 26 de julho de 2014, Băile Tuşnad (Tusnádfürdő), trad. Csaba Tóth, *The Budapest Beacon*, 29 de julho de 2014, https://budapestbeacon.com/full-text-of-viktor-orbans-speech-at-baile-tusnad-tusnadfurdo-of--26-july-2014.

2. A Política de Fã-Clube

1. Gabriel Garcia Marquez. *The Autumn of the Patriarch*. Nova York: Harper Collins, 2006.

2. Ryszard Kapuściński. *The Emperor: Downfall of an Autocrat*. Nova York: Penguin Random House, 1989.

3. Donald H. Reiman e Neil Fraistat. *Shelley's Poetry and Prose*. Nova York: W. W. Norton, 2002.

4. Aaron Couch e Emmet McDermott. "Donald Trump Campaign Offered Actors $50 to Cheer for Him at Presidential Announcement." *In: Hollywood Reporter*, 17 de junho de 2015.

5. "Full Text: Donald Trump Announces a Presidential Bid", *Washington* Post, 16 de junho de 2015.

6. Alex Altman e Charlotte Alter. "Trump Launches Presidential Campaign with Empty Flair", *Time*, 16 de junho de 2015.

7. Roderick P. Hart. *Trump and Us: What He Says and Why People Listen*. Londres: Cambridge University Press, 2020.

8. Silvio Berlusconi. "1994 – Discesa in campo di Berlusconi", discurso de lançamento de campanha em 1994, postado por liberalenergia, YouTube, 11 de agosto de 2009, 00:05, https://www.youtube.com/watch?v=B8-uIYqnk5A.

9. Berlusconi. "199 – Discesa in campo di Berlusconi", 00:23.

10. Ruben Durante, Paolo Pinotti e Andrea Tesei. "The Political Legacy of Entertainment TV." *In: American Economic Review* 109, nº 7 (julho de 2019): 2497–530.

11. "Survey of Adult Skills (PIAAC)", Programa para a Avaliação Internacional de Competências de Adultos, OECD, última alteração em 15 de novembro de 2019, https://www.oecd.org/skills/piaac.

12. Ruben Durante, Paolo Pinotti e Andrea Tesei. "Voting Alone? The Political and Cultural Consequences of Commercial TV", Paolo Baffi Centre Research Paper No. 2013-139, 6 de junho de 2013, disponível em SSRN, https://ssrn.com/abstract=2290523 ou http://dx.doi.org/10.2139/ssrn.2290523.

13. Alexander Stille. *The Sack of Rome: Media + Money + Celebrity = Power = Silvio Berlusconi*. Nova York: Penguin Random House, 2007.

14. John Lloyd. "The New 'Italian Miracle,' 1993", *Financial Times*, 9 de maio de 2008.

15. Max Weber. *The Theory of Social and Economic Organization*. Nova York: Oxford University Press, 1947.

16. Max Weber. *Economy and Society*. Berkeley: University of California Press, 1978.

17. David A. Fahrenthold. "Trump Recorded Having Extremely Lewd Conversation About Women in 2005", *Washington Post*, 8 de outubro de 2016.

18. Simon Kuper. "Trumpsters, Corbynistas and the Rise of the Political Fan", *Financial Times*, 20 de julho de 2017.

19. Maggie Haberman, Glenn Thrush e Peter Baker. "Trump's Way: Inside Trump's Hour-by-Hour Battle for Self-Preservation", *New York Times*, 9 de dezembro de 2017.

20. Patrick R. Miller e Pamela Johnston Conover. "Red and Blue States of Mind: Partisan Hostility and Voting in the United States." *In: Political Research Quarterly*, 30 de março de 2015.

21. Shanto Iyengar e Sean J. Westwood. "Fear and Loathing Across Party Lines: New Evidence on Group Polarization." *In: American Journal of Political Science* 59, nº 3 (julho de 2015): 690-707.

22. Francis Fukuyama. "Against Identity Politics", University of Pennsylvania, acessado em 18 de março de 2021, https://amc.sas.upenn.edu/francis-fukuyama-against-identity-politics.

23. Thomas E. Mann e Norman J. Ornstein. *It's Even Worse Than It Looks: How the American Constitutional System Collided with the New Politics of Extremism.* Nova York: Basic Books, 2016.

24. Fukuyama. "Against Identity Politics."

25. Andrew Sullivan. "America Wasn't Built for Humans", *New York Magazine*, 18 de setembro de 2017.

26. Beppe Grillo. "Reset!" *show* in Rome, 30 de março de 2007, postado por Grilli quotidiani, YouTube, 2 de agosto de 2017, https://www..youtube.com/watch?v=8sR6pSLDFdU.

27. Alberto Nardelli e Craig Silverman. "Italy's Most Popular Political Party Is Leading Europe in Fake News and Kremlin Propaganda", BuzzFeed News, 29 de novembro de 2016.

28. Nick Gass. "Trump on Small Hands: 'I Guarantee You There's No Problem'", Politico, 3 de março de 2016.

29. Hugo Chávez. *Aló Presidente* nº 30, Caracas, 13 de fevereiro de 2000, http://todochavez.gob.ve/todochavez/3822-alo-presidente-n-30.

30. "Lula, Kirchner y Chávez acuerdan construir 'el gran gasoducto del sur', que atravesará Sudamérica", *El Mundo*, 20 de janeiro de 2006.

31. Naomi Klein. "The Media Against Democracy." *The Guardian*, 18 de fevereiro de 2003.

32. Michael Wolff. *Fire and Fury: Inside the Trump White House.* Nova York: Henry Holt, 2018.

33. Juan Forero. "Venezuela's Chavez Marks 10 Years with Talkathon", NPR, 29 de maio de 2009.

34. Toby Meyjes. "Leaders of These Countries Say the Press Is the 'Enemy of the People'." *Metro*, 20 de fevereiro de 2017.

35. Max Weber. "The Nature of Charismatic Authority and Its Routinization." In: *The Theory of Social e Economic Organization*, trad. A. M. Henderson e Talcott Parsons. Nova York: Oxford University Press, 1947.

36. Marshall McLuhan. *Understanding Media: The Extensions of Man*. Boston: Massachusetts Institute of Technology Press, 1964.

3. Ferramentas de Poder

1. Anders Aslund. *Russia's Crony Capitalism: The Path from Market Economy to Kleptocracy*. New Haven, CT: Yale University Press, 2019.

2. Sydney P. Freedberg, Scilla Alecci, Will Fitzgibbon, Douglas Dalby e Delphine Reuter. "How Africa's Richest Woman Exploited Family Ties, Shell Companies and Inside Deals to Build an Empire." *International Consortium of Investigative Journalists*, 19 de janeiro de 2020, https://www.icij.org/investigations/luanda-leaks/how-africas-richest-woman-exploited-family-ties-shell-companies-and-inside-deals-to-build-an-empire/.

3. E. J. Dionne Jr., Norm Ornstein e Thomas E. Mann. "How the GOP Prompted the Decay of Political Norms." *The Atlantic*, 19 de setembro de 2017.

4. Steven Levitsky e Daniel Ziblatt. "The Crisis of American Democracy." *American Educator* 44, nº 3 (outono de 2020): 6.

5. George Packer. "The President Is Winning His War on American Institutions." *The Atlantic*, abril de 2020.

6. Timothy Snyder. *On Tyranny: Twenty Lessons from the Twentieth Century*. Nova York: Penguin Random House, 2017.

7. Timothy Snyder. "House Committees Accelerate Impeachment Inquiry", entrevista de Rachel Maddow, *The Rachel Maddow Show*, MSNBC, 27 de setembro de 2019, transcrição, https://www.msnbc.com/transcripts/rachel-maddow-show/2019–09–27-msna1285286.

8. Anne Appelbaum. "History Will Judge the Complicit." *The Atlantic*, julho/agosto 2020.

9. Francesca Gina e Max Bazerman, "When Misconduct Goes Unnoticed: The Acceptability of Gradual Erosion in Others' Unethical Behavior", *Journal of Experimental Social Psychology* 45, nº 4 (julho de 2009): 708-19.

10. Clare Baldwin e Andrew C. Marshall. "How a Secretive Police Squad Racked Up Kills in Duterte's Drug War." Reuters, 19 de dezembro de 2017.

11. Chieu Luu, Tiffany Ap, and Kathy Quiano. "Philippines President 'Ordered Death Squad Hits While Mayor,' Alleged Hitman Claims." CNN, 16 de setembro de 2016.

12. Eduardo Galeano. *Open Veins of Latin America: Five Centuries of the Pillage of a Continent*, trad. Cedric Belfrage. Nova York: Monthly Review Press, 1997.

13. Pablo Neruda. *Un canto para Bolívar*, ed. Especial. Madrid: Visor Libros, 2014.

14. Silvio Berlusconi. "1994 – Discesa in campo di Berlusconi", discurso de lançamento de campanha em 1994, postado por liberalenergia, YouTube, 11 de agosto de 2009, 00:18, August 11, 2009, 00:18, https://www.youtube.com/watch?v=B8-uIYqnk5A.

15. David A. Graham. "Really, Would You Let Your Daughter Marry a Democrat?" *The Atlantic*, 27 de setembro de 2012,

16. Belinda Luscombe. "Would You Date Someone with Different Political Beliefs? Here's What a Survey of 5,000 Single People Revealed." *Time*, 7 de outubro de 2020.

17. Lisa Bonos. "Strong Views on Trump Can Be a Big Dating Dealbreaker, and Other Takeaways from a Survey on Love and Politics." *Washington Post*, 7 de fevereiro de 2020.

18. Frank Newport. "In U.S., 87% Approve of Black-White Marriage, vs. 4% in 1958", Gallup, 25 de julho de 2013, https://news.gallup.com/poll/163697/approve-marriage-blacks-whites.aspx.

19. Francis Fukuyama. *Identity: The Demand for Dignity and the Politics of Resentment*. Nova York: Farrar, Straus and Giroux, 2018.

20. Michael Gove. "Gove: Britons 'Have Had Enough of Experts'", entrevista com Faisal Islam of Sky News em 3 de junho de 2016, postada por rpmackey, YouTube, 21 de junho de 2016, 01:02, https://www.youtube.com/watch?v=GGgiGtJk7MA&t =61s.

21. BBC News, "EU Referendum", BBC, junho de 2016, https://www.bbc.co.uk/news/politics/eu-referendum/results.

22. Joe Twyman (@JoeTwyman). "Mais de dois terços dos que apoiam a Saída (+ a quarta parte dos que defendem a permanência) dizem que é errado confiar demais nos 'peritos'. #EURef", Twitter, 15 de junho de 2016, https://twitter.com/JoeTwyman/*status*/743079695986622464?s=20.

23. Daniel W. Drezner. *The Ideas Industry: How Pessimists, Partisans, and Plutocrats Are Transforming the Marketplace of Ideas*. Nova York: Oxford University Press, 2017.

24. Representantes Fred Upton [R-MI-6], Spencer Bachus [R-AL-6], Ed Whitfield [R-KY-1], Sue Wilkins Myrick [R-NC-9], Tim Murphy [R-PA-18], Lee Terry [R-NE-2], Judy Biggert [R-IL-13], e Robert E. Latta [R-OH-5], H.R. 5979 – United States Nuclear Fuel Management Corporation Establishment Act de 2010, 29 de julho de 2010, https://www.congress.gov/bill/111th-congress//house-bill/5979/cosponsors?s=3&r=1&overview=closed&searchResultViewType =expanded.

25. Brad Johnson. "Rep. Fred Upton on Global Warming: 'I Do Not Say That It Is Man-Made'", ThinkProgress, 8 de fevereiro de 2011.

26. Zachary Coile. "Pelosi, Gingrich Team Up for Global Warming TV Ad", SFGate, 18 de abril de 2008.

27. Michael O'Brien. "Gingrich Regrets 2008 Climate Ad with Pelosi", *The Hill*, 26 de julho de 2011.

28. Michael Young. *The Rise of the Meritocracy* (Oxfordshire: Routledge, 1994).

29. Hugo Chávez. *Aló Presidente*, nº 131, Caracas, 15 de dezembro de 2002, http://todochavez.gob.ve/todochavez/4138-alo-presidente-n-131.

30. Hannah Arendt. *The Origins of Totalitarianism*. Nova York: Harcourt Brace Jovanovich, 1973, p. 339.

31. A. G. Sulzberger. "The Growing Threat to Journalism Around the World." *New York Times*, 23 de setembro de 2019.

32. Philip Bennett e Moisés Naím. "21st-Century Censorship." *Columbia Journalism Review*, 5 de janeiro de 2015.

33. "Poland's Campaign Against the Press Could Devastate What's Left of Its Democracy", editorial, *Washington Post*, 23 de outubro de 2020.

34. Thomas R. Lansner, org. "Capturing Them Softly: Soft Censorship and State Capture in Hungarian Media", WAN-IFRA, 2013, http://m.wan-ifra.org/sites/default/files/field_article_file//WAN-IFRA%20Soft%20Censorship%20Hungary%20Report_0.pdf.

35. Krisztián Simon e Tibor Rácz. "Hostile Takeover: How Orbán Is Subjugating the Media in Hungary." *Focus on Hungary*, Heinrich Böll Stiftung, 22 de agosto de 2017, https://www.boell.de/en/2017/08/22/hostile-takeover--how-orban-subjugating-media-hungary.

36. Carl Schmitt. *Political Theology: Four Chapters on the Concept of Sovereignty*. Chicago: University of Chicago Press, 2006.

4. A Caça aos Culpados

1. Roberto Stefan Foa e Yascha Mounk. "The Danger of Deconsolidation: The Democratic Disconnect." *Journal of Democracy* 27, nº 3 (julho 2016): 5-17.

2. Alexis de Tocqueville. *Democracy in America: And Two Essays on America*, trad. Gerald E. Bevan. Londres: Penguin, 2003.

3. Samuel P. Huntington. *Political Order in Changing Societies.* New Haven, CT: Yale University Press, 1968.

4. Stanley Feldman. "Authoritarianism, Threat, and Intolerance", em Eugene Borgida, Christopher Federico e Joanne Miller, *At the Forefront of Political Psychology: Essays in Honor of John L. Sullivan.* Oxfordshire: Routledge, 2020, cap. 3.

5. Christopher Johnston, B. J. Newman e Y. Velez. "Ethnic Change, Personality and Polarization over Immigration in the American Public." *Public Opinion Quarterly* 79, nº 3 (1º de janeiro de 2015): 662-86.

6. Michele Gelfand, Joshua Conrad Jackson e Jesse R. Harrington. "Trump Culture: Threat, Fear and theTightening of the American Mind." *Scientific American*, 27 de abril de 2016.

7. Diana Rieger, Lena Frischlich e Gary Bente. *Propaganda 2.0: Psychological Effects of Right-Wing and Islamic Extremist Internet Videos.* Colônia: Wolters Kluwer Deutschland, 2013, p. 37.

8. Marc J. Hetherington e Jonathan D. Weiler. *Authoritarianism and Polarization in American Politics.* Cambridge: Cambridge University Press, 2012.

9. Philip E. Converse. "The Nature of Belief Systems in Mass Publics (1964)." *Critical Review* 18 (2006): 1-74.

10. Yascha Mounk. *The People vs. Democracy: Why Our Freedom Is in Danger and How to Save It.* Cambridge, MA: Harvard University Press, 2018.

11. "Meet ALICE." United for ALICE, acessado em 19 de março de 2021, https://www.unitedforalice.org.

12. Stephanie Hoopes *et al. United Way ALICE Report – The Consequences of Insufficient Household Income* (Nova Jersey: United Way, 2017), https://www.unitedforalice.org/Attachments/AllReports/17UWALICE%20Report_NCR_12.19.17_Lowres.pdf.

13. Board of Governors of the Federal Reserve System, *Report on the Economic Well-Being or U.S. Households in 2017.* Washington, DC: Federal Reserve, 2018.

14. Anne Case e Angus Deaton. *Deaths of Despair and the Future of Capitalism.* Princeton, NJ: Princeton University Press, 2020.

5. Poder Corporativo: Permanente ou Efêmero?

1. Thomas Philippon. *The Great Reversal: How America Gave Up on Free Markets*. Cambridge, MA: Harvard University Press, 2019.

2. Tom Orlik, Justin Jimenez e Cedric Sam. "World-Dominating Superstar Firms Get Bigger, Techier, and More Chinese". *Bloomberg Economics*, 21 de maio de 2021, https://www.bloomberg.com/graphics/2021-biggest-global-companies-growth-trends/?srnd=politics-vp&sref =nXmOg68r.

3. John Maynard Keynes. *The General Theory of Employment, Interest, and Money*. Camden: Palgrave Macmillan, 2021.

4. Alberto Cavallo. "More Amazon Effects: Online Competition and Pricing Behaviors." *Jackson Hole Economic Symposium Conference Proceedings*. Kansas City: Federal Reserve Bank, 2019.

5. Alan B. Krueger. "Luncheon Address: Reflections on Dwindling Worker Bargaining Power and Monetary Policy", discurso, Federal Reserve Bank, Kansas City, MO, 24 de agosto de 2018.

6. Whole Foods Market, "Amazon e Whole Foods Market anunciam acordo a ser fechado nesta segunda-feira. Trabalharão juntas para tornar alimentos de alta qualidade, naturais e orgânicos, acessíveis para todos", comunicado de imprensa, 24 de agosto de 2017.

7. Robert H. Bork. *The Antitrust Paradox: A Policy at War with Itself*. Nova York: Free Press, 1993.

8. Lina M. Khan. "Amazon's Antitrust Paradox." *Yale Law Journal* 126, nº 3 (janeiro de 2017): 564–907.

9. Charlie Warzel. "Mark Zuckerberg Is the Most Powerful Unelected Man in America." *New York Times*, 3 de setembro de 2020.

10. Javier Espinoza e Sam Fleming. "EU Seeks New Powers to Penalise Tech Giants." *Financial Times*, 20 de setembro de 2020.

11. Jerrold Nadler e David N. Cicilline. "Investigation of Competition in Digital Markets", U.S. House of Representatives, 6 de outubro de 2020, https://fm.cnbc.com/applications/cnbc.com/resources/editorialfiles/2020/10/06/investigation_of_competition_in_digital_markets_majority_staff_report_and_recommendations.pdf.

12. Khan. "Amazon's Antitrust Paradox."

13. Nadler e Cicilline. "Investigation of Competition in Digital Markets."

14. Thomas Philippon. "Commentary: Understanding Weak Capital Investment: The Role of Market Concentration and Intangibles", artigo apresentado no JacksonHole Economic Policy Symposium 2018, Federal Reserve

Bank, Kansas City, MO, https://www.kansascityfed.org/documents/6978/philippon_JH2018.pdf.

15. Ufuk Akcigit e Sina T. Ates. "Slowing Business Dynamism and Productivity Growth in the United States", artigo apresentado em Jackson Hole 2020, 8 de outubro de 2020, https://www.kansascityfed.org/documents/4952/aa_jh_201008.pdf.

16. "America's Concentration Crisis", Open Markets Institute Report, acessado em 19 de março de 2021, https://concentrationcrisis.openmarketsinstitute.org.

17. "Fortune's List of America's Largest Corporations in 1990." *Fortune*, acessado em 19 de março de 2021, https://archive.fortune.com/magazines/fortune500_archive/full/1990.

18. Andrea Murphy, Hank Tucker, Marley Coyne e Halah Touryalai. "Global 2000: The World's Largest Public Companies." *Forbes*, 13 de maio de 2020.

19. Dino Grandoni. "Big Oil Just Isn't as Big as It Once Was." *Washington Post*, 4 de setembro de 2020.

20. Per-Ola Karlsson, Deanne Aguirre e Kristin Rivera. "Are CEOs Less Ethical Than in the Past?", *PwC* 87 (verão de 2017): 5.

21. Dan Marcec. "CEO Tenure Drops to Just Five Years", Equilar Inc., 19 de janeiro de 2018, https://www.equilar.com/blogs/351-ceo-tenure-drops-to-five-years.html.

22. Diretor Nacional de Inteligência. "Background to 'Assessing Russian Activities and Intentions in Recent US Elections': The Analytic Process and Cyber Incident Attribution", Office of the Director of National Intelligence, 6 de janeiro de 2017, https://www.dni.gov/files/documents/ICA_2017_01.pdf.

6. Antipolítica: A Estrada para o Populismo

1. Javier Corrales. "Beware the Outsider." *Foreign Policy*, 16 de março de 2016.

2. Roberto Stefan Foa, A. Klassen, M. Slade, A. Rand e R. Collins. "The Global Satisfaction with Democracy Report 2020", Centre for the Future of Democracy, Cambridge, UK, 2020, https://www.cam.ac.uk/system/files/report2020003.pdf.

3. Mancur Olson. *The Rise and Decline of Nations: Economic Growth, Stagflation, and Social Rigidities*. New Haven, CT: Yale University Press, 1982.

4. David Mora. "Update: We Found a 'Staggering' 281 Lobbyists Who've Worked in the Trump Administration." ProPublica, 15 de outubro de 2019.

5. "GDP Growth (Annual %) – Italy." World Bank, acessado em 19 de março de 2021, https://data.worldbank.org/indicator/NY.GDP.MKTP.KD.ZG?locations=IT.

6. "Tax Dodgers Cost Italy €122 Billion in 2015." *The Local Italy*, 16 de dezembro de 2015, https://www.thelocal.it/20151216/bosses-put-italys-tax-dodging-bill-at-122bn-euros.

7. Rakesh Kochhar. "Middle Class Fortunes in Western Europe", Pew Research Center, 24 de abril de 2017, https://www.pewresearch.org/global/2017/04/24/middle-class-fortunes-in-western-europe.

8. "Italian Elections 2018 – Full Results." *The Guardian*, 5 de março de 2018.

9. José Meléndez. "Ellos son los expresidentes centroamericanos en prisión." *El Universal*, 4 de fevereiro de 2018.

10. Moisés Naím. "Politician-Eating Beasts." *El País*, 1º de maio de 2019.

7. O Poder Depois da Verdade

1. "George Washington and the Cherry Tree", National Park Service, acessado em 19 de março de 2021, https://www.nps.gov/articles/george-washington-and-the-cherry-tree.htm.

2. Jay Rosen (@jayrosen_nyu): "Frases como 'reescrever a história' e 'turvar as águas' não transmitem o que está em andamento. São uma tentativa de impedir que os americanos entendam o que aconteceu com eles por meio do uso estratégico da confusão", Twitter, 13 de abril de 2020, https://twitter.com/jayrosen_nyu/*status*/1249885575655632896.

3. Alan Rusbridger. "Breaking News – A Summary of the Book's Arguments for Medium", ARusbridger.com, 9 de dezembro de 2018, https://www.arusbridger.com/blog/2018/12/9/breaking-news-a-summary-of-the-books-arguments-for-medium.

4. "Pós-Verdade." *Collins Dictionary*, acessado em 19 de março de 2021, https://www.collinsdictionary.com/us/dictionary/english/post-truth.

5. Hannah Arendt. *The Origins of Totalitarianism*. Nova York: Harcourt Brace Jovanovich, 1973, p. 474.

6. Michael Isikoff e David Corn. *Russian Roulette: The Inside Story of Putin's War on America and the Election of Donald Trump*. Nova York: Twelve Books, 2018.

7. Andrew S. Weiss. "Vladimir Putin's Political Meddling Revives Old KGB Tactics." *Wall Street Journal*, 17 de fevereiro de 2017.

8. John B. Dunlop. *The Moscow Bombings of September 1999: Examinations of Russian Terrorist Attacks at the Onset of Vladimir Putin's Rule*, 2ª ed. Stuttgart: Ibidem, 2014.

9. Michael McFaul. "The Smear That Killed the 'Reset'." *Washington Post*, 11 de maio de 2018.

10. Comissão de Inteligência do 116º Congresso, 1ª sessão, "Report on Russian Active Measures Campaigns and Interference in the 2016 U.S. Election; Volume 2: Russia's Use of Social Media with Additional Views", U.S. Senate, acessado em 19 de março de 2021, https://www.intelligence.senate.gov/sites/default/files/documents/Report_Volume2.pdf.

11. Melissa M. Lee. "Subversive Statecraft: The Changing Face of Great-Power Conflict", *Foreign Affairs*, 4 de dezembro de 2019.

12. Christopher Paul e Miriam Matthews. *The Russian "Firehose of Falsehood" Propaganda Model: Why It Might Work and Options to Counter It*. Santa Monica, CA: RAND Corporation, 2016.

13. "Bot Army." *Collins Dictionary*, acessado em 19 de março de 2021, https://www.collinsdictionary.com/us/dictionary/english/bot-army.

14. Sinan Aral. *The Hype Machine: How Social Media Disrupts Our Elections, Our Economy, and Our Health – and How We Must Adapt*. Nova York: Penguin Random House, 2020.

15. Soroush Vosoughi, Deb Roy e Sinan Aral. "The Spread of True and False News Online." *Science* 359, nº 6380 (2018): 1146–51.

16. AFP. "Facebook Closes Fake News Pages in Poland: Rights Group." Yahoo! News, 17 de maio de 2019.

17. Roberto Saviano. "Facebook Closes Italy Pro-Government Fake News Pages: Rights Group." Yahoo! News, 13 de maio de 2019.

18. Natasha Lomas. "Facebook Has Quietly Removed Three Bogus Far-Right Networks in Spain Ahead of Sunday's Elections." TechCrunch, 23 de abril de 2019.

19. Oxford Internet Institute. "State-Backed Media from China and Russia Targets European and Latin American Audiences with Coronavirus News", *press release*, Oxford Internet Institute, 29 de junho de 2020.

20. Katarina Rebello, Christian Schwieter, Marcel Schliebs, Kate Joynes-Burgess, Mona Elswah, Jonathan Bright e Philip N. Howard. "Covid-19 News and Information from State-Backed Outlets Targeting French, German and Spanish-Speaking Social Media Users: Understanding Chinese, Iranian, Russian and Turkish Outlets." Oxford Internet Institute, junho de 2020.

21. Elyse Samuels. "How Misinformation on WhatsApp Led to a Mob Killing in India." *Washington Post*, 21 de fevereiro de 2020.

22. Trisha Jalan. "Updated: Tripura Govt Extends 2-Day Internet Ban by 48 Hours." Medianama, 11 de janeiro de 2019, https://www.medianama.com./2019/01/223-tripura-internet-shutdown-2019.

23. Bharti Jain. "Lok Sabha Elections: At 67.1%, 2019 Turnout's a Record, Election Commission Says." *Times of India*, 21 de maio de 2019.

24. Snigdha Poonam e Samarth Bansal. "Misinformation Is Endangering India's Election." *The Atlantic*, 1º de abril de 2019.

25. Nikhil Dawar. "Fact Check: Viral Post Claiming Sonia Gandhi Richer than Britain's Queen Elizabeth II Is False." *India Today*, 9 de janeiro de 2019.

26. Supriya Nair. "The Meaning of India's 'Beef Lynchings'." *The Atlantic*, 24 de julho de 2017.

27. Dexter Filkins. "Blood and Soil in Narendra Modi's India." *New Yorker*, 9 de dezembro de 2019.

28. "How WhatsApp Is Used and Misused in Africa." *The Economist*, 20 de julho de 2019.

29. Danny Rayman. "Mexico: How Data Influenced Mexico's 2018 Election." *Tactical Tech Collective*, 2 de julho de 2018, https://ourdataourselves.tacticaltech.org/posts/overview-mexico/.

30. Redacción Desinformémonos, "Con el hashtag #SaqueaUnWalmart bots y mensajes anónimos generan caos y pánico." Desinformémonos, 5 de janeiro de 2017, https://desinformemonos.org/hashtag-saqueaunwalmart-bots-mensajes- anonimos-generan-caos-panico.

31. John McBeth. "Is Indonesia's Widodo in China's Pocket?" *Asia Times*, 11 de dezembro de 2017.

32. Andreas Harsono e Tempe McMinn. "'I Wanted to Run Away': Abusive Dress Codes for Women and Girls in Indonesia." Human Rights Watch, 18 de março de 2021,https://www.hrw.org/report/2021/03/18/i-wanted-run--away/abusive-dress-codes-women-and-girls-indonesia.

33. "Police Question Prabowo Campaigners for Saying Jokowi Would Ban Call to Prayer, Legalize Gay Marriage." Coconuts Jakarta, 25 de fevereiro de 2019, https://coconuts.co/jakarta/news/police-question-prabowo-campaigners-saying-jokowi-ban-call-prayer-legalize-gay-marriage.

34. Mali Walker. "Indonesia's Democracy at Risk from Disinformation." *The Strategist*, Australian Strategic Policy Institute, 15 de maio de 2019.

35. Marshall McLuhan. *The Medium Is the Message: An Inventory of Effects*. Londres: Penguin Books, 1967.

36. European Union. "Commission Regulation (EC) nº 2257/94 de 16 de setembro de 1994, Laying Down Quality Standards for Bananas (Text with EEA Relevance)", 20 de setembro de 1994, 6-10.

37. Dominic Wring. "Going Bananas over Brussels: Fleet Street's European Journey." *The Conversation*, 21 de junho de 2016, https://theconversation.com/going-bananas-over-brussels-fleet-streets-european-journey-61327.

38. Sarah Lambert. "Putting the Banana Story Straight." *The Independent*, 21 de setembro de 1994.

39. "Guide to the Best Euromyths." BBC News, 23 de março de 2007.

40. "Euromyths." European Parliament Liaison Office in the United Kingdom, https://www.europarl.europa.eu/unitedkingdom/en/news-and-press-releases/euromyths.html.

41. Damian C. Adams, Michael T. Olexa, Tracey L. Owens e Joshua A. Cassey, "Déjà Moo: Is the Return to Public Sale of Raw Milk Udder Nonsense?", *Drake Journal of Agriculture Law* 13, nº 305 (2008).

42. Jon Henley. "Is the UE Really Dictating the Shape of Your Bananas?" *The Guardian*, 11 de maio de 2016.

43. Anne Applebaum. "Boris Johnson's Victory Proves It's Fiction, Not Fact, That Tories Want to Hear." *Washington Post*, 23 de julho de 2019.

44. Glenn Kessler, Salvador Rizzo e Meg Kelly. "Trump's False or Misleading Claims Total 30,573 over 4 Years." *Washington Post*, 24 de janeiro de 2021, https://www.washingtonpost.com/politics/2021/01/24/trumps-false-or-misleading-claims-total-30573-over-four-years.

45. Chris Cillizza. "Donald Trump Lies More Often than You Wash Your Hands Every Day." CNN, 10 de junho de 2019.

46. Michael Foucault. *The Foucault Reader*. Nova York: Penguin Random House, 1984.

47. Bruno LaTour. *Science in Action: How to Follow Scientists and Engineers Through Society*. Cambridge, MA: Harvard University Press, 1988).

48. David Frum. *Trumpocracy: The Corruption of the American Republic*. Nova York: Harper Collins, 2018.

49. Jop de Vrieze, "Bruno Latour, a Veteran of the 'Science Wars,' Has a New Mission." *Science Magazine*, 10 de outubro de 2017.

50. Alyza Sebenius. "Microsoft Releases Deepfake Detection Tool Ahead of Election." Bloomberg, 2 de setembro de 2020.

51. Peter Pomerantsev. *This Is Not Propaganda: Adventures in the War Against Reality*. Nova York: Public Affairs, 2019.

8. Estados da Máfia, Governos Criminosos

1. Philip Zelikow, Eric Edelman, Kristofer Harrison e Celeste Ward Gventer. "The Rise of Strategic Corruption: How States Weaponize Graft." *Foreign Affairs*, julho/agosto de 2020.

2. Francis Fukuyama. http://www.ridge.uy/wp-content/uploads/2016/05/Fukuyama_Francis.pdf.

3. Charles Tilly. "Warmaking and Statemaking as Organized Crime." CRSO Working Paper No. 256, University of Michigan, 8 de fevereiro de 1982, https://deepblue.lib.umich.edu/bitstream/handle/2027.42/51028/256.pdf.

4. Niccolo Machiavelli. *The Prince*. Nova York: Bantam Books, 1984.

5. Thomas Hobbes. *Leviathan*. Baltimore: Penguin Books, 1968.

6. Mancur Olson. "Dictatorship, Democracy, and Development." *American Political Science Review* 87, nº 3 (1993): 567-76.

7. Francis Fukuyama. "Political Order and Political Decay", palestra, Chatham House, 22 de setembro de 2014, https://www.chathamhouse.org/sites/default/files/field/field_document/20140922PoliticalOrderDecay.pdf.

8. Gordon Tullock. *Rent Seeking*, em *The World of Economics*, org. J. Eatwell, M. Milgate e P. Newman. Londres: Palgrave Macmillan, 1991, pp. 604-09.

9. Anne O. Krueger. "The Political Economy of the Rent-Seeking Society." *American Economic Review* 64, nº 3(1974): 291-303

10. Daron Acemoglu e James Robinson. *Why Nations Fail: The Origins of Power, Prosperity and Poverty*. Nova York: Penguin Random House, 2013.

11. Luke Harding. "WikiLeaks Cables Condemn Russia as 'Mafia State'." *The Guardian*, 1º de dezembro de 2010.

12. Paul Klebnikov. "Godfather of the Kremlin: Boris Berezovsky and the Looting of Russia." *Kirkus Reviews*, 1º de setembro de 2000.

13. Ruth May. "Putin: From Oligarch to Kleptocrat." *New York Review of Books*, 1º de fevereiro de 2018.

14. Zelikow *et al.* "The Rise of Strategic Corruption."

15. Leonardo Coutinho. "Hugo Chávez, the Spectre." Center for a Secure Free Society, 20 de setembro de 2018, https://www.securefreesociety.org/research/hugo-chavez-the-spectre.

16. Marton Dunai. "How Viktor Orbán Will Tap Europe's Taxpayers and Bankroll His Friends and Family." Reuters, 15 de março de 2018.

17. Balint Magyar e Balint Madlovics. "Hungary's Mafia State Fights for Impunity." *Balkan Insight*, 21 de junho de 2019, https://balkaninsight.com/2019/06/21/hungarys-mafia-state-fights-for-impunity.

18. Patrick Kingsley. "Orbán and His Allies Cement Control of Hungary's News Media." *New York Times*, 29 de novembro de 2018.

19. "Putin Critic Bill Browder Freed After Brief Arrest in Spain." BBC, 30 de maio de 2018.

9. Os Autocratas 3P se Tornam Globais

1. Nate Schenkkan e Isabel Linzer. "Out of Sight, Not Out of Reach: Understanding the Global Scale and Scope of Transnational Repression." Freedom House, fevereiro de 2021, https://freedomhouse.org/sites/default//files/2021–02/ Complete_FH_TransnationalRepressionReport2021_rev020221.pdf.

2. Angela Merkel. "Bundeskanzlerin Merkel gratuliert dem designierten Präsidenten der Vereinigten Staaten von Amerika, Donald Trump." *Presse-und Informations-amt der Bundesregierung* (BPA), 9 novembro de 2016, https://www.bundesregierung.de/breg-de/aktuelles/bundeskanzlerin-merkel-gratuliert-dem-designierten-praesidenten-der-vereinigten-staaten-von-amerika--donald-trump-479452.

3. Nancy A. Youssef, Vivian Salama e Michael C. Bender. "Trump, Awaiting Egyptian Counterpart at Summit, Called Out for 'My Favorite Dictator.'" *Wall Street Journal*, 13 de setembro de 2019.

4. "ALBA.", Portal ALBA, acessado em 19 de março de 2021, http://www.portalalba.org/index.php.

5. Christopher Walker e Jessica Ludwig. "The Long Arm of the Strongman: How China and Russia Use Sharp Power to Threaten Democracies." *Foreign Affairs*, 12 de maio de 2021.

6. Kirk Semple e Marina Franco. "Bots and Trolls Elbow into Mexico's Crowded Electoral Field." *New York Times*, 1º de maio de 2018.

7. Constella Intelligence. "Protests in South America: An Analysis of New Trends in Digital Disinformation and Influence Campaigns." Constella Intelligence, 13 de fevereiro de 2020, 13, 2020, https://constellaintelligence.com/social-unrest-colombia-chile.

8. Katy Lee. "China Is on a Crazy Mission to Build Artificial Islands. What the Hell Is It Up To?" Vox, 13 de março de 2015.

335

9. Lily Kuo. "China Says It's Building Islands and Airstrips in the South China Sea for Better Weather Forecasts." *Quartz*, 22 de junho de 2015.

10. Associated Press. "Sepp Blatter: Fixing FIFA takes time." ESPN, 27 de julho de 2011.

11. Chris Mills Rodrigo. "Kobach 'Very Concerned' Voter Fraud May Have Happened in North Carolina." *The Hill*, 6 de dezembro de 2018.

12. Carl Schreck. "From 'Not Us' to 'Why Hide It?': How Russia Denied Its Crimea Invasion, Then Admitted It." Radio Free Europe Radio Liberty, 26 de fevereiro de 2019.

13. Bill Chappell e Mark Memmott. "Putin Says Those Aren't Russian Forces In Crimea." NPR, 4 de março de 2014.

14. "MH17 Ukraine Plane Crash: What We Know." BBC, 26 de fevereiro de 2020.

15. Gabriela Baczynska. "Putin Classifies Information on Deaths of Russian Troops in Peacetime." Reuters, 28 de maio de 2015.

16. James Kirchick. "Anti-Nazi Group Secretly Helping Kremlin Rebuild Russian Empire." *Daily Beast*, 14 de abril de 2017.

17. Halya Coynash, "Russian 'Right Sector War Against Odessa Jews' Debunked", Kharkiv Human Rights Protection Group, 10 de setembro de 2014, http://khpg.org./en//1412804893.

18. Halya Coynash. "Chief Rabbi and Others Dismiss Putin's 'Anti-Semitic Extremist' Claims." Kharkiv Human Rights Protection Group, 3 de maio de 2014, http://khpg.org/en/1393978300.

19. UN Watch. "Report: Venezuela Used 500 Front Groups to Subvert Today's UN Review of Its Rights Record." Human Rights Council, 1º de novembro de 2016, https://unwatch..org/report-venezuela-used-500-front-groups-subvert-todays-un-review-rights-record.

20. Daniel Baer. "Mind the GONGOs: How Government Organized NGOs Troll Europe's Largest Human Rights Conference." *Medium*, 29 de setembro de 2016.

21. National Endowment for Democracy homepage, acessado 19 de março de 2021, https://www.ned.org.

10. Poder e Pandemia

1. Frances Z. Brown. Saskia Brechenmacher e Thomas Carothers, "How Will the Coronavirus Reshape Democracy and Governance Globally?" Carnegie

Endowment for International Peace, 6 de abril de 2020, https://carnegieendowment.org/2020/04/06/how-will-coronavirus-reshape-democracy-and-governance-globally-pub-81470.

2. Fabrizio, Lee & Associates. "Post Election Exit Poll Analysis: 10 Key Target States." *Politico*, dezembro de 2020, https://www.politico.com/f/?id=-00000177–6046-de2d-a57f-7a6e8c950000.

3. "Global Impact of COVID-19 on Elections." Election Guide: Democracy Assistanceand Elections News, acessado em 19 de março de 2021, https://www.electionguide.org/digest/post/17591.

4. Jacob McHangama e Sarah McLaughlin. "Coronavirus Has Started a Censorship Pandemic." *Foreign Policy*, 1º de abril de 2020.

5. Zeynep Bilginsoy e Mehmet Guzel. "Turkey: Social Media Law's Passage Raises Censorship Worries." *Washington Post*, 29 de julho de 2020.

6. Brown, Brechenmacher e Carothers. "How Will the Coronavirus Reshape Democracy and Governance Globally?"

7. Amr Hamzawy e Nathan J. Brown. "How Much Will the Pandemic Change Egyptian Governance and for How Long?" Carnegie Endowment for International Peace, 23 de julho de 2020, https://carnegieendowment.org/2020/07/23/how-much-will-pandemic-change-egyptian-governance-and-for-how-long-pub-82353.

8. Sun Narin, "Gov't Defends Draft 'State of Emergency' Law; Rights Groups Remain Concerned." VOA Khmer, 2 de abril de 2020, https://www.voacambodia.com/a/govt-defends-draft-state-of-emergency-law-rights-groups-remain-concerned/5356841.html.

9. Anna Luehrmann, Amanda B. Edgell, Sandra Grahn, Jean Lachapelle e Seraphine F. Maerz. "Does the Coronavirus Endanger Democracy in Europe?" Carnegie Endowment for International Peace, 23 de junho de 2020, https://carnegieeurope.eu/2020/06/23/does-coronavirus-endanger-democracy-in-europe-pub-82110.

10. Robin Emmott. "Russia Deploying Coronavirus Disinformation to Sow Panic in West, EU Document Says." Reuters, 18 de março de 2020.

11. Andrea Dudik. "Russia Aims to Stir Distrust in Europe on Virus Disinformation." *Bloomberg Businessweek*, 19 de março de 2020.

12. Amanda Seitz. "State Dept.: Russia Pushes Disinformation in Online Network." AP News, 5 de agosto de 2020.

13. Sarah Cook. "Beijing's Global Megaphone: The Expansion of Chinese Communist Party Media Influence Since 2017." Freedom House, 2020, https://freedomhouse.org/report/special-report/2020/beijings-global-megaphone.

14. Jennifer Rankin. "EU Says China Behind 'Huge Wave' of Covid-19 Disinformation." *The Guardian*, 10 de junho de 2020.

15. Jessica Brandt e Fred Schafer. "Five Things to Know About Beijing's Disinformation Approach." Alliance for Securing Democracy, 30 de março de 2020, https://securingdemocracy.gmfus.org/five-things-to-know-about-beijings-disinformation-approach.

16. Jessica Brandt e Torrey Taussig, "The Kremlin's Disinformation Playbook Goes to Beijing", Brookings Institution, 19 de maio de 2020, https://www.brookings.edu/blog/order-from-chaos/2020/05/19/the-kremlins-disinformation-playbook-goes-to-beijing.

17. Elizabeth Thompson, Katie Nicholson e Jason Ho. "COVID-19 Disinformation Being Spread by Russia, China, Say Experts", CBC News, 26 de maio de 2020, https://www.cbc.ca/news/politics/covid-coronavirus-russia-china-1.5583961.

18. Clarissa Ward. "Inside a Russian Troll Factory in Ghana." CNN, 12 de março de 2020.

19. Thomas Carothers e Andrew O'Donohue. "Polarization and the Pandemic." Carnegie Endowment for International Peace, 28 de abril de 2020, https://carnegieendowment.org/2020/04/28/polarization-and-pandemic-pub-81638.

11. Cinco Batalhas que Precisamos Vencer

1. Sarah Repucci e Amy Slipowitz. "Freedom in the World 2021: Democracy Under Siege." Freedom House, 2021, https://freedomhouse.org/report/freedom-world/2021/democracy-under-siege.

2. Timothy Garton Ash. "The Future of Liberalism." *Prospect*, 9 de dezembro de 2020.

3. Presidente John Fitzgerald Kennedy. "Inaugural Address." transcrito de discurso proferido em Washington, DC, em 20 de janeiro de 1961, https://www.ourdocuments.gov/doc.php?flash=false&doc =91&page =transcript.

4. Timothy Snyder. *On Tyranny: Twenty Lessons from the Twentieth Century.* Nova York: Penguin Random House, 2017.

5. Allan Smith e Leigh Ann Caldwell. "Cheney Hits Back at Trump over Election 'Big Lie'." NBC News, 3 de maio de 2021, https://www.nbcnews.com/politics/donald-trump/cheney-hits-back-trump-over-election-big-lie-n1266143.

6. Jonathan Swift. *The Examiner*, No. XIV, 1710.

7. Anne Applebaum e Peter Pomerantsev. "The Internet Doesn't Have to Be Awful." *The Atlantic*, 8 de março, 2021.

8. Felix Salmon. "Media Trust Hits New Low." Axios, 21 de janeiro de 2021.

9. "Bothsidesing: Not All Sides Are Equal." *Merriam-Webster Dictionary*, acessado em 19 de maio de 2021, https://www.merriam-webster.com/words-at-play/bothsidesing-bothsidesism-new-words-were-watching.

10. Lionel Barber. "Lionel Barber: Trump and Truth." *Persuasion*, 18 de janeiro de 2021, https://www.persuasion.community/p/lionel-barber-trump-and-truth.

11. Alexander Hamilton, James Madison, John Jay, John Dunn, Donald L. Horowitz e Eileen Hunt Botting. *The Federalist Papers*, org. Ian Shapiro. New Haven, CT: Yale University Press, 2009.

12. Patrick Riccards. "National Survey Finds Just 1 in 3 Americans Would Pass Citizenship Test." Woodrow Wilson National Fellowship Foundation, 3 de outubro de 2018, https://woodrow.org/news/national-survey-finds-just-1-in-3-americans-would-pass-citizenship-test.

13. Alicia Tatone. "Global Banks Defy U.S. Crackdowns by Serving Oligarchs, Criminals and Terrorists." International Consortium of Investigative Journalists, 20 de setembro de 2020, https://www.icij.org/investigations/fincen-files/global-banks-defy-u-s-crackdowns-by-serving-oligarchs-criminals-and-terrorists.

14. Matthew Collin. "What the FinCEN Leaks Reveal About the Ongoing War on Dirty Money." Brookings Institution, 25 de setembro de 2020, https://www.brookings.edu/blog/up-front/2020/09/25/what-the-fincen-leaks-reveal-about-the-ongoing-war-on-dirty-money.

15. Thucydides. *History of the Peloponnesian War*, trad. Rex Warner. Baltimore: Penguin Books, 1968.

16. Dov H. Levin. "When the Great Power Gets a Vote: The Effects of Great Power Electoral Interventions on Election Results." *International Studies Quarterly* 60, nº 2 (junho de 2016): 189-202.

17. Drew Desilver. "Despite Global Concerns About Democracy, More than Half of Countries Are Democratic." Pew Research Center, 14 de maio de 2019, https://www.pewresearch.org/fact-tank/2019/05/14/more-than-half-of-countries-are-democratic.

339

18. Diretor Nacional de Inteligência. "Background to 'Assessing Russian Activities and Intentions in Recent US Elections': The Analytic Process and Cyber Incident Attribution." Gabinete do Diretor Nacional de Inteligência, 6 de janeiro de 2017, https://www.dni.gov/files/documents/ICA_2017_01.pdf.

19. Moisés Naím. "How Democracies Lose in Cyberwar." *The Atlantic*, 13 de fevereiro de 2017.

20. Colin Dwyer. "U.S. Announces Its Withdrawal from U.N. Human Rights Council." NPR, 19 de junho de 2018.

21. Bruce Jones e Adam Twardowski. "Bolstering Democracies in a Changing International Order: The Case for Democratic Multilateralism." Brookings Institution, 25 de janeiro de 2021, https://www.brookings.edu/research/bolstering-democracies-in-a-changing-international-order-the-case-for-democratic-multilateralism.

22. Frances Z. Brown, Thomas Carothers e Alex Pascal. "America Needs a Democracy Summit More Than Ever: How to Bring the Free World Together Again." *Foreign Affairs*, 15 de janeiro de 2021.

23. Ejeviome Eloho Otobo e Oseloka H. Obaze. "Biden's Likely Policy Orientation Toward Africa." *The Guardian*, 1º de fevereiro de 2021.

24. Cas Mudde e Cristóbal Rovira Kaltwasser. *Populism: A Very Short Introduction*. Nova York: Oxford University Press, 2017.

25. Angus Colwell. "'I Genuinely Think 2020 Is Scary': David Runciman on Trump, Young People, and the Future of Democracy." *Pi*, 2 de março de 2020.

Epílogo

1. "Where Ranked Choice Voting Is Used." Fairvote, maio de 2021, https://www.fairvote.org/where_is_ranked_choice_voting_used?gclid=CjwKCAjw-e2EBhAhEiwAJI5jg5iKpN7hEJaQvR_M7M_P0CksPS1uwMI8LPViJd37yWill74evP-RQBoChzgQAvD_BwE.

2. Frank Wilkinson. "Democracy Will Die, Maybe in Its Sleep." BNN Bloomberg, 22 de maio de 2018.

340

Índice Remissivo

exceção, doutrina de exceção, 111-12

ExxonMobil, 105, 157

Facebook, 138, 145-48, 152, 155, 157, 160

fã-clube e entretenimento, 49-51, 79-82

  Berlusconi e, 55-63, 72-3, 81

  carisma e, 50, 61-3, 68, 73, 75-7, 79, 81

  polarização e, 49, 51, 54, 66-7, 72-8

  Trump e, 52-5, 62-3, 66, 67-8, 70, 73-5, 80, 89-90

  Ver também celebridade e cultura de celebridades

fake news, 107, 196, 206-07, 209-10, 214, 221, 224, 271, 281, 284

Farage, Nigel, 65, 183

fatos alternativos, 220-21

Feldman, Stanley, 127

Fernández de Kirchner, Cristina, 25, 165

ferramentas do poder

  ceticismo, 100-06

  controle da mídia, 106-10

  definição de, 83

  dinheiro, 84-7

  identidade, 97-100

  quebra de norma, 87-94

  surgimento, 111-13

  vingança, 94-7

Filipinas

  controle da mídia, 108

  COVID-19, pandemia de, 283

  Esquadrões da Morte de Davao, 92-4

  quebra de norma, 91-4

  Ver também Duterte, Rodrigo

fintech, 157-58

Firtash, Dmitry, 240

Floyd, George, 125

Foa, Roberto Stefan, 116

Fomina, Joanna, 280

Foucault, Michel, 220-21

Franco, Francisco, 185, 228

Franken, Al, 55

Freedom House, 248, 293

Frum, David, 34, 221

furtividade (como tática de autocratas)/furtivo, 23, 249, 260-67

  "atores politicamente motivados" e, 160

  celebridade e, 49-50, 79-80, 82

  concentração corporativa e, 138, 146, 155

  controle da informação e, 107-08

  democracias iliberais e, 44-5, 47, 48

  "fervendo o sapo" como, 90-1

  judiciário e, 36, 40-1

  mídia e, 206

  pós-verdade e, 160-61, 220-21, 262-63

  sessões do pato manco e, 41-2, 43

G7 (Grupo dos 7), 273

Galeano, Eduardo, 96

Gandhi, Rahul, 209

Gandhi, Sonia, 209

Gelfand, Michele, 127

Gerry, Elbridge, 32

gerrymandering, 32-4, 45-6, 306

Gilet Jaune (Colete Amarelo), movimento de protesto, 124-25

globalização, 242, 303

  comércio e, 260-66

  desinformação e , 255-60

  falsas ONGs e, 267-72

  Interpol e, 243-45

Rússia e, 253
teoria da conspiração de "gulenistas", 38-9, 295, 308
Ver também Ataturk, Kemal; Erdoğan, Recep Tayyip

Unir a Direita", manifestação de Charlottesville (2017), 89
Upton, Fred, 102
utopismo tecnológico, 272

Venezuela
censura, 107, 108
corrupção, 86, 206, 237-38, 241-42
direitos humanos, 269-70
economia, 81, 91, 132
Globovision, 206
limites de mandato, 31
PDVSA (companhia nacional de petróleo), 104
propaganda, 256-59
quebra de norma, 91
suprema corte, 40, 41-2
Ver também Chávez, Hugo; Maduro, Nicolás

Ventura, Jesse, 55
Versteeg, Mila, 30
Volcker, Paul, 28

Walker, Christopher, 255
Walmart, 157, 210
Washington, George, 193
Weber, Max, 62, 68-9, 77
Weems, Mason Locke, 194
Weiler, Jonathan, 128
Westwood, Sean J., 67
WhatsApp, 208-12
Widodo, Joko, 211
WikiLeaks, 233
Wilson, Harold, 66

Xi Jinping, 277-79, 304

Yeltsin, Boris, 85, 295
Yingluck Shinawatra, 191
Young, Michael, 103

Zelikow, Philip, 226, 237
Ziblatt, Daniel, 88